Abuso

# ABUSO

## A CULTURA DO ESTUPRO NO BRASIL

Ana Paula Araújo

GLOBOLIVROS

Texto fixado conforme as regras do Acordo Ortográfico da Língua Portuguesa (Decreto Legislativo n°54, de 1995).

*Editora responsável:* Amanda Orlando
*Assistente editorial:* Isis Batista
*Revisão:* Marcela Isensee e Thamiris Leiroza
*Diagramação:* Equatorium Design
*Capa:* Douglas Watanabe

1ª edição – 2020

CIP-BRASIL. CATALOGAÇÃO NA PUBLICAÇÃO
SINDICATO NACIONAL DOS EDITORES DE LIVROS, RJ

A687a

Araújo, Ana Paula, 1972-
Abuso : a cultura do estupro no Brasil / Ana Paula Araújo. - 1. ed. - Rio de Janeiro : Globo Livros, 2020.
320 p. ; 23 cm.

ISBN 978-65-86047-25-7

1. Estupro - Brasil. 2. Crime sexual - Brasil. 3. Vítimas de estupro. I. Título.

20-65814

CDD: 364.15320981
CDU: 343.541(81)

Camila Donis Hartmann - Bibliotecária - CRB-7/6472 06/08/2020
07/08/2020

Direitos exclusivos de edição em língua portuguesa para o Brasil adquiridos por Editora Globo S.A.
Rua Marquês de Pombal, 25 — 20230-240 — Rio de Janeiro — RJ
www.globolivros.com.br

*Para minha filha Melissa.*

*Nossas mentes estreitas sequer são capazes de compreender tudo o que poderíamos ganhar se as mulheres fossem livres para se desenvolver sem medo.*

SOHAILA ABDULALI

# Sumário

# Introdução

Toda mulher convive com o fantasma do abuso sexual. Há as que de fato foram estupradas e carregam sequelas por toda a vida, muitas vezes mesmo sem perceber como isso influencia seus comportamentos. E há aquelas que, mesmo sem ter sentido na pele esse tipo de violência, o tempo todo evitam lugares, pessoas, roupas e horários por medo de um estupro. Muitas de nós buscam escapar diariamente de investidas abusivas no trabalho, na escola, no transporte público, ou, o que é pior, dentro de casa. A maior parte dos homens não tem ideia de como é esse dia a dia, mas a verdade é que é uma vida de estratégias mentais e práticas para evitar ser tocada contra a vontade.

Estupro é o único crime em que a vítima é que sente culpa e vergonha. Sim, é crime, mas é algo tão comum e normalizado em nosso país — que ostenta a triste estatística de ser palco de um estupro a cada onze minutos (segundo dados do Fórum Brasileiro de Segurança Pública — FBSP) —, que quem o sofre acha que é culpado por ele, uma vez que a sociedade em si também alimenta essa mentalidade. Há uma imensa parte da população, carente de esclarecimento, educação e políticas públicas, que ainda acha que a mulher que "não se dá ao respeito" merece ser estuprada, que roupa decotada pode induzir um homem a se tornar um estuprador, que muitas mulheres mentem quando dizem que sofreram abuso para prejudicar o homem ou, ainda, que "homem é assim mesmo". É um pensamento arcaico, machista, retrógrado e cruel, que, infelizmente, também está presente nas nossas instituições, que deveriam defender as pessoas estupradas, e não as acusar ou as constranger. Provavelmente por isso, na maior parte das vezes, a vítima se cala, não conta, não compartilha, e não registra queixa ou denúncia.

Além disso, há casos em que as vítimas simplesmente não entendem que foram abusadas, como quando crianças acham que algo errado aconteceu, mas não sabem exatamente o quê. Há aquelas que apenas apagam o abuso da memória e só vão se lembrar dele anos depois. Mesmo mulheres adultas podem ter dificuldade de entender que foram estupradas. Quando o agressor é o marido, o namorado ou algum ex-companheiro, acham que ele só forçou um pouco a barra, mas que "tudo bem". Quando pararam de lutar contra o agressor, acharam que não era mais estupro, já que tinham cedido, mas elas simplesmente ficaram sem forças diante do estuprador. Quando bebem e são abusadas, as mulheres acham que são culpadas e por isso não interpretam o caso como estupro. Em geral, se não houve penetração, também podem achar que não houve crime.

Se a vítima já tem todas essas dificuldades para elaborar para ela mesma o que aconteceu, imagine diante de familiares, amigos, autoridades policiais, promotores, juízes... No hospital ou posto de saúde, na delegacia, no tribunal, serão muitas as vezes em que uma vítima vai precisar repetir e reviver o crime quando decidir denunciar. Não é fácil. Descrever o que aconteceu para amigos e parentes — e, muitas vezes, acusar alguém próximo de todos — também é bem complicado.

Se contar, mesmo para as pessoas mais próximas, já é uma decisão das mais difíceis, denunciar, então, é para poucas, e essas poucas que têm coragem de fazê-lo encontram praticamente nenhum apoio. Infelizmente, mais de 90% dos municípios brasileiros não possuem uma Delegacia da Mulher. Nas delegacias comuns, em geral, as vítimas costumam enfrentar pouco caso, deboche e descrédito das autoridades. Seguir com a investigação é ainda mais raro. Se até mesmo as investigações de homicídios no Brasil não andam, imagine as de um crime cometido quase sempre sem testemunhas e sem provas físicas.

Uma prova física possível é quando o estupro deixa marcas de violência, mas muitas mulheres congelam no momento e não lutam contra o agressor. Outras demoram a procurar atendimento e as provas desaparecem do corpo. O DNA do estuprador também pode ser uma prova física, mas muitos criminosos alegam que houve relação sexual consensual e o caso acaba ficando controverso para as autoridades, sendo a palavra da vítima contra a do agressor. E, para piorar, a vítima muitas vezes faz um depoimento truncado, com trechos em que não consegue descrever o que passou e lembranças de momentos que só vêm em forma de flashes, e isso causa descrédito e acaba se voltando contra ela própria no processo judicial.

Buscar atendimento médico também não é simples. O direito aos remédios contra infecções sexualmente transmissíveis, à pílula do dia seguinte e ao aborto em caso de gravidez decorrente do estupro é garantido por lei, mesmo que não haja queixa na polícia, mas a lei não funciona como deveria. O que mais comumente se vê é falta de medicamentos em postos de saúde, profissionais de saúde desinformados ou até que se recusam a cumprir o dever por desconhecimento da lei, preconceito ou convicções e crenças pessoais. Sem falar no exame físico de corpo de delito, que é, no mínimo, desconfortável e constrangedor, e que deve ser feito logo após a vítima ter sofrido com o crime, e que pode gerar novos traumas para uma mulher já tão fragilizada.

Diante desse cenário, a estimativa é de que apenas 10% dos casos de estupro sejam denunciados no Brasil. Ou seja, 90% das vítimas não falam nada, seja por medo, pela vontade de esquecer, pela dificuldade em entender e aceitar que houve mesmo um estupro, por descrédito na eficiência da lei, mas, principalmente, pela culpa e pela vergonha.

Desde 2009, o Brasil tem uma lei mais abrangente para crimes sexuais. Até então, estupro era definido como "sexo forçado por um homem contra uma mulher, com penetração vaginal". Sexo anal, oral, apalpação, penetração com dedos ou com objetos, por exemplo, estavam na categoria de "atentado violento ao pudor". Agora, todos esses atos podem ser enquadrados como estupro. Além disso, mulheres também podem ser consideradas estupradoras (apesar de casos desse tipo serem raros, encontrei, durante minhas pesquisas, uma mulher que foi vítima de abuso sexual praticado por uma babá).

Com essa mudança na lei, a quantidade de registros de casos de estupro cresceu, mas ainda é difícil chegar a um número próximo da realidade. A última estatística (até o lançamento deste livro) divulgada pelo Fórum Brasileiro de Segurança Pública é de 66.041 vítimas em 2018 em todo o Brasil. Esse número por si só já seria assustador, mas a verdade é que é apenas a ponta do problema, porque sabemos que isso corresponde a cerca de um décimo do que verdadeiramente acontece.

O outro caminho também é bem difícil, ou seja, tentar simplesmente esquecer e seguir em frente traz um sentimento de injustiça, de impotência, de raiva represada. Quem não conta nem para a família vive uma sensação permanente de ter um segredo guardado, com todo o peso e o ônus que isso traz, principalmente quando acontece na infância e isso é levado pela vida adiante.

Crianças atacadas por pessoas conhecidas são as mais amedrontadas e as que mais se calam. Geralmente, sofrem ameaças ("Se você contar para alguém, eu mato seus pais.") e acabam não contando nada para ninguém, e, quando o fazem, ainda correm o risco de serem acusadas de mentir, fantasiar ou inventar. Sensível a essa dificuldade, a lei brasileira mudou em 2012 e, desde então, menores de idade vítimas de abuso têm um prazo de vinte anos para denunciar o crime a partir do momento em que completam dezoito anos, e não mais a partir do fato. Mesmo assim, poucas mulheres fazem essa denúncia tardia.

Sobre mulheres e homens adultos que foram abusados na infância, vemos que o trauma continua lá, mesmo depois de muito tempo, porque, quando falam do assunto, aparecem as lágrimas, a revolta, a dor, e aparecem também as histórias de dificuldade de relacionamento, de problemas sexuais, de questões com a autoestima e a imagem corporal, e também as consequências em forma de insônia, depressão, automutilação, pensamentos suicidas, vícios e agressividade. Especialistas dizem que é possível superar o que aconteceu e se livrar de todos esses sintomas, mas esse não é um caminho fácil. E sempre será uma experiência das mais fortes, daquelas que moldarão a vida de quem passou por isso, mesmo que inconscientemente. A maneira de lidar com o trauma vai depender muito da estrutura psíquica da vítima, do apoio familiar e de amigos. Muitas vezes, quando é necessário, também de disposição, orientação e dinheiro para ter apoio profissional terapêutico particular, que é caro e para poucos, já que não é possível obter esse serviço de forma gratuita em todo lugar.

Por tudo isso, os estupradores ficam livres. Livres da cadeia e de qualquer constrangimento, culpa, peso na consciência ou remorso, protegidos pela cultura do estupro que prevalece no país. Eles, sim, seguem com suas vidas como se nada houvesse acontecido. Apenas a minoria vai presa e paga pelo crime com a privação da liberdade e com a condenação social que vem dos próprios presidiários. Sim, porque acusados de assassinato, tráfico de drogas ou qualquer outro crime simplesmente abominam estupradores, e têm suas próprias leis dentro do sistema carcerário, que precisa separar esses criminosos para que eles não sejam executados pelos outros detentos.

Diante desse panorama que acabei de descrever, por ser jornalista e conviver diariamente com notícias que retratam esse cenário, por ser mulher e mãe de uma adolescente e por me indignar com essa realidade que causa tanto sofrimento a tantas mulheres diariamente, resolvi escrever este livro. Mas também porque já sofri muito com essa cultura de violência sexual. Perdi a conta das vezes em que fui apalpada em locais lotados de gente. E em lugares ermos, foram inúmeras as vezes em que surgiu um desconhecido e eu fingi que estava ao telefone com alguém, ou acenei para o além, para parecer que não estava sozinha. Homens nessas mesmas situações, no máximo, têm medo de assalto, mas nós, mulheres, já pensamos logo em estupro. Relato aqui neste livro um caso que aconteceu comigo dentro de um ônibus. Foi o máximo que quis contar, mas eu sei que falar sobre o assunto, tratar dele e debater sobre suas causas e consequências, colocando-o sobre a mesa, trazem desconforto, mas também consciência, que é o primeiro passo para que possamos mudar essa triste realidade. E eu quero que ela mude.

Para escrever estas páginas, fiz uma extensa pesquisa e conversei com todos os personagens envolvidos na questão aqui tratada. Entrevistei vítimas e abusadores. Falei com profissionais da saúde, da justiça, com policiais, carcereiros, pesquisadores e autoridades. Foram quase cem pessoas, de norte a sul do Brasil, em lugares como Rio de Janeiro, Belém, Ilha de Marajó, Porto Alegre, Teresina, Recife e São Paulo. O que encontrei foram vítimas de todas as idades, classes sociais e níveis de instrução que foram violentadas nas mais diferentes situações, inclusive as mais corriqueiras, que fazem parte da vida de todos nós. Há mulheres abusadas a caminho do trabalho ou da escola, idosas atacadas enquanto dormiam dentro de casa e mulheres violentadas quando estavam em busca de atendimento espiritual. E há um número impressionante de crianças, inclusive algumas muito pequenas, em casos que desafiam a nossa compreensão sobre a maldade humana.

Constatei que os abusadores também são de vários tipos. Entrei em cadeias, centros de ressocialização de menores e acompanhei um grupo de orientação para homens que foram flagrados enquanto abusavam de mulheres no transporte público. Nesses lugares, falei com jovens, idosos, homens de meia-idade, desempregados e profissionais com anos de experiência em suas áreas de atuação; senhores bem vestidos e outros mal-encarados. A maioria deles tinha família, muitos eram casados, alguns havia bastante tempo. Mas nenhum tinha diagnóstico de distúrbio mental; eles eram apenas homens que circulavam normalmente pela sociedade, pagavam suas contas, iam ao médico, frequentavam lojas e academias, andavam de ônibus. Ou seja, homens que estão ao nosso lado e que, em um dado momento, ou em vários, se acham no direito de abusar de uma mulher.

O único padrão encontrado na maior parte dessas entrevistas foi o relacionamento que o estuprador tem com a vítima. Na esmagadora maioria dos casos, os dois se conhecem. Podem ser vizinhos ou parentes, e, em grande parte dos casos, habitam a mesma casa. Diferentemente do que se passa no imaginário coletivo, em que o estupro remete a uma mulher agarrada à força por um desconhecido em uma rua escura e deserta — apesar de esses casos também acontecerem, e muito —, a maior parte dos estupros ocorre mesmo no ambiente doméstico, familiar, em casa, onde todos deveríamos nos sentir protegidos.

E o mais triste de tudo isso é que as crianças são as mais atingidas. Sempre pensamos que, para cometer uma barbaridade dessas com inocentes, é preciso sofrer de algum distúrbio mental, como a pedofilia. Entretanto, o que as pesquisas, a estatística e a minha pesquisa mostraram é que não é assim. Os estupradores de crianças não costumam ter doenças psiquiátricas. Eles simplesmente fazem uma escolha pela vítima mais próxima, mais fácil de dominar, ameaçar e, às vezes, seduzir, por ser de tamanho menor, mais frágil e mais vulnerável. Sim, o estuprador é também um covarde. Na imensa maioria dos casos, não há nenhuma condição psiquiátrica que possa servir de atenuante para atacar uma criança. É apenas um ato de maldade e covardia.

Vou confessar que não foi fácil estar cara a cara com pessoas que cometem essas atrocidades. Como jornalista acostumada com reportagens difíceis, mantive minha raiva sob controle diante de estupradores, mas, por dentro, a revolta e a indignação me fizeram, por vezes, ter vontade de bater na cara deles, dada a frieza com que alguns faziam seus relatos. Também procurei manter a calma ao ouvir tantas histórias apavorantes da boca das vítimas e, por algumas vezes, chorei depois, sozinha, por imaginar a dor e o sofrimento pelos quais elas passaram. Porém, como mãe de uma menina de catorze anos, não pude deixar de sentir uma pontada no peito a cada relato que envolvia criança que ouvi. E, como mulher, foi impossível não ter de volta à memória as experiências pelas quais passei.

Por mais dolorido e incômodo que seja falar desse assunto, eu sei que tratar diretamente disso é fundamental para que o problema comece a ser solucionado, e para que as pessoas parem de fingir que nada aconteceu. Felizmente, nunca se falou tanto e tão abertamente sobre estupro como nos dias de hoje, e em todo o mundo. Nos Estados Unidos, surgiu na internet o movimento *#MeToo*, que levou a inúmeras denúncias de abuso sexual e se espalhou pelo mundo. Por aqui, no Brasil, tivemos a campanha #MeuPrimeiroAssédio, em que mulheres foram para as redes sociais contar situações em que foram vítimas de abuso, e elas passaram a se sentir menos sozinhas, ao verificar que eram maioria, e não minoria. E foi assim que grandes escândalos vieram à tona.

Quando uma mulher vem a público, outras se sentem mais fortes para denunciar também, vendo que não são as únicas que sofreram, principalmente diante de abusadores famosos e com poder. Foi o que aconteceu nos casos do médico Roger Abdelmassih, especialista em reprodução humana, e do médium João de Deus, que chegou a receber o número inacreditável de mais de quinhentas acusações de abuso sexual. Eram ambos homens poderosos que já haviam enfrentado denúncias isoladas que não tinham dado em nada. Mas o momento agora é outro. Por todo o mundo, as mulheres estão mais atentas, e pessoas públicas se manifestam em defesa das vítimas. Entretanto, ainda há um longo caminho para ser percorrido. Esse é um movimento que precisa ser fortalecido cada vez mais para que se espalhe por todas as camadas da sociedade.

Como mencionei anteriormente, estupro é o único crime no qual são as vítimas que sentem vergonha, mesmo depois de anos ou décadas. Por isso, neste livro, nomeei quase todas as pessoas citadas com pseudônimos, a pedido delas mesmas. Até as poucas que enfrentaram o difícil caminho para denunciar os abusadores não quiseram se expor ainda mais diante de familiares e conhecidos, e por isso também tiveram sua identidade protegida nestas páginas com uma troca de nome. A todas vocês, que dividiram histórias tão íntimas e dolorosas comigo, meu carinho e meu muito obrigada. Tenho certeza de que sua coragem vai ajudar muitas outras mulheres que passaram por situações semelhantes a também denunciar. Elas poderão sentir, ao ler o que está neste livro, que não estão sozinhas, e que seu ciclo de sofrimento pode ter fim.

Se até agora o comportamento do homem que assedia e abusa de uma mulher em nome da sua masculinidade é algo normalizado em nossa sociedade, que isso possa começar a mudar a partir da coragem das mulheres, que passam a não mais aceitar essa situação, denunciando, unindo-se e apontando os verdadeiros culpados, que nunca são elas ou suas crianças.

É apenas começando a conscientizar as pessoas que poderemos dar um passo em direção à mudança da mentalidade que vitimiza tão cruelmente as pessoas, para que deixemos de ser uma sociedade violenta e insegura, de presas e predadores, e passemos a ser um grupo íntegro de seres humanos, que sentem empatia e respeito por seu semelhante. Que este livro seja mais uma gota de contribuição nesse sentido.

# Capítulo I

# Vou sobreviver?

Em um caso que ficou tristemente famoso em todo o Brasil, quatro amigas adolescentes — Danielly, de dezessete anos, Jéssica e Renata, de quinze, e Iara, de dezesseis — foram agredidas, estupradas e jogadas de um penhasco de mais de dez metros de altura, na cidade de Castelo, no Piauí, em 2015. Uma delas morreu. Um adulto e quatro menores de idade foram acusados do crime.

A 180 quilômetros dali, na capital do estado, Teresina, dois anos depois, encontro com uma das sobreviventes desse crime bárbaro, que me relata os acontecimentos. No rosto de Jéssica, há ainda a marca de quando foi atacada com uma pedra por um dos bandidos, e ela tem também uma grande cicatriz na perna, resultado dos ferimentos por ter sido arrastada. Dos momentos de terror que viveu, guarda apenas lembranças em flashes, um mecanismo de autoproteção muito comum entre as vítimas desse tipo de crime. A mente, em um esforço para lidar com um trauma violento, tenta sufocar as memórias para mitigar o sofrimento. Jéssica só se recorda com detalhes do que ocorreu até momentos antes do estupro coletivo.

Começou como uma tarde que qualquer adolescente gosta de ter. "No intervalo da escola, a gente tinha combinado de ir na casa da Renata. Depois da aula, fui para lá na minha moto, junto com a Iara, levando uma pizza. E leite condensado, para fazer brigadeiro. A Danielly também foi. Aí almoçamos e decidimos ir no Morro do Garrote para tirar umas fotos. O brigadeiro ficou esfriando na geladeira, para a gente comer quando voltasse. Nunca mais na minha vida deixei para comer nada depois."

A beleza do Morro do Garrote não é tão impactante, mas a vista pega a cidade toda, e virou mania entre os jovens da região ir até o local para tirar *selfies* e publicar nas redes sociais. As amigas também queriam fazer os posts delas. Tiraram as fotos e começaram a voltar, descendo a trilha acidentada em fila indiana, com uma ajudando a outra pelo trajeto. No caminho, deram de cara com um jovem conhecido da vizinhança. Sem ainda entender o que estava para acontecer, mas já com um certo medo, chegaram para o lado para dar passagem para o rapaz, que parecia estar subindo o morro. Só que Gleisson estava com uma faca e mandou que elas dessem meia-volta.

"Não corre, não! Não corre, que é pior", ele disse, já com a faca no pescoço de uma delas. Rendidas, foram obrigadas e subir novamente a colina até uma parte um pouco abaixo do mirante onde tinham ido tirar as fotos. Em um dado momento desse percurso, o celular de Jéssica tocou em seu bolso. Era sua mãe.

"Pensei em atender, só pra ela ouvir o que estava acontecendo", ela lembra. "Perguntei baixinho para a Danielly se ela achava que eu devia atender, mas não consegui. O Gleisson percebeu e perguntou o que a gente estava cochichando. Aí ele pegou os aparelhos de telefone de nós todas e jogou no meio do mato."

A caminhada chegou ao fim, e três das quatro meninas foram amarradas em uma árvore. Uma ficou solta, mas permaneceu sob constante ameaça do rapaz armado, e teve as roupas cortadas com a faca. O tempo todo, Gleisson falava que havia um chefe e que ele gostava de loirinhas. Jéssica, Iara e Renata ficaram tensas: elas tinham mechas douradas no cabelo, pois haviam feito luzes.

As amigas ainda tentaram negociar. Danielly, a que estava desamarrada, perguntou quanto ele queria para deixá-las ir embora, porém ele só dizia que elas eram "filhinhas de papai". A menina soluçava, aos prantos, e ele a mandava calar a boca. Jéssica, por sua vez, percebeu uma oportunidade de reagir. Em um momento de distração do rapaz, ela conseguiu se livrar da corda que a prendia, pegou a faca e gritou: "Solta ela!". Gleisson então apanhou uma grande pedra e novamente se armou.

"Ele falou que, se eu não entregasse a faca e voltasse para a árvore, ia matar a Danielly com a pedra", Jéssica continua a contar. "Aí voltei. Ele veio tirar a faca da minha mão e, quando chegou perto, atirou em mim aquela pedra enorme, e eu caí. Então eu só entreguei a faca, não podia fazer mais nada." Com isso, Gleisson ficou ainda mais agressivo. Disse que elas iriam pagar caro por aquela "traição".

A noite começou a cair e outros quatro homens chegaram. Por um período de duas horas, as adolescentes foram repetidamente estupradas. A partir de então, as lembranças de Jéssica vêm em dolorosas imagens fragmentadas, que foram surgindo ao longo dos meses subsequentes, como trechos de um filme de terror:

"Não lembro bem dos outros que chegaram depois, mas sei que tinha mais gente. Cada vez que uma de nós era desamarrada da árvore, era para ser estuprada. Na minha cabeça, uma hora eles iam soltar a gente, íamos pegar as motos sem roupa mesmo, pedir uma roupa na casa de uma amiga minha que mora lá perto, e seguir para casa. Mas, de repente, eles arrastaram a gente, e eu e a Iara seguramos a mão uma da outra com toda a força. Colocaram todas nós em pé perto do penhasco. A Renata ficou de costas, e me puseram de lado, com uma das camisas deles tapando o meu rosto. Jogaram a Iara primeiro. Eu só ouvi a pancada. Depois fui eu. Bati as minhas pernas nas pernas da Iara e a testa em algum lugar. A gente estava com muita dor, mas a Iara falou para fingirmos que não estávamos sentindo nada e não fazermos barulho. Ainda ouvi lá em cima alguém dizer que sentia bastante dor. Quando consegui abrir os olhos, já estava tudo muito escuro."

Jéssica lembra que Danielly foi a última a ser jogada: "Ela viu mais coisas que a gente. No hospital, ela falava que ia contar toda a história quando fosse para casa. Mas não deu tempo. Não era para ninguém ter morrido."

Danielly Rodrigues Feitosa teve esmagamento dos ossos do rosto, lesões no peito e no pescoço. Passou por três cirurgias, mas sofreu uma hemorragia grave impossível de ser controlada e morreu dez dias depois do crime.

Naquela tarde de 27 de maio de 2015, a mãe de Jéssica estava na casa do cunhado, em um encontro da família, achando que a filha estava em segurança na casa da amiga. Quando escureceu, começou a ficar preocupada, porque a filha não tinha atendido ao celular nem retornado suas ligações. Foi quando um vizinho veio avisar que tinha visto um carro da polícia passar com as motos das meninas amarradas sobre a carroceria. A mãe entrou em desespero:

"Fui correndo para a delegacia e, chegando lá, não me deixavam ver a moto. Eu gritava que não queria levar a moto, só queria ver se era a da minha filha. Fiquei na delegacia e aqueles homens todos começaram as buscas pelas meninas. Depois que encontraram, uma amiga providenciou toda a papelada do SUS, mas, nesse primeiro momento, não me contaram nada do que tinha acontecido. Quando fiquei sabendo de tudo, achei que minha filha estivesse morta. Então me disseram que não, que a Jéssica estava viva. Mesmo assim, eu paralisei, não conseguia mais andar. Me levaram para o hospital e então vi quando minha filha passou deitada na maca, com a cabeça enfaixada. Fiquei vendo a minha filha passar daquele jeito, toda ensanguentada. mas eu dizia para mim mesma que ela estava ali, viva."

Jéssica quebrou o punho e o tornozelo, teve minifraturas na bacia, muitos cortes pelo corpo e na cabeça. Passou por duas cirurgias. A família, na época, escondeu os espelhos da casa para que ela não visse o ferimento no rosto causado pela pedrada. Com o tempo, as cicatrizes melhoraram, mas ainda estão lá, bem visíveis. Quando está com o pai, precisa usar calça ou saia comprida para esconder a grande marca que ficou na perna, porque ele não consegue olhar para ela sem entrar em sofrimento.

Os números relativos aos casos de estupro são imprecisos não apenas no Brasil, mas em todo o mundo, principalmente porque a maioria das vítimas desse tipo de crime não costuma prestar queixa às autoridades.

No Brasil, o Instituto de Pesquisa Econômica Aplicada (Ipea), que coleta e analisa diversos tipos de dados para fundamentar políticas públicas, realizou, em 2013, uma pesquisa por amostragem baseada em entrevistas feitas em todo o país com 3.810 pessoas, e chegou à conclusão de que, a cada ano, cerca de 0,26% da população brasileira sofre violência sexual — o equivalente a quase 550 mil pessoas, se considerarmos a população brasileira em 2019. Comparando-se esse número com a quantidade de queixas prestadas nas delegacias, estima-se que apenas 10% dos crimes de estupro no país são efetivamente registrados pela polícia.

Em 2015, quando as amigas do Piauí foram violentadas, as delegacias por todo o Brasil contabilizaram 47.461 casos de estupro. Tendo como base a estatística do Ipea, o número real seria de alarmantes 474 mil estupros cometidos no país. Infelizmente, pelos registros, sabe-se que, de 2015 até os dias de hoje, esses números só aumentaram.

O Fórum Brasileiro de Segurança, organização sem fins lucrativos dedicada à compilação e análise de dados relacionados à violência, reúne, ano a ano, informações sobre a totalidade das denúncias realizadas e apuradas pelas secretarias de segurança de todos os estados do território nacional. O relatório relativo a 2018 divulgou o número desolador de 66.041 ocorrências de estupro registradas nacionalmente. Se fizermos um cálculo simples com a porcentagem apontada pelo Ipea, o verdadeiro total desse tipo de vítima no Brasil, apenas no ano de 2018, ultrapassaria a assustadora marca de 660 mil.

Os motivos para o silêncio das pessoas que sofreram essa violência são os mesmos em qualquer parte do planeta: elas sentem medo, vergonha e culpa e, muitas vezes, dependem financeiramente do agressor, como nos casos de crianças ou mulheres que toleram maridos que abusam dos filhos. No Brasil, acrescenta-se a essa lista a descrença no poder público. Muitas mulheres não fazem queixa porque acham que vão se expor realizando uma denúncia que não terá resultados efetivos. Talvez a confiança nas instituições explique o índice menos ruim, porém ainda baixo, de notificações de estupro nos Estados Unidos: 23% dos casos chegam à polícia, segundo um estudo publicado em 2018 pelo Departamento de Justiça Norte-Americano.

As diferentes taxas de notificação das vítimas, o tipo de trabalho realizado pela polícia e até mesmo as diferentes definições do que configura esse delito tornam difícil a comparação entre os países. Em 2010, a onu divulgou um estudo mundial a respeito do tema que causou espanto. A Suécia apareceu com a maior taxa de violência sexual — 63 ocorrências por 100 mil habitantes. A Índia, notoriamente conhecida por crimes bárbaros relacionados a estupros, registrou somente dois por cada 100 mil habitantes. Porém, é preciso ressaltar que, naquela época, a lei indiana era mais permissiva e não enquadrava, por exemplo, estupros cometidos com o uso de objetos ou sexo oral forçado. Somente em 2013, após alguns episódios atrozes de estupro coletivo seguido de espancamento e morte, houve uma forte mobilização popular e a lei passou a ser mais abrangente.

As denúncias aumentaram, mas, mesmo hoje, a estimativa é de que apenas 6% desses crimes sejam comunicados à polícia, e, ainda atualmente, o sexo forçado entre marido e mulher não é considerado estupro naquele país. Já na Suécia, há uma preocupação em registrar todos os casos, inclusive aqueles cometidos por maridos e namorados. Além disso, quando uma vítima é abusada repetidamente pela mesma pessoa, como acontece com menores de idade dentro do núcleo familiar, cada episódio conta como mais uma ocorrência. A lei sueca tornou-se mais rigorosa desde 2005 e passou a abranger como estupro também a exploração sexual, ou seja, quando uma pessoa obriga outra a se prostituir ou quando, mesmo que não haja coerção, o indiciado obtém lucro a partir da exploração do corpo alheio. Em 2018, se a Suécia ainda apresentava um alto índice de violência sexual, também tinha uma taxa invejável de investigação: 95% dos incidentes delatados resultavam em inquéritos. Para efeito de comparação, a estimativa no Brasil é de que apenas 24% dos homicídios sejam investigados, e essa é a modalidade de crime que mais recebe a atenção da polícia.

Em 2018, o Brasil apresentou uma taxa de 31,7 casos de abuso sexual por cada 100 mil habitantes. Entretanto, se concentrarmos nossa atenção apenas naqueles em que as vítimas são do sexo feminino, essa proporção sobe para 53,4 a cada 100 mil mulheres. Os estupros seguidos de morte também não costumam entrar nessa conta, porque acabam registrados como feminicídio. No levantamento feito pelo Fórum Brasileiro de Segurança, apenas seis estados especificaram alguns eventos em que o estupro resultou na morte da vítima. Com isso, só se tem computadas, em 2018, dez vezes em que o estupro levou à morte.


Como acontece no Brasil, também em outros países os dados levantados sobre o tema podem apresentar informações discrepantes, inclusive algumas divulgadas até por uma mesma instituição. Nos Estados Unidos, desde 2013, o FBI divulga dois índices baseados em dois conceitos distintos. A noção mais antiga considera que há estupro quando existe o uso da força, ou seja, se o estuprador emprega violência física explícita para abusar da vítima.

A mais recente abrange também casos em que a pessoa é forçada a consentir quando é ameaçada, e também se ela simplesmente desiste de lutar ou fica paralisada, em estado de choque, de forma que, em nenhuma dessas situações, a violência sexual deixa marcas aparentes. Levando em conta o conceito antigo, foram registradas quase 100 mil ocorrências no ano de 2018, uma taxa de 30,7 a cada 100 mil habitantes. Na definição recente e mais ampla, o número sobe para quase 136 mil casos, ou 41,7 por cada 100 mil habitantes.

Há ainda os países em que essa espécie de crime é usada como arma de guerra. Milícias, grupos rebeldes e mesmo forças de segurança de governos já foram denunciados pela ONU pela prática de estupros em massa em nações como Serra Leoa, Sudão, Afeganistão, Mianmar e Síria. Esse tipo de violação física em locais de conflito é uma das causas da atual crise dos imigrantes, em especial na Europa. Muitas famílias fogem de seus países por medo da violência sexual. O esforço para acabar com o estupro como estratégia de guerra fez com que o prêmio Nobel da Paz de 2018 fosse dividido entre a iraquiana Nadia Murad, ex-escrava sexual do Estado Islâmico, e o médico congolês Daniel Mukwege, fundador de um hospital em seu país especializado no atendimento a milhares de vítimas desse crime, que ainda é extremamente comum no Congo, e cujos culpados quase nunca são punidos. Por todas essas particularidades, é difícil dizer com clareza em que países a cultura do estupro é mais forte e onde esse crime é mais recorrente. No Brasil, é difícil até mesmo estabelecer uma comparação entre os estados.

A tabela a seguir resulta de um levantamento dos números de estupros e tentativas de violência sexual realizado em 2018 pelo Fórum de Segurança Pública divididos por cada um dos estados brasileiros. Constatamos que São Paulo apresentou o maior número de registros totais naquele ano: 12.836. O Paraná vem em seguida, com quase a metade dessa quantidade, 6.898. Porém, se considerarmos o número de denúncias de acordo com o de habitantes, o campeão dessa triste estatística é o Mato Grosso do Sul, com 70,4 casos de estupro por cada 100 mil habitantes. O Piauí, onde as jovens foram abusadas, curiosamente apresenta uma das taxas mais baixas do Brasil em ambas as análises: em 2018 foram 751 casos absolutos e 23 por cada 100 mil habitantes.

## Estupros e tentativas de estupro por estado brasileiro em 2018[*]

| Estado | Total | Taxa por cada 100 mil habitantes |
|---|---|---|
| Acre | 292 | 33,6 |
| Alagoas | 688 | 20,7 |
| Amapá | 297 | 35,8 |
| Amazonas | 1.058 | 25,9 |
| Bahia | 3.121 | 21,1 |
| Ceará | 1.790 | 19,7 |
| Distrito Federal | 789 | 26,5 |
| Espírito Santo | 480 | 12,1 |
| Goiás | 3.077 | 44,5 |
| Maranhão | 1.189 | 16,6 |
| Mato Grosso | 1.802 | 52,4 |
| Mato Grosso do Sul | 1.934 | 70,4 |
| Minas Gerais | 5.346 | 25,4 |
| Pará | 3.655 | 42,9 |
| Paraíba | 235 | 5,9 |
| Paraná | 6.898 | 60,5 |
| Pernambuco | 2.522 | 26,6 |
| Piauí | 751 | 23 |
| Rio de Janeiro | 5.310 | 30,9 |
| Rio Grande do Norte | 295 | 8,5 |
| Rio Grande do Sul | 4.898 | 43,2 |
| Rondônia | 1.053 | 59,9 |
| Roraima | 253 | 43,9 |
| Santa Catarina | 4.138 | 58,5 |
| São Paulo | 12.836 | 28,2 |
| Sergipe | 542 | 23,8 |
| Tocantins | 792 | 50,9 |

*Fonte: Secretarias Estaduais de Segurança Pública e/ou Defesa Social, Instituto Brasileiro de Geografia e Estatística (IBGE) e Fórum Brasileiro de Segurança Pública. Dados compilados no Anuário Brasileiro de Segurança Pública, 2018.

Esses números, porém, estão longe de apontar quais estados são mais ou menos perigosos quando se trata de violência sexual. E não só por causa dos crimes que não são denunciados, mas também por variações decorrentes de especificidades em diferentes partes do país. As mudanças realizadas na lei penal brasileira em 2009 também produziram algumas distorções, já que há locais que assimilaram as novas regras melhor que outros. A nova lei, em vigor até hoje, tornou-se mais abrangente e passou a classificar como estupro todas as interações físicas não consentidas de teor sexual, incluindo crimes sexuais cometidos contra homens, já que, segundo a lei anterior, considerava-se que apenas vítimas do sexo feminino podiam sofrer esse tipo de abuso.

De fato, as mulheres são os alvos na maioria dos casos, mas muitos homens, especialmente meninos, são vítimas de violência sexual, e até 2009 nenhum caso contra pessoas do sexo masculino era registrado como estupro no Brasil. A mudança na legislação gerou um aumento no número de boletins de ocorrência nos estados onde os delegados de fato passaram a registrar corretamente os episódios de acordo com a nova norma.

Nove anos depois, em 2018, foi incluída na lei uma cláusula relacionada à importunação sexual, que passou a ser utilizada para casos de abuso sem violência física grave, como os acontecidos no transporte público. Portanto, há regiões do país que podem apresentar índices maiores da infração simplesmente porque registraram as ocorrências como crime de estupro, enquanto outros consideram como importunação sexual. E mais: mesmo com todas essas bem-vindas mudanças jurídicas, ainda há pelo país afora muitos delegados que seguem registrando estupros como "atentado violento ao pudor", um conceito que nem existe mais na legislação nacional e, por isso, essas ocorrências acabam ficando de fora das estatísticas.


A despeito de particularidades locais, há alguns padrões que se repetem por todo o país: as maiores vítimas de estupro são mulheres menores de idade e os agressores são, em geral, seus conhecidos. De acordo com os registros de 2017 e 2018, 75,9% das vítimas têm algum vínculo com os estupradores. Eles podem ser pais, padrastos, tios, vizinhos, amigos. O maior perigo está quase sempre dentro de casa.

Pouco menos de um quinto dos abusados são do sexo masculino. Porém, um dado chocante em relação a esses casos é que, entre essa população, o maior índice de abusos acontece aos sete anos de idade. Já as mulheres compõem, como já mencionado no início desta seção, a alarmante maioria entre as estatísticas, com 81,8%, e o grupo mais atingido entre todos é o de meninas entre dez e treze anos de idade.

O motivo de tanta crueldade contra os mais indefesos é exatamente a maior facilidade com que são dominados fisicamente, manipulados emocionalmente e intimidados com ameaças. Os casos patológicos de estupradores portadores do distúrbio da pedofilia — a atração sexual preferencial por crianças — são uma ínfima minoria. Esse altíssimo índice de menores violentados se deve a criminosos covardes, que não apresentam nenhuma doença psiquiátrica e que se aproveitam da fragilidade das crianças e, ainda, da facilidade de estarem com a vítima dentro de casa e do fato de terem autoridade sobre ela.

**Distribuição dos crimes de estupro e estupro de vulnerável no Brasil em 2017 e 2018***

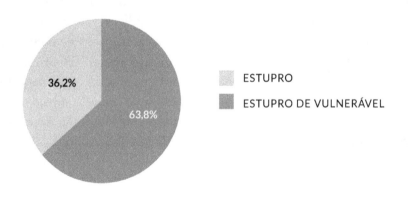

*Fonte para este e os próximos gráficos do capítulo: BUENO, Samira; PEREIRA, Carolina; NEME, Cristina. A invisibilidade da violência sexual no Brasil. *In: Anuário brasileiro de segurança pública*, 2019. Disponível em: < http://www.forumseguranca.org.br/wp-content/uploads/2019/09/Anuario-2019-FINAL-v3.pdf>. Acesso em: 18 dez. 2019.

**Distribuição dos crimes de estupro e estupro de vulnerável segundo o sexo da vítima no Brasil em 2017 e 2018**

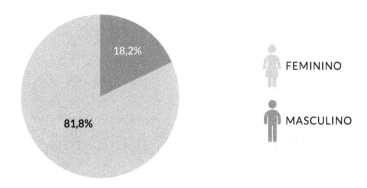

Os números escancaram a necessidade de orientar as crianças para que se protejam da violência sexual e a importância de treinar pais, professores e profissionais de saúde para reconhecer os sinais que as vítimas geralmente apresentam. Analisando essas estatísticas referentes a meninos e meninas, pouco mais da metade dos molestados (53,6%) tem no máximo treze anos. Ampliando um pouco mais a faixa etária, há 71,8% com até dezessete anos de idade, exatamente como as meninas do Piauí.

**Vítimas de estupro no Brasil em 2017 e 2018, distribuição por sexo e idade**

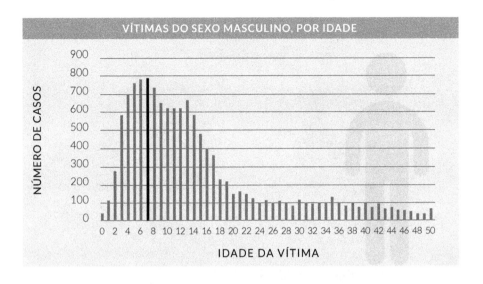

VÍTIMAS DO SEXO MASCULINO, POR IDADE

NÚMERO DE CASOS

IDADE DA VÍTIMA

Perto da casa de Jéssica, no Centro de Internação Provisória de Teresina, conversei com os três menores de idade que ainda cumpriam medida socioeducativa acusados pelo estupro coletivo das quatro jovens em Castelo. O primeiro entra na sala pisando firme, senta-se na minha frente, olha nos meus olhos e encurta a entrevista: "Eu só tenho uma coisa a dizer aqui. Eu não sou estuprador, eu sou inocente. Só tenho isso a dizer."

Os três nunca admitiram os crimes. A bem da verdade, nunca apareceram muitas provas concretas contra eles, apenas sendo encontrado nas vítimas material genético do adulto preso pelo crime, Adão José da Silva Sousa, e do menor Gleisson Vieira da Silva, o primeiro a atacar as meninas. Os três rapazes foram apreendidos após serem denunciados por Gleisson, o único que foi reconhecido pelas adolescentes. Foi então que ocorreu outro crime, que tornou mais difícil esclarecer o estupro.

Um dos agentes socioeducativos que estavam no Centro de Internação Provisória se lembra bem da noite em que tudo aconteceu:

"O caso estava sendo divulgado na tv, o pavilhão inteiro estava agitado. Os quatro disseram que queriam ficar juntos, que eram da mesma cidade, e estavam com medo de ser assassinados pelos outros menores."

O crime de estupro é malvisto nas unidades prisionais. Os acusados sempre têm que ficar isolados dos demais presos, pois correm risco de morrer. Com esse argumento, ficaram todos na mesma cela, o que significou deixar o acusador junto com os três acusados, um erro absurdo e suspeito. Os três mataram Gleisson, então com dezessete anos, logo na primeira noite de internação.

O segundo adolescente a ser apreendido me diz que eles eram inimigos de Gleisson e que, por isso, foram envolvidos por ele no caso:

"A gente já tinha treta de rua com o Gleisson, a ponto de não poder se encontrar. Por isso, ele colocou a gente nesse bagulho. Ele não fez aquilo sozinho, fez com outras pessoas, e botou nossos nomes para livrar os outros caras. Aí, na cela, a gente começou a discutir, e perguntamos por que ele mentiu. Na hora, o ódio tomou conta de nós três."

Ao que o terceiro adolescente completou:

"Nós *tava* querendo a verdade, que a gente sabia a verdade, e ele mentindo, ele só colocava o nome do traficante, do Adão. Nós tava querendo saber só a verdade, ele não disse. Aí, *perdemo* a cabeça e *executamo* ele."

Gleisson foi espancado até a morte.

Os menores recolhidos já tinham cometido outros delitos, como furtos e roubos. Quando estive com os três, dois anos depois do crime, já não ficavam mais na ala reservada para estupradores.

"Eu hoje tô na ala normal", contou um dos rapazes. "O povo aí fora pensa que eu tô pagando por estupro, mas só tô aqui por causa da morte do Gleisson."

Na verdade, os menores foram condenados a cumprir internação por quatro estupros, três tentativas de homicídio e dois assassinatos, o de Gleisson e o de Danielly — sendo esses dois os únicos nomes verdadeiros que uso neste relato. Como ambos estão mortos, suas identidades foram divulgadas pela polícia.

A investigação foi concluída, mas ainda restaram dúvidas. Os menores de idade acusam um policial de ser o mandante do crime, dizem que ele já estaria por trás de outros episódios de violência na cidade, com a intenção de causar o caos para vender os serviços de uma empresa de segurança. Isso é algo que se comenta em Castelo, mas que nunca foi apurado.

\*\*\*

Se os números sobre as vítimas de estupro já carecem de precisão, as estatísticas sobre os estupradores presos — ou sobre os encaminhados para os centros de internação socioeducativos, no caso de menores de idade — são ainda mais imprecisos. Não há nenhuma informação sobre a média de idade ou a escolaridade dos agressores. Até mesmo o número absoluto de estupradores que estão cumprindo pena atualmente não é atualizado.

No caso dos jovens infratores, o último levantamento do Ministério da Mulher, Família e Direitos Humanos sobre a quantidade de jovens que estavam sob medidas restritivas e de privação de liberdade foi realizado em 2016. Naquele ano, 26.450 menores infratores estavam sendo ressocializados nas unidades de internação espalhadas pelo país, sendo que 1% deles era acusado do crime de estupro.

Entre os adultos, em 2018, o Departamento do Sistema Penitenciário computou um total de 743.218 presos, indiciados por todos os tipos de crime. Os acusados de estupro somavam 17.704 — cerca de 2,4% da massa carcerária —, dos quais 14.407, ou seja, a maioria, foi condenada por estupro de vulnerável, que é quando o agredido é menor de catorze anos, mas que se aplica também a pessoas com problemas mentais ou que, de alguma outra maneira, não podem se defender (pessoas que estejam inconscientes, por exemplo).

Somente pelos dados coletados das vítimas é possível traçar um perfil aproximado de quem são esses agressores, ressaltando que, em decorrência da grande quantidade de abusos sexuais que não são denunciados, a maior parte dos estupradores não chega nem a ser indiciada. Mesmo assim, um estudo feito pelo Ipea, em 2014, baseado nos registros de atendimento na rede pública de saúde, mostra que, pelos relatos, 24% dos estupradores de crianças são os próprios pais ou padrastos, e 32% são amigos ou conhecidos, ou seja, homens que costumam atacar dentro de casa. Já dentre as vítimas adultas, os abusadores desconhecidos, aqueles que agem na rua, são 60%, ou seja, a maioria. Ainda pelos relatos de quem sofreu estupro, podemos saber que a imensa maioria, ou 85% dos agressores, age sozinha, usando principalmente a força corporal, o espancamento e as ameaças. O uso de armas de fogo ou facas aumenta conforme as vítimas são mais velhas.

A falta de números é reflexo da pouca importância que se dá ao combate à violência sexual. Entretanto, a culpa para esse descaso não é apenas das autoridades, mas se explica também pelo silêncio de toda a sociedade em torno do tema. As famílias não tocam no assunto por constrangimento ou receio, apesar de a maior parte dos casos ocorrer dentro de casa. Mesmo assim, os demais membros do núcleo familiar preferem desviar os olhos e fingir que não sabem de nada. Em geral, as pessoas escolhem não falar sobre o tema, e as instituições públicas, seja a polícia, a justiça ou as unidades de saúde, na maioria das vezes, não oferecem o apoio devido — e garantido por lei — a quem sofre e à sua família.

Para as sobreviventes do caso do Morro do Castelo, restaram um trauma gigantesco e muitas sequelas práticas. Jéssica, o irmão e os pais tiveram a vida totalmente modificada depois do crime. Ela já não conseguia mais ficar na mesma cidade pequena onde tudo aconteceu, tinha medo e sofria constrangimento por causa dos olhares e dos comentários dos moradores. A família teve, então, que se dividir. O irmão ficou com o pai em Castelo, por causa do trabalho, e Jéssica se mudou com a mãe para Teresina, onde alguns colégios particulares lhe ofereceram bolsas de estudo após a grande repercussão do acontecido. Ela escolheu a escola em que constatou não haver ninguém com parentes em sua cidade natal, para não ser apontada e estigmatizada por causa da história.

Apesar de todo o sofrimento, encontrei Jéssica bem, preparando-se para as provas do Enem, namorando um amigo que a ajudou muito a lidar com o trauma na época do crime. Fiquei surpresa e feliz ao ver a força dela e da mãe para seguirem em frente depois de tanta brutalidade. Há vítimas que nunca se recuperam, que não conseguem engatar relacionamentos com um homem, ou, ao contrário, desenvolvem uma sexualidade exacerbada e sem muito controle. Há ainda as que se envolvem com drogas, as que ficam agressivas, as que desenvolvem depressão, como em vários casos relatados nas páginas a seguir. Jéssica, porém, estava sorridente, vivendo uma rotina tranquila, com a saúde recuperada e cheia de planos para o futuro.

"Meu sentimento em relação ao que aconteceu foi mudando", ela me contou. "Eu já tô há dois anos estudando aqui, tive uma experiência de vida que vou levar para sempre. Já tive muitas bênçãos, já tive oportunidade de tanta, mas tanta coisa mesmo, depois do que aconteceu, que não dá para guardar mágoas, não."

Em 2019, obtive mais notícias de Jéssica. Ela entrou para a faculdade de Serviço Social, trocou de namorado, casou-se, estava feliz com a primeira gravidez e voltou a morar em Castelo. Os três menores que cumpriram pena pelo crime também voltaram para a cidade. Foram hostilizados pela comunidade e dois deles mudaram-se para Teresina. O outro ficou na cidade, e Jéssica já cruzou com ele na rua:

"Eu o vi de passagem, mas Deus me deu o grande dom do perdão. Olhei para ele e não senti mais nada. Até tenho medo, afinal, não sei o que pode passar na cabeça dele, mas não senti raiva. Sempre quis saber qual seria minha reação ao vê-los. Sempre falei que não ia guardar rancor de nenhum deles e, para que eu vivesse bem, iria perdoá-los."

Ela teve atendimento psicológico adequado, muito apoio de amigos, uma família estruturada e carinhosa e a torcida da opinião pública. Não que essa seja a regra ou uma receita infalível. Às vezes, nem todo o suporte funciona, e, mesmo para Jéssica, um ressentimento ficou, e o mais curioso: a mágoa que ela ainda admite ter não é contra os estupradores:

"Tenho sim um pequeno sentimento ruim dentro de mim, por causa de uma vez que eu estava chegando da escola e recebi uma ligação do promotor que cuidava do caso. Nossos celulares foram encontrados, e ele queria saber as senhas. Foi quando perguntou: 'E vocês foram lá realmente só pra tirar foto?'. Nunca me esqueci daquele tom dele. Acho que, se ele tivesse falado essas palavras em um tom normal, tudo bem, mas não foi assim. Fiquei com tanta raiva que joguei longe umas mudas de plantas que estava segurando e comecei a gritar: 'Olha, escute só uma coisa: em momento algum, nunca, em nossa vida, a gente ia pedir para alguém fazer isso! E se fôssemos pedir, não ia ser a esse nível, não. Todo mundo está sofrendo, inclusive mudamos toda a nossa vida por causa do que aconteceu'. Aí ele falou: 'Calma, eu tô só perguntando'. E eu: 'Mas essa pergunta aí não era para ser feita para a gente'."

Nas muitas conversas que tive com inúmeras pessoas que sofreram abuso sexual, relatos como o de Jéssica são recorrentes. É algo tão comum que chega a surpreender. A raiva do estuprador pode até ser atenuada com o tempo, mas, quando o ataque vem de pessoas que deveriam zelar por quem sofreu, a revolta permanece para sempre, e esse é um comportamento comum nas nossas instituições. Há o promotor que desconfia, o policial que debocha, o juiz que invalida a palavra da vítima.

Jéssica, com seus quinze anos na época, ainda conseguiu responder à altura, o que nem sempre acontece. A atitude dela é mais uma demonstração da mesma força que a fez ser capaz de se recuperar de um crime tão absurdo. Quem sofreu estupro, porém, em geral se sente frágil e não consegue reagir bem a mais essa violência.

## Capítulo 2

## Quem vai me apoiar agora?

Estou no meio da tarde, numa mesa isolada de um clube, esperando para me encontrar com Fernanda, que cresceu em Peruíbe, uma cidade pequena e turística do litoral do estado de São Paulo, com cerca de 60 mil habitantes. Ela chega agarrada a um maço de papéis, que fico sabendo ser o processo sobre o estupro que ela sofreu naquele município, quando tinha dezessete anos. Antes mesmo de começar a me contar tudo pelo que passou, está ansiosa para me mostrar a sentença da segunda instância da Justiça, que, depois de dez anos, reformou a decisão da primeira instância e finalmente condenou seu agressor.

"Meus pais moravam em um lugar meio afastado do centro, onde há as casas de veranistas; durante o ano inteiro, os bairros ficavam vazios e só lotavam nas férias de verão. Um dia, eu saí de bicicleta pra ir à academia e fui abordada por um sujeito, que gritou comigo falando que era um assalto. Achei aquilo a coisa mais normal do mundo, porque é comum roubarem bicicleta em Peruíbe, ainda mais na ciclovia. O incomum é que ele estava sozinho, e de bicicleta."

Apesar da estranheza da situação, Fernanda nem sequer imaginava o que estava prestes a acontecer. O homem a ameaçou: "Não grita, não fala nada. Não vai te acontecer nada, não vou deixar ninguém te fazer mal, isto aqui é um assalto. Sobe a rua". Ela achou, em um primeiro momento, que aquela ordem fazia sentido: "Imaginei que devia ter mais gente esperando para pegar a bicicleta. A ideia era sair da orla da praia para ninguém ver o assalto. Então, subi a rua de bicicleta com o homem, que falava que tinha outras pessoas com ele, mas que não ia deixar 'ninguém me fazer mal'. Ele me passou aquela sensação de amizade, de proteção, então pensei: *É um assalto, nada além disso. Está tudo bem, vou entregar a bicicleta para quem quer que seja, mas comigo, com a minha integridade, não vai acontecer nada.* Isso me deixou menos tensa e passei a responder mais ao que ele me pedia. Pensei que a situação estivesse sob controle, e que não havia com o que me preocupar. Não ia reagir, para não apanhar por causa de uma bicicleta".

Porém, quando eles chegaram ao fim da rua, a conversa começou a ficar confusa. Fernanda disse para o homem: "Olha, fica com tudo que eu tenho aqui, pode levar minha bicicleta, minha bolsa, o que você quiser". Mas ele passou a alegar que não era só isso, que a garota havia invadido uma espécie de "área reservada", e balbuciava umas palavras que ela, muitas vezes, não compreendia. O homem voltou a afirmar que havia outras pessoas com ele, e que a garota não deveria reagir.

Ela começou a ficar com medo e a pensar: *Para onde eu vou fugir? Será que se eu subir aquela rua vai ter alguém lá para me espancar? O que eu faço agora?* O homem, por sua vez, insistia: "Não vai te acontecer nada. Você vai dar umas explicações e depois vai embora". Ela, porém, já procurava um jeito de escapar. Estava com muito medo de apanhar, de sair machucada, pois o bandido era muito maior que ela. Seguiram para uma rua onde havia uma única casa, para dentro da qual o homem empurrou a menina, levando-a para os fundos. Ele permanecia sempre atrás dela, assumindo uma posição de controle. Não havia escapatória. Ela pensava: *Reagir vai ser pior, ele vai acabar me estrangulando, não tem ninguém aqui. Só quero sair viva dessa situação.*

Era uma casa de veraneio que estava largada, com o portão aberto e, nos fundos, havia um quintal pequeno, onde a jovem viu três barras de ferro e restos de comida, o que indicava que alguém frequentava o local na ausência dos proprietários.

"Ele me violentou lá e não tive como reagir", contou ela. "E, se eu reagisse, ia ser uma coisa burra. Eu poderia ficar com traumas, poderia ser morta, e a única coisa que eu queria era sair de lá para ver minha família e as pessoas que eu amava de novo. Eu só pensava que, o que quer que fosse acontecer, que acontecesse rápido. Que ele me estuprasse depressa, ou, se fosse me matar, que me matasse rápido também."

Depois do estupro, o bandido pegou o pouco dinheiro que a adolescente tinha, o celular, levou a menina até uma das avenidas principais da cidade e a soltou. Ela lembra: "Nessa hora, tive uma sensação até boa e pensei: *Minha vida vai recomeçar, estou viva*. Depois, fiquei confusa. A primeira coisa que quis fazer foi contar para meu namorado, alguém em quem eu confiava para falar uma coisa dessas. Não queria dizer para a minha mãe, preferia meu namorado, com quem eu já tinha uma vida sexual".

Foi para a casa do namorado, mas ele não estava lá. Então, ligou para a mãe e disse que tinha sido assaltada. Não teve coragem de falar toda a verdade por telefone. Ao chegar e finalmente saber do estupro, a mãe se desesperou: "Quando eu falei 'Mãe, fui violentada', ela começou a gritar e a puxar meus cabelos, quase os arrancando: 'Eu te falei, eu te falei pra você não andar sozinha, pra você não sair por aí de bicicleta!'. Meu Deus do Céu, eu quase fui escalpelada, mas só estava andando de bicicleta, fazendo o que todo adolescente, ou qualquer menina da minha idade, fazia". Sim, Fernanda estava somente fazendo o que todo adolescente deveria ter o direito de fazer, e em paz. O estuprador agiu em uma ciclovia, em uma área movimentada da cidade, e às três e meia da tarde.

A jovem foi logo levada pela mãe para o ginecologista que frequentava. O médico perguntou se ela tinha sangramento ou dores. Não tinha. Disse então que não poderia examiná-la, para não atrapalhar o exame de corpo de delito. Ela e a mãe seguiram para a delegacia da cidade, e então começou uma dolorida *via crucis,* que a esmagadora maioria das vítimas de estupro enfrenta quando decide denunciar:

"Tomei um chá de cadeira, até que a delegada finalmente me atendeu. Contei o que havia acontecido e, quando saí da sala, já estavam lá meu namorado — que estava com a mão sangrando por ter dado um murro na parede — e toda a minha família. De lá, falaram que deveríamos ir para o Instituto Médico Legal. A polícia recomendou que eu primeiro passasse por todos os procedimentos para o registro do caso, antes até de trocar de roupa.

Porém, em Peruíbe não tem IML, então tivemos que ir a uma cidade vizinha, que fica a mais ou menos cinquenta quilômetros, uma distância razoável. Meus pais têm carro, mas, e se não tivessem? Não haveria exame de corpo de delito. Quando chegamos, já era por volta de sete horas da noite (e o fato aconteceu umas três e meia da tarde!). O médico-legista não estava lá, mesmo tendo sido avisado de que estávamos a caminho. Não quis esperar e saiu para jantar. Aguardamos no carro por um tempão, até ele voltar. Quando o legista finalmente chegou, meu alívio de poder seguir adiante com os procedimentos durou pouco."

O exame é mais um capítulo que fica marcado como um trauma para quem sofreu estupro: "Lá no IML, entrei em uma sala, me deitaram em um lugar, que nem sei se é o mesmo onde colocam os cadáveres, e o exame foi horrível, doloroso, horrível de verdade, porque colhem material de uma maneira constrangedora. O médico me fez várias perguntas desnecessárias sobre minha vida sexual na frente da minha mãe, quis saber quantos parceiros sexuais eu tinha, qual foi minha última relação sexual antes do estupro, tudo! Tive que dar a ficha corrida da minha intimidade na frente da minha mãe, que não sabia de nada e que só naquela hora descobriu que eu não era mais virgem. Fiquei extremamente constrangida, e menti para o médico quando ele perguntou se eu havia tido relação sexual com meu namorado naquela semana. Eu disse que não, porque estava envergonhada, muito envergonhada. Não queria que a minha mãe soubesse que eu tinha tido, sim. Enfim, adolescente faz as coisas escondidas".

O legista informou que a adolescente tinha direito a receber o coquetel anti-HIV e a pílula do dia seguinte. A informação já deveria ter sido dada na delegacia, mas não foi o que aconteceu. O remédio, porém, só estava disponível no hospital de uma terceira cidade, Mongaguá, e para lá a família seguiu. Mas, para conseguir a medicação, Fernanda teve que esperar mais algumas horas e repetir, mais uma vez, o relato doloroso do que tinha acontecido. Conseguiu voltar para casa depois da meia-noite, depois de passar cerca de nove horas sentindo agonia e humilhação por não poder nem sequer tirar aquela roupa e entrar em um chuveiro. Quando pôde, tomou o banho mais longo de sua vida. Passou duas horas debaixo d'água. E não conseguia sair.

Muitas vítimas, especialmente em cidades menores, têm que peregrinar em busca de um atendimento preventivo, que precisa ser rápido e é muito mais barato para o sistema de saúde e menos doloroso para a mulher do que lidar com o tratamento de infecções sexualmente transmissíveis ou uma gravidez indesejada. Ao longo de um mês, ela precisou tomar medicamentos pesados por conta do estupro: "Passei por uma série de tratamentos de prevenção, que são as vacinas contra sífilis e outras doenças venéreas. Benzetacil eu tomava três de uma vez, e é uma injeção muito dolorida, mas necessária. Na época, o coquetel anti-HIV era composto de uns dezesseis comprimidos que eu tinha que tomar todo dia, e tudo em horários rigorosos. Tinha despertadores espalhados por toda a minha casa. De madrugada, eu tinha que tomar remédios, não conseguia ter um sono contínuo, fazia parte do pacote".

No dia do estupro, Fernanda chegou a tomar a pílula do dia seguinte para evitar a gravidez. Entretanto, quinze dias depois, deveria ter ficado menstruada, mas não ficou, e começou a vomitar. Médicos, assistentes sociais e a terapeuta acharam que era reação ao trauma e à medicação forte. A mãe de Fernanda achou melhor comprar um teste de gravidez de farmácia. Deu positivo.

Partiram para o exame de sangue e, como o caso era delicado, o laboratório deu uma resposta quase que imediata: "Assim que saiu o resultado, ligaram para o número de telefone que a gente tinha dado, e eu mesma atendi e recebi o resultado: positivo. Eu estava grávida! Lembro como se fosse hoje, e me marcou ainda mais porque era um dia antes do meu vestibular".

A garota não entendeu o que tinha acontecido, pois tinha tomado a pílula do dia seguinte. Algum tempo depois, outros fatos ajudaram a esclarecer a situação. Dois dias antes do estupro, quando teve relações sexuais com o namorado, a camisinha havia rompido e ela tinha tomado a pílula do dia seguinte. Porém, quando tomada mais de uma vez em dias próximos, a medicação se torna menos eficiente e, como a própria jovem havia mencionado, ela não falou sobre nada disso para o médico-legista por vergonha de expor sua intimidade diante da mãe.

"Fomos a uma clínica de assistência social da minha cidade", ela contou. "Lá, disseram que, já que havíamos dado entrada ali, tínhamos que seguir protocolos rigorosos e fazer o aborto onde eles indicassem. Nos fa-

laram que não era para ficarmos pesquisando por aí, que havia um protocolo." Só que o protocolo era mais simples e direto do que aquele que foi
contado para Fernanda.

Naquele ano de 2004, o Ministério da Saúde havia estabelecido que bastava uma mulher que sofreu estupro ir direto a uma unidade de saúde com
uma cópia do registro policial e solicitar a realização do aborto legal. O
caso seria analisado e decidido pelos médicos. No ano seguinte, a buro-
cracia diminuiu ainda mais. Até hoje, mulheres que sofreram estupro e
engravidaram têm direito a abortar, mesmo sem dar queixa na delegacia.
Não é necessário apresentar nenhum registro policial. Quase nunca funciona assim, mas é o que diz a lei. Muitas vezes, não funciona porque as
mulheres desconhecem a legislação e não exigem seus direitos.

A Portaria nº 1.508 do Ministério da Saúde estabelece que a vítima
de estupro precisa apenas procurar o atendimento público de saúde. Lá,
precisa fazer um relato do acontecido perante dois profissionais de saúde,
contando lugar, dia e hora aproximada e descrevendo a violência sofrida.
Se o estuprador for conhecido, a pessoa pode optar por identificá-lo, mas
isso não é obrigatório. A mulher estuprada ou os responsáveis por ela, no
caso de menores de idade, assinam um termo com essas informações básicas. A seguir, vem o atendimento médico. A mulher passa por um exame
ginecológico, faz um ultrassom e todos os demais exames que os médicos
considerarem necessários, e disso sai um laudo técnico que atesta se o
tempo de gravidez coincide com a data do estupro informada pela mulher.
Uma equipe multidisciplinar, com obstetra, anestesista, enfermeiro, assistente social e psicólogo acompanha o processo. Pelo menos três desses
profissionais devem assinar o Termo de Aprovação de Procedimento de
Interrupção de Gravidez.

A gestante ou seu representante legal precisa assinar, ainda, um termo
de responsabilidade no qual há uma advertência muito clara sobre o crime de
falsidade ideológica. A mulher fica ciente de que pode responder criminalmente se houver mentido sobre o estupro e, nesse caso, responde sozinha:
o termo também serve para proteger o profissional de saúde, que fica isento

de qualquer culpa, mesmo que depois fique provado que não houve violência sexual.

Por fim, há um último termo, o de consentimento livre e esclarecido, em que a mulher (ou seu responsável) declara ter sido informada da possibilidade de manter a gravidez, da alternativa de entregar a criança para adoção, dos desconfortos e riscos de um aborto, e que, ainda assim, deseja interromper a gravidez. A informação sobre as opções para manter a gestação é obrigatória, mas não cabe ao profissional de saúde tentar convencer a mulher a desistir do aborto, e muito menos é permitido amedrontar, ameaçar ou impor que ela registre queixa na polícia, como muitas vezes acontece. Ele está ali para apoiar a decisão dela.


Sem saber de nada disso, Fernanda e sua mãe acharam melhor esperar. Na clínica de assistência social mantida pela Secretaria Estadual de Saúde, determinaram que ela deveria fazer um exame, a ser realizado por um médico que viria de Santos. Na primeira semana, ele não apareceu. Na segunda, o especialista compareceu, mas não deu um laudo. Enquanto isso, sua gestação evoluía, e cada semana era mais desesperadora. Ela sabia que não podia perder tempo. Pela norma do Ministério da Saúde, em até doze semanas de gravidez, o aborto é feito por aspiração, uma técnica muito simples, rápida e segura que permite que, no dia seguinte, a mulher já tenha alta. Mas, quando a gravidez passa das doze semanas, a mulher precisa ser internada e usar o medicamento misoprostol, o famoso Citotec, que induz a um aborto espontâneo, o que pode levar dias para acontecer. Após a vigésima segunda semana de gravidez, ou quando o feto pesa mais de quinhentos gramas, o bebê já é considerado viável, ou seja, é capaz de sobreviver fora do útero — e aí a lei e a medicina entram em conflito. A legislação brasileira autoriza o aborto em caso de estupro e não prevê qualquer momento-limite para o procedimento. Já o protocolo da Organização Mundial de Saúde, adotado no Brasil, só considera a possibilidade de aborto, independentemente da circunstância, quando o feto tem até 22 semanas ou ainda pesa menos que meio quilo. Depois disso, o procedimento recebe o nome de parto antecipado, que pode ser realizado por meio de uma intervenção mediante a qual o bebê é capaz de sair vivo do útero da mãe, embora corra o risco de ter sérias deficiências. A OMS considera que esse parto antecipado — e arriscado — só é razoável em casos nos quais a vida da mãe corre risco. Ou seja, pela lei, a mulher que engravida em decorrência de um estupro pode realizar o aborto a qualquer momento, porém é quase impossível que algum médico interrompa uma gestação saudável quando o feto atinge esse estágio mais adiantado de seu desenvolvimento.

A mãe de Fernanda, então, descobriu o Hospital Pérola Byington, em São Paulo, que faz aborto de gravidez decorrente de estupro com mais rapidez. O Pérola é um centro de referência em saúde da mulher e, há 25 anos, tem um setor para atender exclusivamente vítimas de violência sexual. São cerca de trezentos novos casos por mês, vindos de várias partes do Brasil. Em 2018, foram 4.140, dos quais 1.557 eram procedentes de fora de São Paulo.

Quando uma mulher chega ao Pérola Byington dizendo que foi estuprada, ela é imediatamente encaminhada para o atendimento médico. Se o episódio for recente, ela é logo medicada com o que prevê o protocolo do Ministério da Saúde: o coquetel anti-HIV, que precisa ser administrado em até 72 horas após a violência sexual, e a pílula do dia seguinte, que precisa ser tomada em no máximo 120 horas, sendo que, quanto mais distante do estupro, menor a eficácia da droga para evitar uma gravidez. Muitas mulheres violentadas, inclusive, acabam engravidando porque não conseguem receber a pílula do dia seguinte no prazo. Só depois desse pronto atendimento, a pessoa precisa relatar o que sofreu ao assistente social, e daí é encaminhada ao atendimento com um ginecologista e, em seguida, com um psicólogo — ou com um pediatra e um psicólogo, quando se trata de uma criança.

O hospital ainda faz um acompanhamento por dois anos, com atendimento psicológico, assistência social e exames periódicos para checar o surgimento de alguma infecção sexualmente transmissível decorrente da violência. No caso de vítimas que chegam grávidas, o Pérola Byington segue os protocolos de exames e formulários e realiza o aborto. São, em média, cinquenta abortos legais realizados a cada mês.

Precisamos parar para pensar no que isso significa: a cada mês, em um único hospital, chegam cinco dezenas de mulheres que engravidaram após serem estupradas. Esse é mais um número que nos dá a dimensão do problema e da complexidade do atendimento. O Pérola Byington se torna importante por ser um dos poucos que cumprem a lei. Ali, prevalece o princípio que deveria nortear as ações em todas os demais hospitais: a mulher está falando a verdade e tem direito a interromper a gravidez com o mínimo de espera. Por isso, a instituição recebe tanta gente também de fora de São Paulo. Há mulheres que vêm até do Nordeste, viajam centenas, ou mesmo milhares de quilômetros, para conseguir aquilo a que têm direito. Às vezes, são enviadas pelos próprios hospitais que procuraram em seus estados de origem. Em geral, as unidades de saúde país afora não costumam fazer abortos, mesmo quando permitidos pela legislação.

O aborto legal em caso de estupro é mais um exemplo de uma lei brasileira que simplesmente "não pegou". E por vários motivos. O principal deles é o fato de os profissionais de saúde pelo Brasil desconhecerem a legislação e terem medo de ser responsabilizados na Justiça. Também influenciam fatores religiosos e a postura de muitos contra o aborto — nesses casos, os médicos podem até ser autorizados a não realizar o aborto, como explicarei mais adiante. Em uma face ainda mais cruel da questão, não raro os profissionais simplesmente "enrolam" as vítimas, como fizeram com Fernanda. Demoram a realizar exames, marcar as avaliações e, assim, o tempo passa, até que o procedimento já não é mais possível.

O Pérola Byington costuma receber vítimas que tentaram o aborto antes, ainda com poucas semanas de gravidez, em outras unidades de atendimento de saúde, mas não conseguiram, chegaram até o limite do prazo permitido por lei e serão submetidas a um procedimento muito mais doloroso, demorado e arriscado. E mais: nessa demora, passam semanas a fio carregando o fruto de um estupro. É praticamente impossível que uma mulher não fique psicologicamente destruída com isso.

Mesmo com todas essas barreiras no serviço público, pouquíssimas mulheres optam por manter a gravidez. O hospital estima que menos de 5% de suas pacientes fazem essa escolha, e essa minoria sofre com dilemas como: "Será que vou conseguir amar essa criança? Será que vou perpetuar meu sofrimento?". No fim, nessas gestações, a maioria das mulheres entrega a criança para adoção logo após o nascimento. Elas não chegam nem mesmo a ver o bebê.

O Ministério Público de São Paulo abriu, em 2016, um inquérito para investigar denúncias de mulheres que sofreram estupro e não conseguiram nem sequer a medicação correta quando buscaram atendimento na rede pública de saúde. A conclusão foi de que o principal problema é a falta de conhecimento legal sobre direitos. Elaborada com base no protocolo do Ministério da Saúde, a Lei nº 12.845, de 2013, prevê que vítimas de estupro recebam com rapidez a medicação para evitar infecções sexualmente transmissíveis e gravidez, apoio psicológico e jurídico, além do tratamento de possíveis lesões. É a chamada Lei do Minuto Seguinte, e deveria funcionar em todas as unidades de saúde, e não só nos centros de referência em saúde da mulher, que são 621 unidades espalhadas pelo país, um número irrisório quando levamos em consideração que o Brasil tem 5.570 municípios.

Sem recursos para uma campanha de divulgação da lei, o MP procurou a Associação Brasileira de Agências de Publicidade em busca de ajuda. A agência Y&R produziu de forma gratuita vídeos explicativos sobre como funciona a legislação e como mulheres que foram estupradas podem fazer com que os seus direitos sejam assegurados. A campanha chegou a ganhar prêmios no Festival de Cannes, mas essa e outras iniciativas ainda são insuficientes diante do alto grau de desinformação da população — e não me refiro apenas às vítimas.

Fora dos centros de referência em saúde da mulher, os próprios profissionais desconhecem seu dever, e, especialmente quando a mulher violentada engravida, também ficam inseguros achando que podem ter problemas com a polícia depois. Afinal, pela lei brasileira, o aborto é um crime, salvo nos casos de estupro, de bebês com anencefalia (uma má-formação do cérebro na qual partes do órgão não se desenvolvem da maneira correta) ou quando há risco para a vida da mãe. O médico que realiza um aborto de uma mulher que alegou ser vítima de estupro não pode ser responsabilizado, mesmo se a mulher estiver mentindo, mas nem todos sabem disso, e muitos se recusam a fazer o procedimento, alegando que o ato vai contra seus preceitos morais ou religiosos, a assim chamada "escusa de consciência", que é prevista em lei.

O médico pode não realizar um aborto alegando que isso vai contra seus princípios morais, religiosos ou éticos, mas, na prática, o que o Ministério Publico descobriu é que os médicos apelam para esse recurso simplesmente porque têm medo das consequências, e não se sentem seguros para realizar um aborto.

Além do mais, a escusa de consciência não pode significar que a mulher não receba o atendimento previsto por lei. Não é possível que se permita que todos os profissionais que fazem parte do quadro de funcionários de uma mesma unidade de saúde se recusem a fazer um aborto garantido por lei alegando princípios pessoais. Alguém tem que atender essa mulher, algum encaminhamento precisa ser dado. Se todos os médicos se recusarem, o diretor da unidade deverá, obrigatoriamente, atendê-la, ou então renunciar ao cargo, já que não é capaz de cumprir a lei na unidade que administra.

A falta de atendimento de saúde para as vítimas de estupro se reflete nos números. Em 2017, foram registrados 60 mil boletins de ocorrência dessa natureza nas delegacias brasileiras, e ainda precisamos lembrar e considerar que a esmagadora maioria das pessoas que sofrem violência sexual não registram queixa. No mesmo ano, o Ministério da Saúde informou que prestou atendimento médico a 37 mil vítimas, ou seja, do total das que procuram o Estado por intermédio da polícia, 40% não recebem o atendimento médico, fundamental para evitar a gravidez indesejada e doenças como a Aids. Entre essas, não há registro de quantas chegaram a receber todas as medicações a tempo de fazerem efeito. A diferença dos números também pode demonstrar que nem sempre a polícia encaminha as vítimas para o atendimento médico, e, por outro lado, muitas unidades de saúde exigem erroneamente o registro policial para então dar atendimento apropriado.

Onde a lei funciona, o esforço é para diminuir o desconforto de quem sofreu abuso, com atendimento rápido e multidisciplinar, mas ainda há um gargalo. Se a vítima procurar atendimento médico primeiro e, na hora, decidir dar queixa criminal, ela é então encaminhada para a delegacia e depois para o Instituto Médico Legal. Apenas médicos-legistas podem fazer a coleta de materiais como sêmen e resíduos da pele do agressor, que em geral se afixam debaixo das unhas da vítima. Se a coleta for feita na unidade de saúde, não é válida como prova no processo. O Pérola Byington tem um posto do IML dentro do hospital, mas até mesmo ali os legistas só podem fazer a coleta após o registro policial e a determinação do delegado. Ou seja, quem procura assistência do Estado precisa repetir a mesma história, recontando e revivendo o drama no mínimo três vezes: para a polícia, para o médico-legista e para os profissionais de saúde. Isso fora a narrativa feita para a família, para os amigos e para os profissionais da lei nos posteriores julgamentos.

Chegando ao Pérola Byington, Fernanda passou por todos os exames e procedimentos exigidos no protocolo. Ela, que já havia contado os detalhes do que passou para o namorado, para a família, para a polícia, para a assistente social e para mais um médico que não resolveu nada, teve que contar novamente seu caso para a equipe do hospital e fazer uma declaração escrita de próprio punho, relatando a história. "Meu maior trauma foi ter que ficar relatando de novo e de novo. Eu nunca tinha tido problema de comunicação antes de ser violentada, mas depois, de tanto relatar, eu chegava, sentava em uma cadeira e ficava de frente para uma pessoa, e já não sabia mais se conseguia falar." Como ainda era menor de idade, a mãe assinou as declarações com ela.

Uma junta médica analisou o ocorrido e levantou a ideia de fazer um exame de DNA, para saber se a gravidez era consequência do estupro ou da relação sexual que ela havia tido dois dias antes com o namorado. "Eu queria muito fazer esse exame", relembra ela. "Uma agulha ia colher o tecido do feto e examinar, mas eles explicaram que, pela evolução do caso e do tempo desde que eu havia chegado, já não dava mais para fazer aquilo com segurança, pois àquela altura já iria colocar em risco minha integridade, então não pude fazer. Foi muito sofrimento ter que decidir sobre a vida de uma criança que eu não sabia se era filha do homem que me violentou ou se era do meu namorado."

No dia 31 de dezembro de 2004, a jovem fez o aborto.

Mas a história não acabou aí: "Alguns meses depois, atendi o telefone em casa. E era ele. Era a voz do cara que me violentou. Ele roubou meu celular e tinha meu contato. Eu só o ouvi falando assim: 'Não desliga o telefone, eu sei onde você mora, eu vou matar a sua família'. Eu desliguei o telefone na hora e gritei".

Fernanda, a mãe e o pai decidiram prestar uma nova queixa. No caminho, de dentro do carro, a alguns metros de distância, a menina reconheceu seu estuprador na rua. Ele estava rondando a casa dela. "Eu o reconheci pela linguagem corporal e já comecei a gritar no banco de trás do carro. Meus pais perguntaram o que tinha acontecido e eu não conseguia parar de repetir: 'É ele, é ele, é ele!'. Meu pai não conseguia acreditar que eu tinha reconhecido o cara e falou: 'Você tem certeza?'. A gente tinha acabado de sair de casa e, três ruas depois, vi duas pessoas, e uma delas era o homem que me violentou. Meus pais ligaram para a polícia, que deslocou uma viatura e, em questão de minutos, os policiais abordaram aquelas duas pessoas. O estuprador não expressou medo nenhum, até olhou para trás, olhou para o meu carro — a gente tinha parado ali perto. Na mesma hora, já comecei a sentir pânico. Queria me enfiar embaixo do banco do motorista de tanto medo que eu sentia."

De lá, seguiram todos para a delegacia: "Ele ficou lá, foi torturado. Eu ouvi os gritos. Foi minha mãe que pediu para o policial parar. Ela falou: 'Isso não está certo'. Aí chegou a hora do reconhecimento. Tinha aquele sistema do vidro, em que um dos lados fica escuro, e ele não me viu. A pessoa estava com a maior cara de inocente, é impressionante como a expressão facial muda".

O caso seguiu então para a Justiça, e começou um novo pesadelo: "A juíza parecia já ter um preconceito contra mim. Sentei na cadeira, ela começou a fazer umas perguntas agressivas, e eu fui respondendo. Ela ficava cada vez mais agressiva comigo, como se já tivesse formado uma ideia na cabeça dela, de pinçar um argumento para absolver o estuprador. E aí, depois de me ouvir, depois de ouvir o estuprador, saiu uma liminar para soltar o cara, para que ele esperasse pelo julgamento em liberdade!".

O resultado do julgamento deixou Fernanda revoltada. O homem foi condenado apenas pelo roubo do dinheiro da vítima, que foi o que ele confessou. Sobre o estupro, prevaleceu a palavra do bandido, que afirmou no tribunal que houve, sim, uma relação sexual, mas que havia sido consensual. Ou seja, a juíza aceitou a tese de que a adolescente quis transar com o ladrão!

"A juíza defendeu que eu o seduzi!", Fernanda me contou. "Que ele foi me roubar, aí eu o seduzi para ter uma relação sexual e depois dizer que foi estupro, para poder fazer um aborto do filho do meu namorado! É uma coisa mirabolante! Todo o esforço, a coragem de ir até lá, depor, falar que fui estuprada por um maníaco, tudo isso foi em vão. A sentença ainda terminava dizendo que caberia uma ação do cara pedindo indenização por danos morais! A juíza só faltou falar que eu era uma vagabunda."

Indignada, Fernanda recorreu. A decisão da primeira instância era de 2005. Foram anos engasgada com uma sentença que, na prática, a chamava de mentirosa e manipuladora, como se ela fosse a ré naquele caso. Só dez anos depois do ocorrido, em 2015, o Tribunal de Justiça reformou a sentença e condenou o homem pelo estupro. A revisão foi dada por três desembargadores, todos homens.

O estuprador acabou condenado a doze anos de prisão, e Fernanda nunca mais soube dele. Não sabe nem mesmo se aquele homem que lhe causou tanto mal ainda está vivo. A punição do culpado, entretanto, se tornou menos importante. O que ela queria era a verdade, que o Estado reconhecesse que ela tinha sido a vítima. Por isso, na nossa conversa, chegou tão ansiosa segurando a sentença dada em segunda instância, da qual ela conhece bem todo o teor: "A cada parágrafo que eu lia, sentia as lágrimas lavando meu rosto. Eles afirmaram que não tinha nenhuma incongruência nos meus depoimentos, enquanto o acusado deu uma versão diferente em todas as vezes em que depôs. Aqui eles falam que a sentença anterior não era razoável. Quando me sinto muito triste, vou no meu arquivo pessoal, puxo essa papelada e leio tudo de novo. Isso me dá esperança na humanidade, porque eu consegui, sabe? Alguém mudou para mim aquela sentença horrorosa. Isso aqui é um bálsamo para mim, uma esperança de que as coisas podem melhorar".

O depoimento de Fernanda mostra como a dor do desamparo pode ser até maior que a dor da violência sofrida. As vítimas ficam mais marcadas e feridas pela desconfiança das instituições, pela falta de cuidado e acolhimento, pelas tentativas de jogar a culpa nelas, do que pelo crime. Pergunto para a moça se é impressão minha ou se ela sente mais raiva da juíza do que do homem que a violentou. A resposta vem sem rodeios: "Sinto muito mais raiva da juíza. Muito mais! Porque, do maníaco, eu não posso esperar outra coisa. Um homem desses tem que ser preso, retirado da sociedade, não tem jeito. Agora, a juíza, tudo o que ela poderia fazer de ruim, ela fez. E isso veio de alguém que representa uma instituição pública, uma pessoa escolarizada, que teve condições. Por isso mesmo, eu cobro muito mais. E ela, ainda por cima, também é mulher!".

Foi então que revolvi ir atrás da juíza.

Na minha conversa com a juíza do caso, a razão dada para o veredito da primeira instância foi que ela tinha dúvidas sobre o fato de o estupro ter mesmo acontecido ou não: "Quando ouvi a vítima, estranhei muito o depoimento dela", me disse a magistrada. "Me surpreendeu a maneira linear como ela contou a história, sem alterar a voz, sem demonstrar nenhum tipo de emoção. Aquilo me chocou um pouco, porque eu já havia ouvido várias mulheres que sofreram estupro e nunca tinha visto uma pessoa tão fria diante daquela situação." Então, isso significa que era esperado de Fernanda um comportamento frágil? Sim, um clichê do machismo. A própria firmeza da jovem foi usada contra ela. A mim, pareceu que a vítima é que foi julgada o tempo todo, e não o acusado do crime.

A juíza levantou ainda outros pontos que a deixaram desconfiada. O advogado da moça era seu namorado. Em uma audiência sem a presença de Fernanda, a magistrada achou que o namorado/advogado não parecia tão revoltado "quanto deveria": "Acabou o interrogatório do réu, e ele, o advogado, e o promotor começaram a conversar amenidades, como é comum entre esses profissionais. Então o advogado assinou o termo, passou a folha para o réu, entregando a ele uma caneta, para que também assinasse o documento. Enfim, o namorado dela, da mulher que sofreu uma violência sexual daquela proporção, que aconteceu no meio da rua, senta-se ao lado do réu e entrega um papel para ele assinar, enquanto conversa amenidades com o promotor. Aquilo não dava!".

Então, o comportamento profissional do namorado/advogado também foi usado para desacreditar a jovem? Impressionada com a análise da juíza, atesto: "De tudo o que a senhora está me falando, me parece que a senhora partiu de uma análise do comportamento da vítima".

"Exato", foi a confirmação categórica que recebi, o que gerou um diálogo que beira o inacreditável, ainda mais quando levamos em consideração que minha interlocutora era uma magistrada com anos de estudo e de experiência profissional e — principalmente — outra mulher.

Quando pergunto se a juíza estaria então julgando a vítima, ela desconversa, dizendo que não se trata exatamente de um prejulgamento do comportamento de Fernanda. Eu, então, retruco:

"Mas, para começar, a senhora não estava esperando um comportamento-padrão da vítima e do namorado?"

"Padrão não digo, mas um pouco mais condizente com aquilo que a gente já via."

Bem, isso é exatamente o que define um comportamento-padrão. Eu insisto: "Mas cada um sente e reage de um jeito, a senhora não acha?".

A juíza, então, levantou outros pontos para justificar sua desconfiança. Disse que só soube da gravidez e do aborto feito legalmente na segunda audiência do caso, e que a informação não tinha sido anexada automaticamente ao processo. Falou que foi a própria Fernanda quem a informou, mas que, como só trouxe o assunto na segunda audiência, isso também pesou contra ela. Tento entender:

"Vamos supor a possibilidade de que ela tenha jogado com essa situação para conseguir o aborto…"

"É a hipótese mais provável."

"Mas isso não anula o estupro, concorda?"

"Não, não anula."

"A senhora acha razoável que alguém tenha sido assaltada e decidido ter relações sexuais com o bandido?"

A juíza, então, tentou explicar que o crime de estupro depende de provas para que ela possa condenar um réu, como acontece em qualquer outro tipo de caso que vai aos tribunais. É preciso também que as palavras da vítima sejam firmes o suficiente para convencer o juiz, e ela disse que não foi convencida pelo discurso de Fernanda, que a deixou com mais perguntas que respostas. "A cada momento, ela me contou uma história diferente, as circunstâncias do próprio estupro mudavam. Aliás, tanto o réu quanto ela contaram histórias diferentes várias vezes. As circunstâncias de tempo, de local, se ela tinha deitado em cima das roupas ou não. Houve uma ocasião na qual ela falou que havia várias barras de ferro no recinto, que ela se sentiu ameaçada. E logo depois ela já disse que achou que o réu estava armado."

É comum que o trauma embaralhe as lembranças de quem sofre esse tipo de violência. Porém, o acusado também mudou a versão dele várias vezes, mas parece que só a inconstância de Fernanda foi levada em conta. Até o fato de o réu haver admitido que houve uma relação sexual com a vítima enfraqueceu a crença da juíza no estupro: "Ele não negou, o que seria mais comum. O normal seria ele insistir que nada daquilo havia acontecido, mas ele foi categórico: 'Fui eu, mas transei com ela porque ela quis'.".

Em oposição às palavras da juíza, em minhas pesquisas para este livro, quando entrevistei dezenas de acusados de estupro, posso dizer que a alegação de que o sexo foi consensual mostrou-se como uma das desculpas mais recorrentes que ouvi.

A juíza levantou ainda que o acusado havia trabalhado na academia de ginástica que Fernanda frequentava, e que por isso não seria um completo desconhecido. Disse também que ela se confundiu no primeiro reconhecimento, o que vai totalmente contra a sua teoria anterior, de que o estuprador já era conhecido da jovem.

Depois dessa decisão em primeira instância, o réu ficou em liberdade, para voltar a ser preso pouco depois, acusado de... outro estupro! A juíza soube da nova prisão, mas nem isso a fez repensar sua sentença: "Até pensei que, se o réu foi preso de novo, deve ter cometido o primeiro estupro (contra Fernanda). Eu não afastei a possibilidade de ela ter sido estuprada, só não tinha provas para condená-lo". Pela lei brasileira, uma vez que o estupro é um crime em geral cometido sem testemunhas, a palavra da vítima já é considerada uma prova.


Fiquei pensando na dor de Fernanda. Nunca é fácil admitir um estupro, nem mesmo para a família e para os amigos. Denunciar, então, nem se fala. Significa se expor em todos os sentidos, fazer um exame constrangedor, repetir a história inúmeras vezes, revivendo tudo o que mais se quer esquecer e esperar horas para poder se limpar, tomando aquele banho de que a pessoa precisa desesperadamente. Enfrentar tudo isso aos dezessete anos, às vésperas do vestibular, e sair com uma sentença que inocenta o estuprador tornam tudo ainda mais doloroso.

Conto para a juíza que a sentença foi reformada, e que a jovem sente mais raiva dela, pela decisão em primeira instância, do que do estuprador.

Nesse momento, a juíza se emociona: "Eu lamento por ela ter raiva de mim, mas é da minha profissão. Eu não consegui, infelizmente, no meu julgamento, aferir a verdade. Ela conhece a verdade e, se ela está falando a verdade, é absolutamente natural que tenha muita raiva de mim. Mas o que me parece é que isso não pode me impedir de fazer o meu trabalho. Tenho que verificar as provas e fazer o meu juízo".

A sentença inicial deixou Fernanda definitivamente desconfortável na pequena cidade em que morava e onde tudo aconteceu. Achou que estava sendo ainda mais apontada nas ruas e decidiu deixar Peruíbe. Sobre o vestibular, que aconteceu um dia depois de ela ter descoberto que estava grávida, Fernanda ainda encontrou forças para fazer os exames e foi aprovada. Passou na USP e se mudou para São Paulo para estudar: "Fui morar na Liberdade. O nome do bairro tinha mesmo tudo a ver com a maneira como eu me sentia, porque estava em um lugar em que ninguém sabia da minha história e onde recomecei a minha vida. Continuei ainda com meu namorado por um tempo, mas, quando por fim decidimos colocar um ponto-final no relacionamento, ele me fez a revelação de que as coisas para ele não iam bem desde o estupro, porque se sentia com o orgulho ferido. Eu só conseguia pensar: *Como assim, orgulho ferido?* Eu senti dor física, fui violentada, e é ele que se sente com o orgulho ferido? Depois dele, encontrei homens que, quando ficavam sabendo do que tinha ocorrido, achavam que minha vida sexual ia ser problemática, que aquilo seria um fantasma que acabaria voltando uma hora ou outra. Enfim, ainda tenho que lidar com uma série de preconceitos e rótulos".

A vida afetiva de Fernanda, entretanto, segue muito bem: "Eu adoro paquerar, adoro minha vida sexual. E tem uma coisa interessante em tudo isso: os orgasmos que eu tive com meu namorado na época foram libertadores para mim. Era onde eu encontrava os meus paraísos, onde eu conseguia fugir de todos os problemas que estava vivendo, conseguia sair da dor, do sofrimento, da realidade. Para mim, a sexualidade é uma coisa importantíssima, que me leva a ser feliz. É um assunto sensível, porque a gente pensa: meu Deus, se agora eu gostar de sexo, eu sou pervertida? Se eu sair de saia curta, vão dizer que eu gostei de ter sido estuprada? Isso foi um fantasma que me rodeou, porque eu já gostava de sexo antes. Por que vou ser obrigada a abrir mão disso também?".

Hoje, ela enxerga que passou por três violências: "Sofri a violência do estupro em si, das instituições públicas, que deveriam me acolher, e, por fim, da sociedade, da qual eu também não esperava. Pensei que seria acolhida, que seria apoiada pelas pessoas que eram próximas a mim, e foi o contrário. A mãe do meu namorado não queria mais que ele se relacionasse comigo, a mãe de uma amiga minha passava na rua e fingia que não ouvia quando eu cumprimentava, outras pessoas baixavam a cabeça. Parecia que tinha sido eu quem havia criado esse problema. A sociedade responde muito mal".

Esse é um peso que a mulher carrega praticamente sozinha. Conforme Fernanda explica, desabafar, dividir o que aconteceu, nem sempre é uma possibilidade: "Quando uma pessoa sofre um acidente de trânsito, ela pode contar isso na mesa de um bar. É uma coisa traumática, que envolve muito sofrimento, porque é uma situação em que a gente está entre a vida e a morte, mas a vítima de estupro, que também tem essas características, não pode olhar para outra pessoa e contar o que sofreu. Tem aquela aura, aquele clima horroroso, e você também não consegue nem mesmo encontrar pessoas que estejam dispostas a ouvir sua história, porque acham que é muito pesado, que é muito baixo-astral. Ninguém quer entrar em um padrão vibratório tão horroroso. E eu também acabo não contando porque quero ser vista como qualquer outra pessoa, não quero ser fruto daquilo que me aconteceu no passado. Essa é uma história que eu jamais negarei, mas quero que a minha vida seja boa".

Por outro lado, depois do estupro, Fernanda descobriu que ocorrências como a dela não são tão incomuns quanto pensava, apenas são mantidas em segredo: "Eu não era uma menina completamente desinformada, mas, na minha cabeça, isso era uma coisa de filme, algo muito raro, que só acontecia em lugares ermos, à noite, em bairros da periferia, em lugares muito perigosos, e que não poderia ocorrer a metros da minha casa, em plena luz do dia. No meu mundo, aquilo não existia. Depois que fui vítima, passei a saber de outros casos e descobri uma quantidade gigantesca de mulheres próximas a mim que foram estupradas, e episódios que aconteceram na minha própria família e também com amigas. Fiquei chocada! Era uma realidade que eu desconhecia totalmente. A impressão era de que eu tinha uma venda nos olhos, porque nunca ninguém me contou, ou mesmo chegou perto de tocar no assunto. Até minha irmã mais velha por parte de pai tinha sido abusada pelo padrasto e resolveu me falar para tentar oferecer algum tipo de conforto".

Saber que outras pessoas passaram pelo mesmo trauma e seguiram em frente é um enorme alento, mas sempre restam as marcas. Todos os aspectos da vida, tanto os grandes como os pequenos, tomam um rumo diferente e são encarados de outra forma. Fernanda, por exemplo, começou a se interessar por artes marciais para defesa pessoal. Diz que treina porque é terapêutico, mas confessa que busca ali uma sensação de segurança, e segue lutando consigo mesma para não deixar o trauma e todo o sofrimento que veio depois serem maiores que a vida: "Eu tenho o direito de fazer as coisas de que gosto. Claro que existe o risco, pois este mundo não é o melhor lugar para se viver, mas é o que a gente tem. E ninguém vai pôr na minha cabeça que eu não mereço ser feliz, nem o cara que me violentou, nem aquela juíza, nem ninguém".

O caso de Fernanda ilustra bem o desamparo de quem sofre um estupro quando procura a assistência do Estado. Nossa legislação no tocante a crimes sexuais é um verdadeiro modelo: prevê atendimento de saúde imediato para vítimas e ampliou, em 2009, a abrangência da punição, considerando como estupro, além da penetração vaginal, também o sexo anal, a penetração com objetos e os crimes sexuais contra homens. Além disso, em 2018 foi criado o conceito de importunação sexual, aplicado a casos que envolvem menor violência, mas que tenham natureza abusiva e sexual sem consentimento, como beijos forçados, passadas de mão. Agora, homens que se esfregam em mulheres no transporte público podem ser denunciados.

Por outro lado, a pena estipulada para estupros, mesmo os mais graves, é somente de seis a dez anos de prisão, estando longe de ser das mais severas. Na Argentina, a sentença pode chegar a vinte anos de reclusão se o estuprador for parente da vítima. Na Índia, a pressão popular após episódios chocantes de estupros coletivos elevou a pena mínima de sete para vinte anos. Nos Estados Unidos, há estados em que há previsão até mesmo de prisão perpétua. França e Rússia também preveem prisão perpétua em alguns eventos, por exemplo, quando o crime é acompanhado de tortura. No Oriente, países como o Irã e a Arábia Saudita podem igualmente condenar estupradores à morte — que eu, particularmente, não acho uma pena aceitável em nenhum caso. Não acho que o Estado tenha o direito de matar ninguém. Assassinato é coisa de bandido. Mas essa é a minha opinião e é outro assunto.

Aliás, o maior problema no Brasil não é apenas o número de anos de cadeia previstos em lei para os condenados por esse delito, e sim que a nossa legislação referente a crimes sexuais raramente funciona na prática, seja no aspecto criminal ou no atendimento no serviço de saúde. No papel, quem passou por abuso tem direitos, mas, na prática, não consegue sequer encontrar medicação profilática contra infecções sexualmente transmissíveis de forma gratuita, de acordo com o que diz a lei.

Quando há gravidez decorrente de estupro, o Brasil autoriza o aborto desde 1940, algo que já era autorizado no México, por exemplo, nove anos antes. Já na maioria dos países europeus, o aborto não é mais considerado crime em nenhuma situação. A mulher pode decidir interromper uma gravidez, por qualquer motivo, em geral até as doze semanas de gestação. Nos Estados Unidos, a Suprema Corte decidiu pela legalização do aborto em 1973 e isso foi seguido por todos os estados. Em 2019, entretanto, uma onda conservadora ressuscitou a discussão a respeito da interrupção da gravidez. O Alabama e o Missouri aprovaram leis que proíbem o aborto até mesmo em casos de estupro. Há, hoje, uma discussão legal ainda em curso sobre se essas leis podem se sobrepor ao que a Suprema Corte já havia decidido.

No Brasil, a legalização mais ampla do aborto é uma polêmica que ressurge a cada campanha eleitoral, com candidatos à presidência sendo pressionados a dizer o que pensam sobre o assunto e, em geral, fugindo do tema para não desagradar uma ou outra parte do eleitorado. Mais uma vez, o alcance da lei não é a única questão. Mesmo quando é permitido, as mulheres dificilmente conseguem abortar com o auxílio da rede pública. Segundo o Ministério da Saúde, 1.690 abortos legais foram realizados na rede pública em 2018, mas não se sabe quantos deles foram ocasionados por estupros, pois não há registros dos motivos pelos quais o procedimento foi realizado. Além dos números oficiais, uma pesquisa do Instituto de Bioética Anis, em parceria com a Universidade de Brasília, com coleta de dados feita pelo Ibope, chegou ao número absurdamente maior de meio milhão de abortos realizados em todo o Brasil apenas no ano de 2015. Não se sabe quantas entre essas mulheres teriam direito a um aborto legal, mas acabaram recorrendo a clínicas clandestinas ou remédios abortivos comprados pela internet, correndo grande risco.

Não bastassem os problemas no cumprimento da lei, volta e meia aparece quem queira dificultar ainda mais a vida das vítimas. Em 2019, o vereador do DEM de São Paulo, Fernando Holiday, protocolou um projeto de lei que prevê que mulheres que quiserem abortar, mesmo nos casos de estupro, sejam antes submetidas a um acompanhamento religioso ou a um atendimento para tratar das questões "bioéticas" do aborto. Na prática, as mulheres no município de São Paulo encontrariam ainda mais obstáculos para terem seus direitos respeitados, e seriam submetidas a um constrangimento ainda maior, quando simplesmente estivessem reivindicando que o Estado cumprisse seu dever. A ideia, que só serve para agravar o sofrimento das mulheres que já sofreram violência, ainda está em tramitação na Câmara Municipal.

Antes disso, em 2015, o então senador Magno Malta (PR) apresentou uma Proposta de Emenda à Constituição que ficou conhecida como a PEC da Vida. Pela proposta, a Constituição ganharia uma alteração no artigo 5°, que passaria a classificar o direito à vida como inviolável "desde a concepção". Na prática, isso poderia impedir o aborto em todo o Brasil, até mesmo nas situações hoje previstas em lei, como no caso da interrupção de uma gravidez resultante de um estupro. O projeto foi arquivado em 2018 e desarquivado no começo de 2019 pelo senador Eduardo Amorim, do PSDB do Ceará. Há outros projetos protocolados na Câmara e no Senado para restringir ou dificultar ainda mais o direito ao aborto. É esperar pelas discussões sobre o tema para ver seus desdobramentos.


Em outro caso de gravidez por estupro, dessa vez ocorrido no Pará, Kelly não pôde fazer uma escolha. Quando a conheci, ela estava com vinte e um anos e já fazia tratamento psiquiátrico desde os sete. Os pais, muito simples, não sabem explicar ao certo o diagnóstico, mas contam que ela tinha crises convulsivas.

Consegui um laudo médico que esclarece: Kelly nasceu com uma má-formação dos vasos e artérias do cérebro, uma condição chamada de cavernoma parietal. Por causa disso, aos sete anos, teve um AVC que deixou sequelas motoras e dificuldade de raciocínio. Nunca conseguiu aprender nada na escola e até hoje não sabe ler nem escrever. Já era uma vida difícil, até que, quando ela tinha treze anos, uma de suas irmãs pegou malária. A mãe foi para Belém com a filha doente, que ficou internada por um mês. O pai trabalhava longe de casa, e por isso ela ficou com a avó, que não tinha nenhum tipo de ajuda para tomar conta da casa, do trabalho e da neta, e acabou deixando a menina sozinha algumas vezes.

A mãe de Kelly conta que, quando voltou, a filha estava irreconhecível: "Eu cheguei em casa e encontrei a menina muito nervosa. A gente perguntava para ela o que tinha acontecido e ela não falava nada. Fui até a escola e o professor disse que ela não estava bem: 'Ela chega aqui, abaixa a cabeça em cima da mesa e fica chorando sem parar'. A diretora me deu um conselho: 'Mãe, a senhora sabe que a sua filha é especial, mas a senhora já sabe conversar com ela, então fale com ela, pergunte o que ela tem, o que fizeram com ela'. Tentei conversar várias vezes, mas a Kelly não falava nada, nada, nada. Foi quando chegou uma psicóloga nova na cidade e a gente levou a menina para uma consulta. Ela entrou sozinha e eu fiquei esperando um tempão. No fim, a psicóloga me chamou e me disse: 'Mãe, a senhora tem que ser muito forte, porque um cara abusou dela, amarrou a boca dela e abusou. E falou para ela que, se ela contasse, ia matar a família dela toda, não ia sobrar nenhum'. Era isso. Ela estava com medo e por isso não contava para mim. Apesar do desespero nos olhos dela, ela não me contava nada".

Os pais deram queixa do estupro e a polícia logo chegou ao principal suspeito: um vizinho teria se aproveitado de um momento em que a menina estava sozinha em casa. O homem chegou a ser preso, mas foi por pouco tempo. Ele se defendeu chamando a menina de louca. A mãe se lembra, com revolta: "O desgraçado ainda era casado. Ele e a esposa ficavam dizendo que ninguém podia acreditar em uma louca, que iam processar a gente por dano não-sei-o-quê. Minha filha não podia botar a cara para fora de casa que gritavam: 'Lá vem a louca!'. Eu me estressava muito, e tive que vir embora para Belém, larguei tudo porque não aguentei mais ficar lá".

Um estupro já é revoltante em qualquer circunstância, mas esse caso conseguiu ser ainda pior: a vítima era uma criança com distúrbios mentais. As consequências foram além da agressividade e da regressão no comportamento da menina: Kelly ficou grávida. Com as limitações impostas por sua condição e com apenas treze anos de idade, a decisão sobre o que fazer ficou a cargo dos pais. A família, muito religiosa, nem cogitou um aborto: "A médica me perguntou: 'Mãe, a senhora quer tirar?'. E eu disse que aquele pecado eu não ia carregar, que nunca tiraria um filho de uma barriga que não era a minha. Eu não tive coragem".

A mãe encarou uma gravidez difícil ao lado da filha, que mal havia entrado na adolescência e que mais se comportava como uma criança pequena. Kelly passou quase toda a gestação internada, e a mãe não saía do lado de seu leito. Havia dias em que ficava agitada, começava a socar a barriga, e o único jeito de sossegá-la era por meio de calmantes. Quando não estava no hospital, as visitas a médicos de diferentes especialidades eram frequentes. Os gastos com medicamentos e táxis para levar a menina para as consultas consumiram as parcas economias da família. A mãe fez vários empréstimos e vendeu tudo o que tinha para sustentar aquela gravidez.

Logo depois do parto, os surtos da menina pioraram. Em uma ocasião, ela quase matou a própria filha ao tapar a boca da criança com um pano. Kelly gritava para que sua mãe desse a bebê para outra pessoa, que a abandonasse na rua. Ela se alterava e seu desejo era sempre se livrar da criança a qualquer custo. A bebê passou a acompanhar a adolescente em suas sessões de terapia, e a psicóloga pedia para a menina segurar a filha em seus braços, que cuidasse dela com amor e não a maltratasse. Aos poucos, ela foi se aproximando da criança, mas até hoje a mãe de Kelly não tem coragem de deixar as duas sozinhas juntas.

A jovem se manteve calada durante toda a nossa conversa. Apenas seus pais falaram comigo. A criança por ela gerada, então com sete anos, bem mais falante que a mãe, também estava presente. Hoje, as duas brincam e assistem a novelas juntas, mas a menina chama a avó de mãe. Ela sabe quem é sua mãe biológica, mas não conhece toda a história. Estranhamente, nunca perguntou sobre o pai. Os avós pretendem contar, só estão esperando que ela cresça um pouco mais.

Como já foi mostrado no capítulo anterior, crianças e pessoas com doenças mentais são o grupo mais atacado por estupradores, e, como pode ser verificado no Gráfico 1, de todos os casos registrados pela polícia em todo o Brasil em 2018, em 63,8% as vítimas são vulneráveis, ou seja, menores de catorze anos ou pessoas incapazes de oferecer resistência, seja por estarem sob efeito de drogas, doentes ou terem alguma deficiência que as impede de se defender.

Nesses episódios, a pena por estupro, que é de seis a dez anos de prisão, sobe para oito a doze anos. No entanto, a dificuldade em se conseguir a denúncia de uma criança ou de alguém que não esteja com o raciocínio em perfeitas condições é infinitamente maior. Kelly se enquadrava nas duas categorias, sendo menor de idade e tendo problemas mentais quando foi violada. Seu estuprador está solto até hoje, sem ter sido responsabilizado de nenhuma forma, nem mesmo arcando com o atendimento médico ou com os gastos com a criança que nasceu.

Assim como o estupro, um aborto marca a vida de uma mulher para sempre. Nunca é uma decisão simples, mesmo quando é garantido por lei, como nos casos de violência sexual. A criança que nascerá será filha de um bandido estuprador, e não terá culpa disso, será ela também uma vítima, mas carregará em si o estigma. As mulheres que optam pelo aborto não chegam nem a sentir um alívio, tamanho o peso e, por vezes, a culpa dessa decisão. É um trauma tão forte e duradouro quanto o da violência sexual sofrida.

Ter um filho fruto de um estupro, por outro lado, é igualmente complicado e pode acabar com a sanidade de uma mulher. Como suportar os meses de gravidez? Como enxergar, para sempre, naquela criança, que deveria ser objeto de amor, a lembrança de um trauma e uma dor imensuráveis? E, assim, a violência sexual pode gerar ainda mais uma vítima: um filho não desejado. Uma mulher pode até seguir com a gravidez por decidir dar o bebê para a adoção, podendo fazer a alegria de alguma família, mas aquele filho talvez nunca seja adotado e tenha uma vida miserável. Pode também voltar a surgir na vida da mulher a qualquer momento, fazendo cobranças que nunca poderão ser pagas.

São muitas as possibilidades, muitos os dramas envolvidos e, por isso, a escolha cabe, e tem que caber, sempre e unicamente, à mulher.

## Capítulo 3

## Entre tantos homens, por que nenhum tentou impedir?

"Você pode ficar comigo aqui na calçada até meu primo chegar?"

O pedido foi feito a mim por Susana, de 24 anos, logo depois da entrevista em que ela me contou os detalhes do estupro coletivo que sofreu em uma favela do Rio de Janeiro. Havia acontecido dois anos antes, e ela ainda não se sentia segura para ficar sozinha, ainda que fosse por alguns minutos, em uma calçada movimentada de um dos bairros menos inseguros do Rio de Janeiro, às três horas da tarde.

A sessão de horror que Susana me narrou começou a se desenhar em um baile funk, acontecido em uma comunidade vizinha à que ela morava, mas na qual ela não deveria supostamente entrar, por ser um local pertencente a uma facção inimiga do tráfico de drogas. Quem conhece a lógica das favelas do Rio de Janeiro, dominadas por grupos rivais de bandidos que travam entre si guerras eternas, sabe que entrar no território do adversário é uma atitude de alto risco, mas que muitos moradores dessas comunidades acabam tomando, seja para se divertir, encontrar amigos ou visitar parentes. Susana ainda tinha o "agravante" de ter um irmão envolvido com o tráfico na favela em que morava, porém acabou convencida a correr o risco de ir até o território proibido por um ex-namorado, com quem ela se relacionou ao longo de toda a adolescência e que tinha se tornado seu amigo.

Ao chegar ao baile, misturaram-se a uma multidão de jovens como eles. Dançaram e fumaram maconha, e Susana acabou relaxando. Ela seguiu se divertindo durante a noite, até que, em dado momento, três homens a cercaram. Um deles ostentava um fuzil e foi logo abordando a moça: "Você está pensando que vai aonde? Calma aí, que a gente vai ter que conversar". As pessoas em volta nem viraram o pescoço para olhar, com medo. Nessas horas, ninguém tem coragem de fazer nenhum movimento que possa ser considerado brusco, e nem ao menos interceder para impedir ou ajudar, pois sua própria integridade passa a correr risco.

Susana havia sido identificada como irmã de um traficante rival, e acredita que o delator foi o próprio ex-namorado, que a entregou como forma de pagamento por alguma dívida com drogas. Ela foi agarrada pelos homens e levada para uma casa em construção, na entrada da favela, que fica próxima à avenida Brasil, principal via de acesso à cidade do Rio de Janeiro e uma das mais movimentadas da cidade. Ao entrar no local, ouviu um dos bandidos dizer a ela: "Agora você vai ter que aguentar os três".

Pelo resto da madrugada, das três às seis horas da manhã, ela sofreu estupros seguidos pelos bandidos, sendo forçada a praticar sexo vaginal e anal. Sentia dor o tempo todo, mas ficava quieta porque ouvia: "Se reclamar, vai levar bala". Às vezes, um grito escapava de sua boca quando apontavam armas para a cabeça dela: "Eu só pedia pelo amor de Deus para eles me deixarem em paz, para me deixarem ir embora viva. Ali perto tem um lugar chamado 'Fim do Mundo', que é onde eles desovam corpos. Não custaria nada para eles me matarem e depois jogarem meu corpo ali. É impossível explicar o que foi aquilo". A jovem me conta que só fechava os olhos e repetia mentalmente para si mesma: "Isso vai passar".

Depois das horas de estupro e tortura, um dos bandidos, armado com uma pistola, a levou de moto até a entrada de um caminho que desembocava na comunidade em que Susana morava e lhe deu uma ordem: "Vai sem olhar pra trás e pode esquecer o que aconteceu aqui". Porém, aquela era uma ordem impossível de ser obedecida. Nos quatro dias que se seguiram, ela não conseguiu dormir nem por um minuto sequer, atormentada por todo tipo de memória: "Quando eu fechava os olhos, lembrava do que tinha acontecido, do ambiente, e parecia que eu conseguia sentir de novo o cheiro daquele lugar".

Como se tudo isso já não fosse o suficiente, Susana ficou muito machucada. Os casos de estupro coletivo costumam ser mais violentos que aqueles em que o agressor age sozinho. Quando estão em grupo, os abusadores exibem um nível maior de agressividade, até para se destacar perante o grupo e para se exibir para os demais. E há ainda um descontrole coletivo, conhecido como "efeito manada". Quando estão juntos, o que restava de humanidade desaparece e os criminosos passam a agir cada vez mais como animais. A moça levou tantas pancadas que ficou com dificuldade para andar e tinha ferimentos pelo corpo todo, principalmente nas partes íntimas.

Felizmente, ela tinha um plano de saúde pago pela empresa em que o pai trabalhava, e conseguiu fazer exames para checar se havia sido contaminada com alguma doença. Não foi contaminada, mas houve um grande abalo psicológico. Aos dezessete anos de idade, ficou dois anos sem botar o pé para fora de casa e, até o momento em que conversamos, ainda não saía sozinha e tomava remédios psiquiátricos. "Eu era superdivertida", Susana se recorda. "Hoje em dia, sou uma pessoa que não consegue ser feliz com nada. Foi uma coisa que mexeu muito comigo, até o meu jeito de falar mudou. Eu quero sair à noite e meus amigos falam: 'Pega um táxi e vem', mas eu não consigo fazer isso, não consigo sair sozinha. Por isso, sempre peço para eles me buscarem. Se alguém não for me pegar, não consigo ir, não consigo mais confiar em taxista e em mais ninguém."


As consequências de um estupro, coletivo ou não, costumam ser mais psíquicas que físicas. Em 2011, a partir das notificações obrigatórias dos casos feitas por clínicas e hospitais ao Ministério da Saúde, o Ipea realizou um estudo técnico que analisou esses dados e concluiu que a sequela mais comum é o Transtorno de Estresse Pós-Traumático, conhecido pela sigla TEPT, que atinge 23,3% das vítimas. Susana tem vários sintomas desse problema.

O TEPT pode atingir quem passa por situações extremas de perigo como guerras, torturas, terremotos, agressões violentas, acidentes aéreos ou automobilísticos graves e também estupro. São momentos em que a pessoa fica exposta a uma ameaça real de morte. O diagnóstico é feito quando, depois de um mês do trauma, o indivíduo ainda apresenta alguns sintomas assustadores, que tornam seu dia a dia muito difícil. Um deles é a chamada memória intrusiva, quando, por exemplo, quem passou pelo trauma está assistindo a um filme e vê o rosto do estuprador em um dos atores. Outro sintoma são os flashbacks, em que a vítima se lembra da situação como se estivesse revivendo aquele momento, sentindo, inclusive, a mesma dor física. Se ela teve taquicardia ou falta de ar no momento do trauma, esse mal-estar retorna, de repente, em várias outras situações corriqueiras.

Quem sofre desse transtorno ainda pode passar a evitar lugares e situações que lembrem, de alguma forma, o que aconteceu. Também pode sofrer amnésia em relação a fatos marcantes do trauma, sentir culpa, perda de interesse em atividades que antes considerava importantes, ter dificuldade para dormir e se concentrar, sentir um medo exagerado e apresentar comportamentos autodestrutivos, como dirigir em alta velocidade, desenvolver alcoolismo ou abusar de drogas ilícitas, podendo até chegar ao suicídio. Há, ainda, aqueles que se afastam de quem é próximo, às vezes até dos filhos, o que traz efeitos devastadores também para quem está em volta.

Ao longo de um mês após o trauma, é normal ter reações como se sentir constantemente sobressaltado, ter pesadelos, apresentar agitação e insônia. Se nesse período a pessoa não melhorar ou chegar a piorar, é preciso partir para o tratamento, que inclui terapia e uso de antidepressivos de última geração, que inibem a recaptação da serotonina, o neurotransmissor responsável por regular o apetite e o humor, equilibrar o desejo sexual, controlar a temperatura corporal, a atividade motora e as funções perceptivas e cognitivas. A serotonina intervém em outros neurotransmissores, como a dopamina e a noradrenalina, que estão relacionados com o controle da angústia, da ansiedade, do medo e da agressividade.

Mesmo com o tratamento, os resultados são incertos. Há quem responda bem após um determinado período e não precise mais de medicação, há quem apresente uma melhora parcial, tendo os sintomas abrandados, porém permaneça dependente dos remédios, o que já pode ser considerado uma vitória. Há, ainda, aqueles que não reagem ao tratamento e não melhoram de jeito nenhum, sendo obrigados a conviver pelo resto da vida com as duras consequências da crueldade que lhes foi imposta. Existe a parte mais triste dessa situação, que é a das pessoas que não têm acesso a nenhum tipo de tratamento nem à informação, que se consideram fracas por não se recuperarem e que, muitas vezes, ainda têm que ouvir que o que sentem é "frescura".

O TEPT é tanto a principal sequela do estupro quanto o estupro é uma das principais causas do TEPT, ficando atrás apenas das guerras como seu principal desencadeante. Um estudo feito nos Estados Unidos por médicos com PhD em psiquiatria denominado *Posttraumatic Stress Disorder in the National Comorbidity Survey*, ou "Transtorno de estresse pós-traumático na pesquisa nacional de comorbidade", em português, liderado pelo professor Ronald C. Kessler, da Universidade Harvard, avaliou que 45,9% das mulheres que sofreram estupro desenvolveram TEPT, enquanto, entre mulheres que são agredidas fisicamente, esse índice é de 21%. Entre os homens, a diferença é ainda maior: 65% sofrem TEPT quando são vítimas de violência sexual, enquanto apenas 1,8% desenvolve os sintomas em caso de agressão. Esses resultados foram bem semelhantes aos apresentados por uma pesquisa feita no Brasil, nas cidades do Rio de Janeiro e de São Paulo, capitaneada pela Fundação Oswaldo Cruz em parceria com os departamentos de psiquiatria de três universidades públicas, a Universidade Federal do Rio de Janeiro (UFRJ), a Universidade Federal Fluminense (UFF) e a Universidade Federal de São Paulo (Unifesp). Por aqui, entre os entrevistados que sofreram traumas de vários tipos, a média dos que desenvolvem TEPT é de 11,1%. Entre crianças abusadas sexualmente, o índice sobe para 49%, e, entre, adultos que passaram pelo estupro, é de 44%.

Depois do TEPT, a segunda sequela mais comum deixada pelo estupro é também de ordem psicológica. O mesmo estudo do Ipea mostra que 11,4% dos indivíduos que foram alvo desse tipo de crime desenvolvem outros transtornos mentais, como depressão, síndrome do pânico, fobias e transtorno obsessivo-compulsivo. Alguns casos podem ser bem graves, como o de uma mulher do Pará que passou a lavar seus órgãos genitais de forma incessante, até deixar a pele em carne viva. Casos assim precisam ser encaminhados para o mesmo atendimento destinado ao TEPT, com terapia e remédios psiquiátricos. Depois das graves consequências psicológicas da violência sexual, as consequências físicas aparecem em grau de relevância, como a gravidez indesejada, que atinge 7,1% das pessoas que passaram por violência sexual, e as infecções sexualmente transmissíveis.

Se alguém que sofreu trauma vai ou não desenvolver transtornos psíquicos, isso depende de muitos fatores, como o grau de amparo da família e dos amigos e o acesso ao atendimento psicológico adequado. A sensação de acolhimento que alguém pode ter é a principal proteção contra o trauma. O protocolo do Ministério da Saúde prevê o acompanhamento psicológico para as vítimas de violência sexual, mas, assim como todo tipo de atendimento médico, na prática, não é tão fácil obter, na rede pública, esse direito assegurado por lei, como já foi discutido.

Além dos médicos, os psicólogos também são obrigados a comunicar todos os casos de violência sexual que atendem, inclusive em consultórios particulares, embora não seja necessário dar informações pessoais dos pacientes. Essa notificação compulsória serve para traçar um perfil de quem sofreu a agressão e detectar os locais com o maior número de ocorrências. O psicólogo só é obrigado a romper o sigilo profissional e a denunciar um estupro diretamente à polícia ou à Justiça em algumas situações específicas. Segundo a norma do Conselho Federal de Psicologia, uma vítima que esteja impossibilitada de fazer a denúncia pode assinar um termo de autorização para que o psicólogo procure as autoridades. O psicólogo, por sua vez, pode denunciar mesmo contra a vontade do seu paciente que sofreu abuso, se houver um risco real para a vida dele ou de pessoas próximas, como filhos. Para definir se existe esse risco, os profissionais ponderam informações como o histórico de violência do agressor, se ele tem acesso a armas de fogo, se são feitas ameaças de morte e o fato de o abusador ou a vítima sofrerem de transtornos mentais graves. O psicólogo pode encaminhar a denúncia, de forma anônima, a partir da unidade de saúde em que trabalha, para evitar possíveis retaliações do criminoso.

Nos demais casos, os psicólogos devem respeitar a vontade do paciente e se concentrar no acolhimento, na orientação e no seu fortalecimento mental, para que ele(a) tome a decisão que quiser, seja de denunciar ou não.

Susana optou por não registrar nenhuma queixa da violência pela qual passou: "Como é que eu vou denunciar os bandidos e eles vão prender os que me estupraram? Se eles traficam e não são presos, imagina se iam prender esses caras por estupro?".

O irmão traficante queria ir até a comunidade rival para "acertar contas", mas acabou sendo convencido a não iniciar uma guerra. Durante o tempo em que foi estuprada, Susana era chamada de "X-9", gíria dos traficantes para designar quem é informante, "dedo-duro": "Não sei se eles achavam que eu estava ali para observar o tipo de armamento que eles tinham ou onde eles vendiam drogas no dia do baile". De uma coisa, ela tem certeza: o estupro aconteceu para demonstrar quem era "mais" para seu irmão bandido, que hoje está morto.

Essa necessidade de demonstração de poder está na raiz de todos os estupros. O maior prazer do estuprador é a dominação, que é feita por intermédio do sexo, o que deixa até o prazer com o ato em si em segundo plano. Isso explica muito a motivação de um estupro, afinal, sexo não é algo tão difícil assim de se conseguir, principalmente hoje em dia. Portanto, se fosse só uma busca por prazer sexual, os estupros seriam bem menos recorrentes e teriam menores índices, mas isso infelizmente não é o que ocorre. O que o agressor quer é dominar a vítima, se sentir mais forte, exibir que está no controle e, assim, reafirmar a própria sexualidade. Nos estupros coletivos, a demonstração de poder é ainda maior, porque não é só sobre a mulher. No episódio de Susana, foi uma exibição de força para um rival, que representava uma facção inimiga.

Entretanto, mesmo quando não há homens oponentes envolvidos na história, o estupro coletivo é uma amostra de autoafirmação diante dos próprios parceiros que estão ali presentes, participando do mesmo crime. Muitas vezes, funciona também como um rito de iniciação de menores de idade no sexo e no círculo dos bandidos. Ali, adolescentes afirmam a própria masculinidade e, quanto mais houver divulgação, para eles é melhor. Por isso, a maioria dessas sessões de abuso é filmada, e os vídeos são divulgados pela internet, nas redes sociais. Os estupradores, quando estão em grupo, no afã de divulgarem seus feitos, acabam produzindo provas contra si próprios, porque não conseguem evitar a ostentação do crime. Foi o que aconteceu em um dos casos de maior repercussão no Brasil.

Era maio de 2016, um vídeo começou a circular em grupos de WhatsApp. Mostrava uma jovem de dezesseis anos sem roupa sendo tocada e molestada, desacordada em uma cama, e podia-se ouvir vozes de pelo menos dois homens ao fundo da gravação, dizendo uma frase que ficou marcada: "Essa aí de mais de trinta engravidou".

Na filmagem, há closes de suas partes íntimas e, em um dado momento, um adolescente introduz um batom na genitália da jovem. Um homem tirou uma *selfie* com a língua para fora ao lado da vagina da menina. Outro fez postagem com a legenda: "Amassaram a mina, *intendeu* ou não *intendeu*? Kkk (*sic*)".

A gravação do estupro coletivo havia sido feita no Morro do Barão, no Rio de Janeiro. Por causa do vídeo, seguiu-se uma investigação policial que terminou com três adultos presos, um foragido e um adolescente apreendido. Mesmo assim, os acusados seguiram afirmando que não tinham feito nada de errado, e um deles, ao ser preso, entrou na Cidade da Polícia fazendo um *v* com os dedos, o símbolo da facção criminosa Comando Vermelho.

"Ela estava lá porque quis." "Ela é piranha." "Ela já teve filho com treze anos." Esses foram alguns dos "argumentos" que a delegada Cristiane Bento ouviu dos réus confessos, e também de muita gente que acha que existe justificativa para se fazer sexo com uma pessoa dopada, desacordada e, além de tudo, nessa situação, menor de idade. Aliás, a própria Cristiane só passou a ser a responsável pela investigação da ocorrência depois de um interrogatório desastroso que foi conduzido pelo primeiro delegado responsável pelo caso.

Na primeira vez em que a garota foi ouvida, o delegado Alessandro Thiers começou com um sarcástico "Me conta aí" e perguntou à adolescente se ela tinha o costume de participar desse tipo de "encontro" e se gostava. Depois, ainda concedeu uma entrevista para a TV em que disse que não estava convencido de que o estupro de fato tinha acontecido. A advogada que acompanhava a adolescente ficou indignada com a postura do homem e vazou o conteúdo do interrogatório para a imprensa. Promotores e a opinião pública protestaram e, como resultado da pressão, a polícia desmembrou a investigação e assim mudou a condução do processo. O delegado, que era da Delegacia de Repressão a Crimes de Informática, ficou responsável apenas pela apuração do vazamento e do compartilhamento do vídeo na internet. O estupro em si passou para a Delegacia de Proteção à Infância e à Adolescência.

Como no episódio de Susana, os envolvidos no crime eram traficantes de drogas e, para eles, aquela é uma prática comum, vista de um modo diferente do que a lei encara. Eles se sentem os "reis da comunidade", escolhem a mulher que querem, e ela tem que se sujeitar a eles. Isso acontece nos estupros coletivos, mas também quando estão sozinhos com a moça. É comum um traficante eleger meninas que acabaram de entrar na adolescência para serem suas "esposas". Muitas delas têm treze anos ou menos, o que já configura estupro, mesmo que haja consentimento. A lei brasileira estabelece que só existe sexo consensual com menores de idade a partir do momento em que completam catorze anos. Ter relação sexual com alguém mais jovem que isso é sempre um crime.

Porém, no universo dos bandidos, o julgamento é outro. Quando a menina se torna "esposa", ainda que à força, os traficantes encaram esse relacionamento como normal, uma união como qualquer outra. Já o estupro coletivo é visto como uma farra entre amigos, em que a vítima escolhida sempre tem culpa, por estar no meio de bandidos ou por ter usado drogas. No máximo, dependendo da situação, é um castigo contra a mulher que, de alguma maneira, tenha afrontado o poder por eles representado. Os traficantes, entretanto, não veem o estupro coletivo como um crime de abuso sexual. Pelo contrário, eles próprios abominam crimes de ordem sexual e ameaçam estupradores nas cadeias. É difícil entender a lógica que rege esse comportamento.

O caso ocorrido no Morro do Barão foi considerado pelos estupradores como uma "farra" com uma adolescente viciada em drogas, que já tinha vivido aquilo e, nascida e criada em uma família humilde, tendo pouco acesso ao estudo, também ela própria não tinha muita consciência de que aquilo era um estupro. A mecânica era sempre a mesma: ela ia ao baile, consumia drogas oferecidas pelos bandidos e, quando estava completamente alterada, era levada por eles para ser abusada. O que mudou tudo, daquela vez, foi a divulgação do vídeo.

Uma advogada foi atrás da avó da menina e conhecidos convenceram a família a prestar queixa. Um dos acusados chegou a falar para a moça, com todas as letras, que não havia acontecido nenhum estupro, e ela, pela primeira vez, se impôs diante dos bandidos: "Foi sim, porque a advogada disse que vocês não podiam fazer isso comigo, porque eu estava dormindo". Ou seja, ela só descobriu que havia sido estuprada quando a advogada lhe explicou o que era um crime de estupro. Muitas mulheres que são alvos de abuso sexual cometido por traficantes têm esse mesmo pensamento, sejam as que se submetem por medo, as que são drogadas ou mesmo as que se acham superiores por serem escolhidas por homens poderosos na comunidade. É difícil achar quem entenda que está sendo vítima de um crime.

Depois da denúncia, a adolescente do Morro do Barão entrou para o Programa de Proteção às Vítimas e Testemunhas Ameaçadas, da Polícia Federal, o Provita, que oferece proteção policial, mudança de endereço, uma mesada de valor não divulgado e, quando necessário, um novo nome. As pessoas que foram vítimas do crime e as testemunhas entram no programa após uma avaliação de representantes da Justiça e da polícia, e há regras a seguir, como não revelar a ninguém sua situação e, principalmente, não entrar em contato com sua rede de relacionamentos. Se a pessoa tiver família, os parentes mais próximos a acompanham no programa. A adolescente foi enviada para outro estado, mas infringiu uma das regras do programa ao entrar em contato com alguém que já conhecia antes, e por isso foi desligada. Hoje, é maior de idade e segue com sua vida, porém sem poder voltar para o Rio de Janeiro.


Nos casos de mulheres que são estupradas por bandidos com poder dentro das comunidades em que vivem, e que ainda assim criam coragem para buscar justiça, essas têm a vida completamente revirada.

Outra ocorrência se deu na zona oeste do Rio de Janeiro, onde diversas áreas são dominadas pelas milícias — grupos formados em geral por policiais tanto já fora de serviço como na ativa, que praticam atos ilícitos contra a população, como extorsão, agiotagem e exploração clandestina de fornecimento de gás, TV a cabo e máquinas caça-níqueis, sob a alegação de combater o crime e o narcotráfico. Uma menina de treze anos voltava para casa depois de uma festa quando foi parada por quatro milicianos, que, nesse caso específico, não eram policiais. Eles alegaram ser amigos do pai dela e lhe ofereceram uma carona. Os homens levaram a adolescente para uma das casas da comunidade, expulsaram o morador que lá vivia e a estupraram. A moça conseguiu fugir pulando a janela e voltou para casa toda machucada, com mordidas e um braço quebrado.

O pai da menina não se conformou. Procurou a delegacia, preocupado, inclusive, por ter outra filha, que poderia também se tornar um alvo daqueles bandidos. Ele acompanhou os policiais até a casa onde a filha tinha sido violentada, deu informações sobre os estupradores, e os quatro milicianos foram presos. No entanto, a família pagou um preço alto pela atitude. O pai, que era motorista de ônibus, teve que largar o emprego e se esconder com os parentes, com a ajuda do programa de proteção à testemunha. A polícia precisou montar uma operação para que eles conseguissem entrar na própria casa e retirar roupas e outros pertences. Porém, a família deixou para trás todos os móveis e eletrodomésticos e vive em um constante estado de alerta. Além de terem perdido a vida que tinham, o que aconteceu a seguir foi mais um exemplo muito claro dos motivos que levam muitas pessoas a não denunciarem um estupro.

Na época do ocorrido, dois dos milicianos confessaram o crime na delegacia e, logo depois, foram condenados no primeiro julgamento. Porém, surpreendentemente, foram absolvidos na segunda instância. Um deles só continuou preso porque foi condenado a onze anos por porte de arma. O desembargador preferiu acreditar na palavra dos homens, que, diante do tribunal, mudaram a versão que haviam dado na delegacia e disseram que houve sexo consensual. O desembargador também fez o desserviço de incluir na sentença que a menina tinha um comportamento sexual promíscuo, como se o comportamento da vítima estivesse em julgamento. Para completar o despropósito, na época dos crimes, a menina não tinha ainda catorze anos completos, o que, por si só, já configura o crime de estupro, mas os acusados disseram que não sabiam a idade dela e tudo ficou "por isso mesmo".

Esse tipo de alegação até pode ser aceita por um juiz quando os réus fornecem elementos que provam que realmente não conheciam muito bem sua vítima e quando o magistrado avalia que ela poderia se passar por uma pessoa mais velha, com mais de catorze anos. Entretanto, independentemente da aparência e da postura da adolescente, nesse caso, havia provas cabais de que os réus eram culpados, como a confissão inicial na delegacia, o fato de que eles demonstraram conhecer o pai da menina e as ameaças que fizeram à família dela. Mesmo assim, ambos foram absolvidos, em mais um exemplo de sentença inacreditável para crimes que envolvem violência sexual. A investigação dos outros dois acusados corre em segredo de Justiça.

Se um estupro cometido por um bandido já causa indignação, estupros coletivos, quando se tornam públicos, despertam a mobilização das pessoas — e isso ao redor do mundo todo.

Na Índia, um desses episódios motivou até uma mudança na lei. Em dezembro de 2012, em Nova Déli, a universitária Jyoti Singh foi atacada por seis homens dentro de um ônibus. Um amigo que estava com ela foi agredido com uma barra de ferro e ficou inconsciente. A estudante foi estuprada, violentamente agredida e, ao fim, jogada para fora do ônibus, morrendo duas semanas depois em decorrência dos ferimentos. A população, indignada, fez vários protestos pelas ruas da cidade e, cinco meses depois, graças à pressão da opinião pública, o país ampliou a definição legal de estupro e dobrou a sentença mínima para estupro coletivo, que passou a ser de vinte anos de cadeia, podendo chegar até a prisão perpétua. Todos os agressores desse crime foram presos.

Na Argentina, a história mais emblemática é a da adolescente Lucía Perez. Em 2016, na cidade de Mar del Plata, quando tinha dezesseis anos, ela foi drogada, violentada e, em um ato de violência extrema e absurda, empalada até a morte por cinco homens. Depois do crime, eles limparam o corpo e o levaram para o hospital, alegando que ela havia sofrido uma overdose. Os médicos, porém, constataram a barbárie. Segundo a promotoria, Lucía sentiu tanta dor que teve uma parada cardíaca. É impossível dimensionar todo o sofrimento e o desespero pelos quais essa adolescente passou, assim como é muito difícil imaginar o que seus pais sentiram ao saber dos detalhes da morte tão cruel da filha. As manifestações de protesto e indignação se espalharam pelo país todo, e a população se uniu na luta pelos direitos, pelo respeito e pela vida das mulheres.

Na Espanha, no mesmo ano de 2016, na cidade de Pamplona, um grupo de cinco homens, que ficou conhecido como La Manada, encurralou uma jovem de dezoito anos em um corredor escondido de um prédio durante a festa popular de São Firmino, que é conhecida em todo o mundo por soltar touros enfurecidos que perseguem multidões pelas ruas. Enquanto as pessoas lotavam todas as vias do município, a jovem era violentada pelos homens, que filmaram tudo e divulgaram o vídeo na internet, acompanhado de mensagens em que se vangloriavam do que haviam feito. As imagens mostravam a jovem completamente paralisada, enquanto era submetida a sexo vaginal, oral e anal. Com as provas produzidas por eles mesmos, os cinco foram condenados. De forma surpreendente, entretanto, a sentença gerou uma onda de protestos, porque os réus foram enquadrados no crime de abuso sexual, que tem uma pena menor que a de crime de agressão sexual naquele país. Diferentemente da lei brasileira, que enquadra atualmente todos os casos de abuso sexual como estupro, a lei espanhola faz uma gradação, de acordo com o uso ou não de violência física. O juiz entendeu que, como nas imagens a jovem não lutava contra os agressores — como se fosse possível uma moça daquela idade travar um confronto físico com cinco homens —, não houve violência ou agressão. A promotoria recorreu e, em 2019, o Tribunal Superior da Espanha trocou a tipificação do crime para agressão sexual e aumentou a pena de todos os criminosos, de nove para quinze anos de cadeia. A adolescente explicou o óbvio: que não teria como lutar com cinco homens, todos mais fortes que ela, que entrou em choque e simplesmente fechou os olhos, torcendo para que aquilo acabasse o mais rápido possível.

Em muitas ocorrências como as aqui citadas, as vítimas não conseguem reagir, o que a psiquiatria e a literatura forense chamam de "paralisia do estupro". É um fenômeno cerebral, uma imobilidade extrema, que acontece também em outras situações — como quando uma mãe que vê o filho sofrer uma queda grave e não consegue socorrê-lo, ou nem sequer gritar, ou quando um navio está naufragando e algumas pessoas não conseguem correr para os botes. Não é uma escolha, e sim uma impossibilidade, por razões ainda não muito conhecidas.

Outra pesquisa realizada pela Fiocruz e pelas universidades UFRJ, UFF e USP, no Rio de Janeiro e em São Paulo, avaliou que o risco de alguém sofrer de imobilidade no momento de um trauma quase dobra quando se trata de violência sexual. Nos casos de quem sofre abuso sexual na infância, 21% apresentaram essa ausência de reação, contra 9,5% dos incidentes com crianças espancadas. Entre os adultos abusados sexualmente, 16,7% ficaram paralisados. Já diante de um acidente grave, o índice dos que não conseguem reagir cai para 11%, e, diante da violência urbana, como um assalto à mão armada, apenas 9,7% das pessoas paralisam.

Sem saber que esse é um fenômeno ainda pouco explicado, a vítima tende a se culpar, e não apenas isso: há implicações legais também. Como já vimos, a definição de estupro nos Estados Unidos incluía, até 2012, apenas episódios em que havia luta ou resistência contra o agressor. Nesse episódio da Espanha, a imobilidade foi usada para desacreditar a jovem, mas, ao fim, o Tribunal entendeu que a vontade dos agressores não se impõe apenas pela violência, mas também pela intimidação. A promotora do caso arrematou seu discurso ao fim do julgamento com o que deveria ser um princípio para todos os incidentes de estupro: "Não se pode pedir à vítima uma atitude perigosamente heroica". E é ainda importante salientar que o fato de não ter havido luta não significou que houve consentimento. A pena dos agressores foi aumentada com a reclassificação do crime e ainda por dois agravantes: a divulgação do vídeo expondo a moça que sofreu o abuso e o fato de a ação ter sido realizada em grupo.

Na Alemanha, em 2019, uma jovem de dezoito anos sofreu um estupro coletivo que deixou a opinião pública ainda mais chocada quando se soube quem eram os estupradores: dois meninos de doze anos e outros três de catorze. A moça foi encontrada em um matagal e teve que ser levada para o hospital devido aos ferimentos provocados pelos garotos. O episódio abriu um debate sobre a redução da maioridade penal, que já é baixa na Alemanha — catorze anos. Em outros países europeus, é ainda menor: doze anos na Bélgica e na Holanda, e dez anos na Inglaterra, por exemplo.

No Brasil, de acordo com dados de 2018 do Fórum de Segurança Pública, 6,8% dos abusos sexuais cometidos tinham autores múltiplos, ou seja, foram estupros coletivos. É um percentual pequeno, mas que significa um grande número de ocorrências: 4.491. E não podemos nos esquecer da taxa de subnotificação, que mascara a quantidade real de acontecimentos. Por aqui, também os casos que se tornaram conhecidos geraram muita discussão, e, desde 2018, a pena para estupro pode ser aumentada em até dois terços quando é cometido por mais de um criminoso.

No Piauí, encarei a dura missão de entrevistar três menores de idade envolvidos em um estupro coletivo acrescido de violência atroz. Na cidade de Uruçuí, os três tinham a intenção de roubar uma motocicleta que usariam para ir até um depósito para roubar bebidas e esconderam-se armados com um facão em uma moita, debaixo de uma ponte. Um moço de dezenove anos passou por ali de moto com a namorada, de quinze, que estava grávida de seis meses, na garupa. Os menores conseguiram derrubar o veículo e render o casal. Seria só um roubo, porém o mais velho do grupo, então com dezesseis anos, mudou de ideia: "Eu vou pegar essa menina", declarou ele.

Foi a senha que deu início ao terror. O rapaz foi amarrado com as próprias roupas em uma árvore, e a menina foi levada para um matagal próximo. O garoto mais velho declarou: "Se tu ficar comigo, eu não mato o teu marido, não". Ela foi violentada por esse bandido e por outro adolescente de quinze anos, enquanto chorava o tempo todo. O mais novo, de treze, ficou vigiando o namorado da jovem e a movimentação em cima da ponte. Eles chegaram a perguntar se a barriga era um sinal de gravidez: "Você tá grávida ou é mentira?". Assustada e com medo, ela disse que não estava. A seguir, além da violência sexual, ela presenciou uma cena devastadora: o assassinato do namorado.

As entrevistas foram realizadas em Teresina, no Centro Educacional de Internação Provisória, para onde os menores foram transferidos após a interdição do Centro Educacional Masculino, onde uma vistoria constatou as condições insalubres do lugar. Nas entrevistas, ficou muito claro que o adolescente mais velho era o mentor do grupo, e sentia prazer no crime e em dominar os outros garotos. Vi uma maldade nos seus olhos que é até difícil de descrever. Ele tinha um olhar opaco, uma cara fechada, e uma naturalidade ao descrever o crime bárbaro que cometeu que me passou a sensação de que aquele menino representava a encarnação de toda a crueldade do mundo. Foi ele quem teve a ideia de cometer mais um crime, o assassinato, além do roubo da motocicleta e do estupro da adolescente grávida. Ele simplesmente me falou: "Ah, veio na cabeça para matar. Aí peguei a faca e cortei o pescoço do cara".

A opinião pública tende a achar que todo estuprador é um monstro, um doente, mas não acredito que seja assim. Uma doença, inclusive, poderia tornar esse criminoso legalmente menos responsável pelo que fez, mas a maioria sabe exatamente o que está fazendo. Seus atos são, sem dúvida alguma, monstruosos, mas esses criminosos são pessoas normais, que se acham ou querem se sentir superiores subjugando o outro. No entanto, dentre as dezenas de estupradores presos que entrevistei, aquele menino foi o único que tinha sinais claros de ser, de fato, um psicopata. Na psicopatia, o doente não tem nenhuma moral, não sente culpa ou vergonha, e muitos disfarçam ou fingem empatia para viver em sociedade. Mas aquele menor de idade não tinha esse comportamento elaborado. Na rotina do centro de internação, ele não se relacionava com os demais e nunca demonstrou qualquer sinal de arrependimento.

A adolescente, grávida de seis meses, depois de ter sido estuprada, já totalmente apavorada, ainda viu seu namorado, pai de sua criança, ser cruelmente assassinado. Flaviano Marinho foi degolado e seu corpo foi jogado no rio Parnaíba. O frio assassino chegou a pedir ao mais novo do bando que filmasse a morte, mas o menino, muito nervoso, não conseguiu ligar a câmera do celular.

O estuprador e assassino ainda queria matar também a adolescente grávida, mas, a muito custo, foi convencido pelos outros dois a deixá-la ir embora. A vítima, traumatizada por tudo o que passou, desenvolveu vários distúrbios físicos e mentais. Não teve condições de conversar comigo, nem por meio de mensagens. Hoje, depois de dois anos de tratamento psicológico, está aos poucos reconstruindo sua vida, mas ainda não consegue nem falar do assunto. Em meio a todo o drama, conseguiu ir adiante com a gravidez e tem pelo menos um motivo para tentar seguir em frente: seu filho com o namorado nasceu com saúde alguns meses depois do crime e, na época em que apurei os fatos, ele já estava com dois anos de idade.

## Capítulo 4

## O que houve com aquele homem que eu amava?

"Você sabia que o marido pode estuprar a esposa?"

A pergunta, na verdade mais uma afirmação, foi feita no meio da conversa que tive com uma das mulheres que mais me impressionaram, entre tantas com quem falei e que passaram por um estupro.

Nívea é advogada, mãe de dois filhos, apaixonada por dança e militante em uma ONG do Recife que ajuda pessoas que sofreram abuso sexual, e ela mesma uma vítima por duas vezes na vida. Primeiro, na infância, em um caso não muito comum, quando foi abusada sexualmente por outra mulher, uma babá vinda do interior do estado, que a estuprava com as mãos e com objetos, e ainda a espancava e a ameaçava, dizendo: "Fica quieta, senão vai ser pior!". O horror durou dos seus cinco aos sete anos de idade.

Estupros cometidos por mulheres são uma raridade, e, legalmente, nem existiam no Brasil até a mudança na lei, em 2009. Até então, uma violência sexual só era considerada crime de estupro quando um homem forçava a penetração vaginal. Quando mulheres forçavam sexo com objetos, mãos ou mesmo com penetração diante de ameaças, como será exposto a seguir, a ocorrência era enquadrada como atentado violento ao pudor.

Em muitos países, ainda é assim. Na Inglaterra, foi feita uma rara e pequena pesquisa pela Universidade de Lancaster, em 2017, sobre homens obrigados por mulheres a manter relações sexuais com penetração vaginal, e nela todos os entrevistados contaram que tiveram ereção por uma reação fisiológica e não sentiram prazer. É similar ao que acontece com muitas mulheres, que ficam lubrificadas durante um estupro, apesar de esse ser o pior momento de suas vidas. A maioria desses homens foi coagida com ameaças e chantagens, e muitos contaram, ainda, que foram drogados sem perceber. Da pequena amostra de 154 homens encontrados pelos pesquisadores que se caracterizavam por terem sofrido estupro realizado por mulheres, 80% disseram que não contaram para ninguém sobre o ocorrido por medo de serem ridicularizados, e por dois motivos: primeiro, porque ninguém acha que alguém do sexo feminino, mais fraco teoricamente, conseguiria forçar sexo com um homem, e, segundo, por causa do estereótipo de que homens acham sempre agradável toda e qualquer possibilidade de fazer sexo. Dentre os pesquisados, apenas dois deram queixa na polícia, e os casos foram enquadrados como "atentados sexuais", categoria que, segundo a lei inglesa, seria mais branda que o crime de estupro. As investigações, porém, não foram adiante, e os episódios nunca chegaram ao tribunal.

Quando mulheres estupram outras mulheres, a denúncia é ainda mais rara do que quando o agressor é um homem. As vítimas tendem a achar que esse é um ato menos grave, já que, quando há penetração, ela acontece com as mãos ou com objetos. No Brasil, o Anuário da Segurança Pública mostra que, em 2018, foram notificados 967 casos de estupros cometidos por mulheres, uma taxa de 1,9% do total. Outro 1,8% foi de pessoas estupradas por uma mulher e um homem juntos.

Os dados do sistema penitenciário reforçam a enorme diferença entre a quantidade de estupros cometidos por pessoas do sexo feminino e masculino. Em 2018, nossas cadeias tinham 30.868 homens presos por crimes de estupro, estupro de vulnerável e atentado violento ao pudor. Apesar de esse último ter sido excluído do código penal em 2009, ainda há quem esteja respondendo por crimes que foram enquadrados na lei anteriormente à mudança. Também há os delegados que registram esses episódios de forma errônea, qualificando-os como um crime que nem existe mais em nosso país. Entre as mulheres, havia um número bem menor: apenas 369 detentas encontravam-se encarceradas pelo mesmo tipo de crime, sendo que, desses casos, 82 eram qualificados como estupro e 38 como atentado violento ao pudor. A maior parte, 249, respondia por estupro de vulnerável.

Esses números revelam o quanto a força física determina até onde se pode levar a vontade de subjugar alguém. Os alvos dos estupros cometidos por pessoas do sexo feminino, em geral mais fracas fisicamente, são principalmente crianças e pessoas com deficiência ou impossibilitadas de reagir por qualquer motivo, como uma doença grave ou incapacitante. Aqui também é bom destacar que a subnotificação, quando são as mulheres as agressoras, é ainda maior por vários motivos, mesmo quando os alvos são crianças. As próprias vítimas ou seus familiares tendem a achar que não há tanta gravidade nos episódios sem penetração, mesmo quando se trata de crimes contra menores de idade. Além disso, quando garotos são estuprados por mulheres, a cultura machista se encarrega de achar que esse ato é algo normal, muitas vezes até mesmo um "privilégio".


Para tentar fugir das investidas da babá, Nívea dava nós na calcinha até quase cortar a pele. Ela achava que, assim, a mulher não conseguiria arrancar sua roupa íntima e cometer os abusos. Ela apanhou muito durante os estupros e as pancadas eram dadas apenas no alto da cabeça, para que as marcas fossem ocultadas pelo cabelo. Passo a mão pelo seu couro cabeludo e sinto um calombo, e ela explica que uma camada de gordura se formou por cima de um dos traumas.

Os abusos aconteciam sempre à tarde, quando ela chegava da escola e a mãe e o padrasto ainda estavam no trabalho. A mãe ficou viúva muito cedo, quando Nívea tinha apenas um ano de idade. Funcionária do Tribunal de Justiça de Belém, no Pará, a mãe era formada em Pedagogia e começou a faculdade de Direito à noite, casando-se novamente com um também funcionário do Tribunal. Como o casal trabalhava à tarde, a solução foi contratar uma babá para a pequena Nívea.

Mãe e padrasto só começaram a desconfiar dos abusos muito tempo depois, alertados por uma vizinha, que contou o quanto a criança chorava durante a tarde inteira, quando eles não estavam em casa. O alerta se tornou ainda mais forte depois de um episódio ocorrido no carro da família, quando, na frente deles, a babá teve um acesso de fúria e arrancou a cabeça de uma boneca da criança violentamente. A mãe resolveu ter uma conversa com a filha, entrou no quarto, fechou a porta e perguntou: "Agora você vai me dizer: ela fez alguma coisa com você? Eu sou sua mãe, você tem que confiar em mim". A menina, então, contou tudo.

Fico imaginando a dor de uma mãe batalhadora, dedicada e amorosa ao descobrir como a filha tinha medo de contar a ela o quanto sofreu, ficando calada durante tanto tempo. A babá foi confrontada e admitiu os abusos, dizendo que fez tudo aquilo porque o namorado continuou no interior e ela "sentia falta de sexo".

As desculpas que homens e mulheres dão para violentar alguém sexualmente são, de fato, as mais estapafúrdias. Há quem alegue que é brincadeira, ou que entendeu que a vítima estava gostando, ou que "não conseguiu resistir". Há também ocorrências de homens que estupram lésbicas para "ensiná-las a gostar de homem". A verdade é que as principais motivações do estupro são, como já foi exposto aqui, o poder e o controle, e as mulheres, embora em menor número, também podem reproduzir a cultura do estupro presente na sociedade e procurar se impor por intermédio da violência sexual.

Apesar da confissão, a criminosa não foi para a cadeia. A família foi orientada por uma psicóloga a não procurar a polícia, pois os exames que seriam realizados na criança poderiam ser ainda mais traumáticos, além da repercussão pública que o caso certamente teria. A babá, então, foi mandada de volta para sua cidade natal, mas a vida da família mudou. O padrasto desceu de patamar na carreira e foi trabalhar à noite, para ficar à tarde com a filha, e fez o sacrifício para que a esposa conseguisse terminar a tão sonhada faculdade e aumentar o rendimento da família, o que de fato aconteceu, alguns anos depois.

Depois disso, a vida da família de Nívea pareceu entrar novamente nos trilhos, os três se uniram mais do que nunca, e, com o tempo, a dor foi ficando mais branda. Por orientação da psicóloga, a menina começou a praticar atividades físicas e se encontrou na dança. Anos mais tarde, seguindo os passos dos pais, entrou para a faculdade de Direito, mas, no ano em que se formou, a mãe morreu de câncer. O padrasto, que ela considerava um pai, se mudou para outra cidade e não acompanhou de perto o que iria acontecer a seguir.

Tempos depois, Nívea se apaixonou e se casou com um homem que descreveu como "supereducado". "Até mesmo a voz dele era aveludada", ela me conta. Porém, após poucos meses de convivência, quando já estavam casados, ele começou a mostrar um comportamento bastante diferente. Quando ficou grávida da primeira filha, ela descobriu que era traída e fez vista grossa, pois temia ter de criar a criança longe do pai. Quando a menina fez três anos, o marido começou a pressioná-la para que engravidasse uma segunda vez, e, na esperança de fortalecer o relacionamento e os laços familiares, ela concordou e logo estava esperando mais um filho. Porém, descobriu que aquela sua segunda gestação teria complicações.

Ela relembra: "Quando eu estava de quatro meses, minha placenta se colocou na frente do colo do útero, então minha gravidez passou a ser de risco. Eu tive de fazer repouso e um procedimento clínico para segurar o feto, e uma das coisas que a médica falou é que eu não poderia ter relações sexuais com penetração. Se por acaso minha placenta estourasse, eu morreria de hemorragia interna e a criança iria embora junto comigo. Nós duas morreríamos".

Em uma gestação normal, a placenta fica no fundo do útero, que é a parte mais alta do órgão. O que Nívea teve é chamado de "inserção baixa de placenta", que é quando a placenta se desloca para baixo, na direção do colo do útero, a área que fica em contato com o fundo do canal da vagina. A placenta é repleta de vasos sanguíneos, que levam oxigênio e nutrientes para o bebê. Em uma relação sexual com penetração, o colo do útero pode ser atingido pelo pênis, o que, em uma situação delicada como essa, pode provocar uma hemorragia grave, fatal para a mãe e para o bebê.

Ela, então, ficou em repouso e obedeceu ao conselho da médica, mas apenas até o sétimo mês de gravidez, quando o marido resolveu que não iria mais seguir o que a médica havia indicado. "Dos quatro meses de gestação em diante", ela me contou, "a gente fez sexo de outros jeitos. Só que, quando eu estava com sete meses, ele decidiu que não queria mais dos outros jeitos, que tinha que ser da maneira tradicional, com penetração. Eu entrei em desespero."

Bem baixinha, com um metro e quarenta de altura, ela começou a lutar com o marido de um metro e oitenta para tentar impedi-lo de penetrá-la. Foi uma briga desigual, mas muito feroz. Ela se defendeu como pôde, até que ouviu as famosas palavras, que funcionaram como um gatilho para memórias doloridas do seu passado: "Fica quieta, senão vai ser pior!".

Então ela ficou quieta.

A mesma frase. As mesmas palavras. E o marido sabia, porque conhecia em detalhes a história que tinha marcado a infância de Nívea. Em um requinte de crueldade, talvez inconsciente, ele conseguiu imobilizar a mulher com a força daquelas palavras, mais do que com sua força física.

"Nesse momento, foi como se eu tivesse morrido, sabe?" Não sei, Nívea, mas imagino.

É importante sempre lembrar que, em um episódio de abuso, deixar de lutar não é consentir. A prostração pode ser causada pela sensação de impotência, pelo fato de a mulher considerar que não há solução ou saída, que a única opção é tentar fingir que não está ali e fazer com que todo aquele tormento acabe o mais rápido possível. Além de tudo isso, ainda há o medo de morrer se continuar resistindo. Deixar de lutar pode significar muitas coisas na cabeça de quem sofre violência sexual, mas não é — e nunca será — consentimento.

Quando o estupro acabou, Nívea se levantou da cama e uma poça vermelha se espalhou por um metro quadrado do chão do quarto. Ela conseguia ouvir até mesmo o barulho dos pingos de sangue caindo no piso, e achou que o bebê estava no meio daquela poça de hemorragia. Pensou até em procurar por ele, mas não tinha mais reação. Sentia-se como um zumbi. Foi levada pelo marido para o hospital e imediatamente internada na emergência. Ela contou, na internação, que a hemorragia tinha acontecido de repente, pois já era uma gravidez de risco, mas não mencionou a agressão. Ela não havia perdido o bebê, mas o médico a proibiu de se levantar da cama, receitando remédios para ajudar na formação do pulmão da criança, providência que precisa ser tomada quando há risco de parto prematuro.

Nívea foi acompanhada de perto pelo marido o tempo todo durante a internação de emergência, pois ele tinha medo de que ela contasse o que de fato tinha acontecido. Porém, ela estava tão preocupada em sobreviver e em não perder a criança, que nem pensou em denunciá-lo. Assim que pôde, o marido pressionou o hospital, assinou um termo se responsabilizando pela vida da esposa e a levou para casa, para fugir das perguntas dos médicos. Como era esperado, o nenê nasceu prematuro, mas sobreviveu.

Nívea passou as primeiras semanas ao lado do recém-nascido ainda em choque. Só se levantava para cuidar das duas crianças porque não tinha mais ninguém que o fizesse. Ainda demorou um ano e meio para se separar do marido, e nem ela sabe quais foram os motivos que a fizeram passar ainda todo esse tempo ao lado dele. Seu filho, um verdadeiro sobrevivente, hoje é um menino lindo e carinhoso, que não ficou com nenhuma sequela da violência que ele e a mãe sofreram antes mesmo de seu nascimento.


Assim como Nívea, encontrei algumas mulheres que tiveram dificuldade em romper o relacionamento com seu agressor. Uma delas foi estuprada pelo namorado e depois ainda ficou noiva dele, e até hoje também não entende o motivo pelo qual tomou essa decisão.

À primeira vista, parece lógico que qualquer mulher teria o desejo de se livrar o mais rápido possível do homem que a violentou. Os motivos que a levam a permanecer ao lado do parceiro que a estuprou são muitos e variam caso a caso, como o medo ou a necessidade, seja financeira ou afetiva. Há muitas esposas, namoradas ou companheiras, também, que naturalizam a violência dos homens, acham que "é assim mesmo", e por isso podem, inclusive, demorar a se dar conta do que de fato aconteceu. Há também as que querem "dar uma oportunidade", como se o agressor pudesse tratá-las bem e, com isso, "consertar" um pouco do passado.

Da mesma forma que muitos homens desconhecem que pode haver estupro dentro do casamento, muitas mulheres, quando são abusadas por alguém com quem já mantêm ou mantiveram relações sexuais, custam a entender o que ocorreu como um crime, e, em outra reação perversa, ainda são cobradas por isso. Perguntas como "Ah, por que não denunciou?" são usadas para desacreditar a história, e ainda há os comentários do tipo: "Se ainda continuou com ele, é porque deve ter gostado". Mesmo que não seja dito em voz alta, elas sabem que é isso o que pensam muitas pessoas que fazem parte do seu convívio. Quando o estuprador é alguém tão próximo e de confiança, é normal ter sentimentos confusos, mas isso não torna ninguém menos vítima. Muito pelo contrário.

Por causa dos filhos, Nívea permanece convivendo, ainda que de forma esporádica, com o ex-marido estuprador. Certo dia, ela tomou coragem e o confrontou sobre o que aconteceu, mas ele simplesmente afirmou que não se lembrava de nada daquilo. Ao que tudo indica, sua memória é bastante seletiva. Ela me contou tudo isso com o distanciamento que os anos trazem, mas, mesmo assim, chorou do começo ao fim de seu depoimento.

É difícil chegar ao número exato dos casos nos quais o estuprador foi o marido, o namorado ou o companheiro. As estatísticas sobre essa questão ainda são mais precárias que os dados dos estupros em geral. Um exame das informações recolhidas pelo Fórum Brasileiro de Segurança Pública, em 2018, focadas nas vítimas com dezesseis anos de idade ou mais, mostra que 82% dos registros não trazem qualquer indício sobre a existência ou não de algum vínculo entre o agressor e a vítima, indicando mais um sintoma do tabu que é a agressão sexual quando o estuprador é um homem para quem a mulher já disse sim em um relacionamento.

Pesam nessas estatísticas a resistência em denunciar o próprio marido ou namorado e o discernimento sobre até onde um homem pode ir quando quer sexo com a companheira. Muitas pessoas, independentemente do gênero, no Brasil afora, ainda acham que ter relações sexuais é um direito, mesmo que a outra parte, geralmente a mulher, não queira. O companheiro estuprador tem o perfil de quem acredita que pode obter o que quer pela força bruta e nunca aceita um não como resposta. Muitas mulheres também acham que têm a obrigação de ceder, mesmo contra sua vontade.

O estado da Bahia tem um premiado programa da Polícia Militar chamado "Ronda para os homens", que promove encontros e palestras para capacitar agentes de segurança a lidarem com a violência contra a mulher. A diretora do Fórum Brasileiro de Segurança Pública, Samira Bueno, conta que acompanhou um desses treinamentos no interior da Bahia e ficou surpresa ao ver como o conceito de estupro dentro do casamento ainda é desconhecido, até mesmo por quem tem como profissão o cumprimento da lei.

Ela presenciou um episódio que chamou sua atenção quando acompanhou um treinamento de reciclagem de uma turma da Guarda Municipal no interior do estado. Os policiais que receberam o treinamento já tinham, todos, sem exceção, mais de 45 anos, e já estavam havia muitos anos em serviço.

Nesse projeto, os PMs que ministravam os cursos utilizavam uma linguagem bastante didática, e havia uma série de conversas ao longo do curso, que eles descreviam como "papos de homem para homem". Ao falar sobre estupro, os responsáveis pelo treinamento explicaram: "Isso serve para você fazer o atendimento e também para a sua casa. Se sua esposa não quiser se deitar com você, ela não é obrigada, não. Forçar a barra é estupro, viu? Isso é crime".

O espanto na plateia foi geral! "Ué, mas a mulher é minha!", muitos retrucaram. Os policiais, então, voltaram a explicar que, mesmo que a mulher seja a esposa, a companheira ou a namorada, ela não é obrigada a ter relações sexuais com o parceiro. Se ela disser que não quer e o homem forçar, seja ele quem for, isso é crime. É impressionante, mas os próprios guardas não sabiam o que diz a lei. E o bom senso.

Foi-se o tempo em que a esposa era propriedade do marido. O Código Civil ainda estabelece obrigações conjugais, mas o sentido é outro. A lei fala em fidelidade, vida em comum no domicílio conjugal, mútua assistência, respeito e consideração, isso tanto para o marido como para a esposa, valendo para os dois lados. Por muito tempo, o chamado "débito conjugal" foi interpretado erroneamente como obrigação de fazer sexo, mas, mesmo nessa interpretação, o não cumprimento dessa "obrigação" pode, no máximo, embasar um pedido de divórcio ou a anulação do casamento. Nenhuma lei autoriza, nem jamais autorizou, ninguém a forçar sexo com outra pessoa, ainda que seja cônjuge. Isso é crime de estupro, e talvez o tipo de estupro mais difícil de ser provado, mas, mesmo assim, continua sendo crime. É preciso que todos saibam disso.


Como mencionei no início deste capítulo, entre tantos relatos difíceis e corajosos que ouvi, o caso de Nívea me impressionou muito. É espantoso como, depois de passar por toda a dor que sofreu, de ser violentada em duas fases da vida, uma delas ainda criança, outra anos mais tarde, quando vivenciava uma gravidez de risco, situação em que a mulher já se sente normalmente fragilizada, ela não se deixou definir por essas agressões. Ela foi violentada por pessoas em quem confiava, que deveriam se importar com ela e estar ao seu lado para apoiá-la. Mesmo assim, é feliz, e afirma isso com todas as letras e sem pensar duas vezes. Quantos de nós podemos fazer o mesmo?

No fim de nossa conversa, perguntei a ela qual era seu conceito de felicidade, e ela me disse: "Eu acho que muito da felicidade é valorizar o que você tem. Eu fiquei com a melhor parte. Saí com um 'despojo de guerra': meus filhos. As cicatrizes trazem paixão para a sua vida. Eu continuo acreditando no casamento, continuo acreditando no amor, sabe? Graças a Deus, essas coisas não roubaram a minha doçura".

Graças a Deus mesmo, querida Nívea!

## Capítulo 5

## Não era para ele ser um segundo pai?

Quando resolvi escrever este livro sobre a cultura do estupro no Brasil, pensei em não abordar casos de pedofilia, pois achava que o abuso contra crianças era algo que pertencia a outro campo de abordagem. Entretanto, precisei rever minha posição ao constatar uma triste verdade: a esmagadora maioria de ocorrências desse tipo de crime é justamente contra menores de idade.

O último Atlas da Violência, divulgado em 2019 pelo Fórum Brasileiro de Segurança Pública, mostra que, de 66.041 episódios de estupro em 2018, 71,8% foram contra crianças e adolescentes com menos de dezoito anos. As crianças com até treze anos são os maiores alvos, sendo pouco mais da metade do total de casos (53,6%), e, em 18,2% das ocorrências, tinham entre catorze e dezessete anos.

Em comparação, a quantidade de abusos contra maiores de idade representa 32,1% dos registros, um número que mostra o quanto o estupro de meninas — consideradas ainda mais vulneráveis que suas contrapartes adultas — compõe a maioria das vítimas dos casos de violência sexual. Essa triste estatística, no entanto, não é a realidade apenas do Brasil. De acordo com pesquisas realizadas por entidades internacionais, a situação é semelhante em praticamente todo o mundo.

Ao mesmo tempo, as poucas estimativas que existem apontam que menos de 1% dos indivíduos na população sofrem do distúrbio psicopatológico da pedofilia, que é definido como "uma doença, um desvio de sexualidade, que leva um indivíduo adulto a se sentir sexualmente atraído por crianças e adolescentes de forma compulsiva e obsessiva", e isso pode levar ou não ao abuso. Como explicar, então, esses números tão alarmantes para o crime de estupro praticado contra menores de idade?

Apesar de a pedofilia ser uma perversão, um distúrbio, no Código Penal brasileiro não consta nenhum crime categorizado como pedofilia. Há, sim, os crimes de estupro, de abuso sexual de vulnerável, quando é cometido contra crianças. O Estatuto da Criança e do Adolescente também não trata a pedofilia em si como crime. A pornografia infantil é, sim, um crime: a produção e/ou a divulgação de imagens de conteúdo sexual envolvendo crianças. Ou seja, se um pedófilo faz tratamento mental ou, de alguma maneira, controla seus instintos e não abusa de nenhuma criança, não há crime, mas apenas a doença.

Um psiquiatra que entrevistei ao longo das pesquisas para este livro me contou que atendeu um senhor que tinha ímpetos de abusar do próprio neto. Esse homem sofria muito, tinha raiva de si mesmo e buscou o acompanhamento psiquiátrico. Ele seguiu à risca o tratamento: evitava ficar sozinho com o menino, controlava-se de todas as formas e nunca encostou um dedo no neto, que hoje já é adulto. É compreensível que a situação como um todo cause revolta e repulsa, porém, é preciso reconhecer que esse homem procurou ajuda para conter seus desvios e nunca cometeu nenhum abuso, jamais causando nenhum trauma ao neto. Esse é um típico caso de indivíduo que é pedófilo, mas que não se tornou um criminoso. É apenas uma pessoa doente.

Apesar de termos nos acostumado a chamar todo abusador de crianças de pedófilo, a verdade é que, em geral, e na imensa maioria das vezes, os estupradores de menores de idade não sofrem dessa doença, mas são simplesmente bandidos que escolhem uma vítima mais frágil, geralmente indefesa, que é a mais fácil de seduzir, coagir, chantagear e dominar à força. Imaginar que os que estupram crianças têm uma doença psíquica seria, inclusive, oferecer um atenuante para o crime bárbaro que essas pessoas cometeram, por uma imposição de poder que, nesses casos, já se materializa pelo simples fato de ser um adulto que pratica uma violência contra uma criança. Prevalece também o senso de oportunidade, especialmente quando o crime envolve membros da mesma família ou pessoas que têm uma relação próxima, pois é mais simples cometê-lo dentro da própria residência em que todos moram.

Outro ponto que faz com que menores de idade sejam considerados alvos mais acessíveis para os abusadores é que é muito difícil para uma criança denunciar seu agressor. A maioria das histórias só é descoberta pelo olhar atento de pais ou educadores, principalmente professores. Se mulheres adultas já têm medo e se sentem culpadas quando sofrem esse tipo de violência, sendo desacreditadas, imagine o que acontece no íntimo de uma criança. E ainda há o peso das ameaças e da proximidade com o agressor, que na maior parte dos casos é alguém da família. São tios, primos, avôs, padrastos e, infelizmente, muitos pais.

Conheci muitas dessas tristes histórias. Em algumas, as mães eram coniventes, e, em outras, verdadeiras heroínas em defesa das filhas. Existem parentes estupradores que foram merecidamente presos e outros que passaram a vida toda ou vivem até hoje sem nenhuma punição.

Começo mostrando alguns casos que envolvem padrastos, que representam uma relação quase sempre delicada. Nas novas formações familiares, encontram-se muitas variações dessa configuração. Há o padrasto amigo, mais querido que o próprio pai; há aquele rigoroso, que quer impor novas regras e acaba sendo detestado; há padrastos e enteados que se respeitam, mas mantêm certa distância. E, na maioria dos casos, há muito ciúme envolvido de todos os lados. A relação pode passar também por todas essas fases e, no fim, mesmo com seus altos e baixos, pode ser ótima. Diante de tantos homens que são padrastos incríveis, é difícil dar o mesmo nome para aqueles que entram para a família de uma mulher e abusam dos filhos dela — em geral, das filhas. Encontrei vários casos que me chocaram, principalmente pela falta de atitude das mães quando descobriram o crime.

A primeira entrevista que fiz com um padrasto estuprador aconteceu na sala da diretoria do conjunto de presídios de Bangu, no Rio de Janeiro. Eu me deparei com um homem magro, de 35 anos, que estava preso desde os 32, condenado pelo estupro da enteada adolescente. Mas ele não cometeu o crime sozinho. Ele me contou que já estava casado havia dois anos, tinha acabado de ter uma filha e achava que a esposa só dava atenção para o bebê. Um dia, depois de uma discussão do casal, a mulher saiu de casa e demorou para voltar, e aí aconteceu a primeira relação sexual com a enteada, uma menina de treze anos. Segundo o homem, o ato foi consensual, algo que não existe para a lei, segundo a qual qualquer relação sexual com pessoas com menos de catorze anos é considerada crime. A justiça entende que, até essa idade, um adolescente não tem discernimento para decidir sobre manter uma relação sexual, e, nesse caso do Rio de Janeiro ainda por cima, as investigações realizadas pela polícia apontaram para uma história bem diferente da versão dada pelo preso.

O caso veio à tona após uma denúncia ao Conselho Tutelar. Aos conselheiros, a menina contou que era estuprada não apenas pelo padrasto, mas também por um amigo dele. Os dois foram condenados no mesmo processo, e a mãe, acredite, continua casada com o estuprador da filha e o visita regularmente na cadeia.


Outro preso de Bangu me contou uma história ainda mais tenebrosa. Depois de quatro anos de casamento, achou que a enteada de treze anos estava se insinuando para ele. Aconteceu o primeiro estupro, e ele então contou para a mulher.

"Contei para minha companheira e ela acabou permitindo que houvesse um relacionamento entre nós três."

Sim, a menina de treze anos era estuprada pelo padrasto com a participação da própria mãe. A irmã mais nova, também fruto de um relacionamento anterior da mãe, assistiu a tudo e foi testemunha do caso. Pelo relatório da polícia, foram dezoito estupros.

Esse homem foi condenado com o agravante de ser padrasto. A lei diz que, quando o agressor é pai, mãe, padrasto, madrasta, tio, irmão, cônjuge, companheiro, tutor, curador, preceptor ou empregador da vítima, ou, por qualquer outro título, tem autoridade sobre ela, a pena deve ser aumentada em mais metade do tempo de condenação. Com esse acréscimo, o detento em questão foi sentenciado a 27 anos de reclusão. Ele já havia cumprido nove deles quando conversamos e esperava conseguir progressão de regime em mais dois. Pelo fato de o estupro ser considerado, de acordo com o Código Penal brasileiro, um crime hediondo, a pena necessariamente sempre tem que começar a ser cumprida em regime fechado, e há regras mais rígidas para a progressão para o regime semiaberto, quando o preso pode sair da cadeia durante o dia para trabalhar ou estudar e só precisa voltar para a penitenciária às dezoito horas. Se, para crimes comuns, a progressão do regime pode vir depois do cumprimento de um sexto da pena quando o detento apresenta bom comportamento, nos casos de crimes hediondos é preciso cumprir um tempo maior no regime fechado: pelo menos dois quintos da pena.

Enquanto esperava o tempo mínimo para tentar a progressão do regime, o estuprador com quem conversei em Bangu costumava receber na cadeia a visita de duas filhas biológicas, que têm idades próximas à da vítima. Disse que, com elas, nunca tentou nada, e que a enteada já tinha "corpo formado e era muito atraente", argumento muito comum entre estupradores, que acreditam que isso diminui o horror de violentar uma criança dentro da própria casa onde vive, no ambiente em que ela deveria se sentir mais segura. E, nesse caso, ainda com a conivência de quem mais deveria protegê-la, a mãe, que também foi julgada e condenada. Como o caso aconteceu antes da mudança da lei, a mãe, por ser mulher, não poderia ser enquadrada como estupradora. Antes de 2009, um crime sexual só era considerado estupro quando envolvia penetração do pênis na vagina e, portanto, pela lei, só homens poderiam ser considerados estupradores. Ela foi condenada por atentado violento ao pudor, recebeu uma sentença de nove anos de cadeia e já está em liberdade.


Gleice lembra até hoje de como ela e a irmã Jussara pediram socorro à mãe várias vezes e foram ignoradas. Moravam em uma casa pequena, no Recife, e as meninas dormiam em um beliche, na sala. Ao lado do beliche havia um pequeno sofá e, em frente, ficava a TV, à qual o padrasto ficava assistindo depois que a mulher ia dormir. As meninas caíam no sono e, quando isso acontecia, Gleice, que ficava na cama de baixo, era alisada a noite toda. Frequentemente acordava com a blusa levantada e com o padrasto apertando seus seios com força.

Jussara sofreu ainda mais. Conta que, desde os seis anos de idade, o padrasto inventava que ia dar banho nela só para ficar tocando suas partes íntimas, geralmente quando a mãe saía para o trabalho. E ele ameaçava: "Se contar o que aconteceu para sua mãe, ela vai sair para trabalhar no outro dia e você apanha". Mesmo assim, ela contava, mas a mãe nada fazia. Foram anos de abuso, até que Jussara cresceu e começou a enfrentar o padrasto e a mãe. "A senhora se casou com um estuprador!", dizia com todas as letras, e isso era repetido aos gritos em inúmeras discussões. A mãe, a quem as filhas sempre contaram o que acontecia, nessa hora ficava preocupada com o que os vizinhos iam pensar. No entanto, aquilo estava longe de ser uma surpresa para a vizinhança. O homem já era conhecido por ter feito um buraco na parede do banheiro da casa de trás, onde morava a cunhada, para poder ver as mulheres que ali viviam enquanto tomavam banho, incluindo algumas adolescentes.

O padrasto já está morto, porém Gleice acha irônico que, quando ele ficou doente, o primeiro sentido que perdeu foi a visão. A mãe ainda está viva, mas a convivência é pouca. "Minha mãe sabe que fracassou", Gleice me conta. "Tantas vezes eu e minha irmã contamos o que ele fazia, e ela continuou com ele, né? Ela falhou e é muito difícil, para mim, dizer isso para ela, mas é verdade."


Virgínia também não pôde contar com nenhuma proteção. A mãe, alcoólatra, não esboçou nenhuma reação quando o marido, no meio de uma festa realizada na casa da família, levou sua irmã, então com dez anos, para um quarto e a estuprou. Virgínia, na época com seis anos, viu o crime contra a irmã e saiu gritando pela rua. O homem fugiu. O Conselho Tutelar levou as duas meninas, e mais uma irmã mais velha, que estava com treze anos, para um abrigo, e de lá Virgínia não saiu mais. O estuprador escapou ileso e ela passou a infância em uma casa de acolhimento. Ele ficou livre, ela não. Quando conversamos, ela havia acabado de completar dezoito anos, já havia conseguido seu primeiro emprego e estava prestes a deixar o abrigo, com a esperança de finalmente começar a viver.

Virgínia ainda acompanha de perto a vida das irmãs. Ela me conta que a mais velha, a primeira a deixar o abrigo, virou prostituta. Essa triste realidade não é incomum, o que não quer dizer, claro, que a maioria das vítimas de estupro passe a se prostituir; porém, a maioria das prostitutas tem um histórico de violência sexual.

A pesquisa *Relação entre estupro e prostituição: uma análise exploratória*, conduzida em 2003 por psiquiatras das universidades de Michigan,

Washington, Loyola e da Califórnia, todas nos Estados Unidos, entrevistou 102 mulheres vítimas de abuso e descobriu que 23,5% delas começaram a se prostituir depois de sofrerem violência sexual. Esse fenômeno é ainda mais comum entre aquelas moças em situação social mais vulnerável: desempregadas, com filhos para sustentar e com menor grau de educação formal. São mulheres que também apresentam maior nível de estresse, problemas de saúde em geral e abuso de drogas e álcool. Entre essas mulheres que passaram a se prostituir após terem sido estupradas, 75% delas dizem que a entrada na prostituição está diretamente ligada à violência que sofreram, e explicam que encaram a atividade de fazer sexo por dinheiro como uma maneira de recuperar um pouco do controle sobre suas vidas e sobre seus corpos, ou seja, como um jeito de regular o acesso dos homens a elas.

A irmã que foi violentada começou um namoro com um homem mais velho quando ainda estava no abrigo. Quando saiu, ao completar dezoito anos, casou-se com ele e hoje tem uma filha. O estuprador, anos mais tarde, voltou à cidade e ninguém nem comentou muita coisa, o caso ficou por isso mesmo. É impressionante e triste como a sociedade indulta os estupradores. Quando perguntei a respeito de sua mãe, Virgínia me respondeu: "Não sei como ela está. Ela mora aqui perto do abrigo, mas não quero ter contato. Eu já tive muita raiva da minha mãe. Hoje, acho que perdoei, mas quero manter a distância, sabe?".

Como acontece com muitas vítimas de estupro, Virgínia, como irmã da vítima, também ficou com mais raiva de quem deveria proteger suas irmãs e ela do que do estuprador em si.

Este é um painel de casos de mães coniventes, que toleram maridos estupradores. Não é a regra, mas acontece muito. Seja por questões financeiras, culturais ou emocionais, elas abrem mão do papel de proteger as próprias filhas, e preferem manter o marido, pois ele paga as contas, ou simplesmente repetem aquela velha máxima de que "homem é assim mesmo", ou privilegiam os sentimentos que continuam tendo pelo companheiro. E, por mais chocante que possa parecer, há casos ainda piores: existem mães que têm uma relação ruim com as filhas adolescentes, e afirmam que foram as próprias meninas que seduziram os padrastos.

Há, ainda, filhas adolescentes que pensam estar apaixonadas pelo estuprador casado com a mãe. Foi exatamente um desses casos, tão complicados quanto cruéis, que ouvi na Ilha de Marajó, no Pará.

Marajó é a maior ilha costeira do Brasil e a maior ilha fluviomarinha do mundo, já que é banhada tanto por águas fluviais como pelo mar. Tem 42 mil quilômetros quadrados e vai da foz do rio Amazonas até o oceano Atlântico. O local é conhecido por suas belezas naturais, pelo maior rebanho de búfalos do Brasil, pelo turismo, mas não só por isso. Essa área gigantesca tem muitos contrastes, e também concentra muita miséria, com algumas de suas cidades figurando entre as que apresentam os piores índices de desenvolvimento humano no Brasil. Além disso, é tristemente famosa pelos inúmeros casos de abuso sexual contra crianças e adolescentes.

Várias reportagens já foram feitas sobre crianças que são exploradas sexualmente nas balsas das empresas de transporte que passam pela região levando caminhões carregados de mercadorias aos estados do norte do país. Muitas meninas se submetem aos abusos sexuais obrigadas ou até incentivadas pelos pais, e há famílias que têm até rádio para se comunicar com a tripulação das balsas e combinar a exploração das crianças. Mas há, também, meninas que se deixam abusar por iniciativa própria, porque não suportam mais passar fome ou ver a família sem ter o que comer. Trocam sexo por comida, por dinheiro ou por óleo diesel, que tem grande valor para os moradores do Marajó, que precisam do combustível para os motores dos barcos — já que esse é o meio de transporte oficial da região, onde as estradas e ruas são escassas e malconservadas — e para alimentar os geradores, que são a principal fonte de energia elétrica na maior parte da ilha. A grande força motriz dos abusos sexuais no Marajó é a extrema pobreza da região aliada à impunidade, apesar das inúmeras denúncias e dos flagrantes.

Em 2017, entretanto, em um caso inédito, uma empresa de transportes foi condenada após um flagrante de crianças sendo exploradas a bordo de uma balsa. O caso, porém, não foi levado para a esfera criminal. A condenação veio apenas da Justiça do Trabalho, que havia firmado um acordo com as empresas em 2013 para orientar comandantes e tripulantes a não permitirem sequer a entrada de menores de dezoito anos nas embarcações de carga, a instalarem câmeras de vídeo para coibir a exploração sexual e fixarem em locais visíveis cartazes com a mensagem "Exploração sexual e tráfico de crianças e adolescentes são crimes. Denuncie já.", acompanhada dos números de telefone do disque-denúncia.

Essas medidas, infelizmente, não surtiram muito efeito. Em 2015, durante uma blitz no rio Tajapuru, no Marajó, foram encontrados adolescentes e crianças a bordo de uma balsa da empresa. Muitos, quando viram a polícia, pularam na água e fugiram em canoas que estavam ao redor da embarcação. Duas meninas foram encontradas escondidas embaixo de um caminhão, e com uma delas estava uma sacola com camisinhas e lubrificantes. Por considerar que a empresa J. Sabino Filho & Cia LTDA. descumpriu o acordo, a juíza Elinay Ferreira de Melo condenou a transportadora a pagar uma indenização de 500 mil reais, a ser revertida para o Fundo de Amparo ao Trabalhador. Até 2019, apenas 70 mil reais da empresa haviam sido bloqueados. Na esfera criminal, não houve condenação e o caso foi arquivado por falta de provas.

Para completar o quadro de descaso, o delegado que participou da operação voltou ao mesmo rio três meses depois para investigar crime de pirataria e viu uma daquelas meninas encontradas no flagrante debaixo do caminhão. Ela estava perto de uma balsa de combustível, remando sozinha em uma canoa sem motor, enquanto um tripulante atirava pacotes de biscoito para ela. Alguns caíam na água e ela se esforçava para pegá-los. O delegado foi atrás da menina e encontrou o pai dela na beira do rio com seiscentos reais, e com esses elementos ficava claro concluir que a garota continuava a ser explorada sexualmente. Apenas três meses depois da operação policial, que deveria ser o começo da libertação dessa menina, ela estava de volta à mesma situação. Essa é a parte do Marajó que fica fora da rota do turismo — que tem cidades miseráveis, isoladas, onde o Estado não chega e onde muitas famílias sobrevivem da colheita do açaí e da pesca, mas muitas outras exploram suas filhas pequenas. Quatro anos depois da operação policial, essa menina já é mãe.

A exploração sexual a bordo das balsas tem uma conexão muito clara com os incestos e estupros que acontecem dentro das famílias do local. Uma CPI realizada pela Assembleia Legislativa do Pará, concluída em 2010, investigou 146 denúncias de exploração sexual de crianças e adolescentes. A CPI foi instaurada a partir de denúncias feitas pelo bispo do Marajó, José Luiz Azcona Hermoso, para a Comissão de Direitos Humanos da Assembleia Legislativa.

Os deputados ouviram vítimas, testemunhas e acusados em audiências realizadas em quarenta cidades do estado, e encontraram casos absurdos, como o de uma avó, em Conceição do Araguaia, que foi à polícia denunciar o estupro da neta adolescente, que havia ficado grávida, e ouviu do próprio delegado que deveria voltar para casa e se entender com o estuprador.

Algumas das sessões dessa CPI trouxeram evidências tão fortes que terminaram com a decretação da prisão imediata dos acusados. Foi o caso de um homem que denunciou o próprio pai pelo estupro da filha, ou seja, a neta do acusado. O estuprador era um homem poderoso na cidade de Itaituba, ligado ao garimpo. Com o delegado, o promotor e o juiz responsáveis pelo caso, além de representantes da Ordem dos Advogados do Brasil presentes na audiência, a prisão provisória foi decretada logo após o depoimento do pai da vítima. Ao saber da decisão, o acusado fugiu.

Mesmo assim, a CPI trouxe avanços quanto à punição dos culpados. No período investigado, entre 2005 e 2009, o Tribunal de Justiça do Pará havia condenado apenas dezessete pessoas por estupro de crianças e adolescentes. Já em 2010, no ano em que a CPI trouxe o assunto à tona, foram 93 condenações pelo mesmo tribunal. Ou seja, em apenas um ano, o número de sentenciados foi cinco vezes maior que no período dos cinco anos anteriores. A CPI pediu o indiciamento de 56 pessoas por suspeita de crime e 26 prisões provisórias. Oitenta por cento dessas prisões foram de fato confirmadas pela Justiça. No acompanhamento realizado pelos deputados, até um ano depois da conclusão das investigações, em 2011, essas prisões seguiam confirmadas. O relator da CPI, o então deputado Arnaldo Jordy (Cidadania, PA), conta que a investigação também trouxe resultados como a criação de mais delegacias especializadas em atendimento a crianças e adolescentes, de varas da infância na Justiça do estado, a compra de equipamentos como carros, computadores e impressoras para os conselhos tutelares e a expansão para mais municípios do ProPaz, um programa estadual que alinha iniciativas para a proteção de crianças e adolescentes e incentivo à educação e à cultura.

Mas o desafio ainda é gigantesco, em especial pelo cenário encontrado em muitas famílias. Uma das conclusões mais esclarecedoras da investigação é que a maioria das crianças e adolescentes explorados sexualmente nas barcas é também vítima de estupro por parentes ou pessoas ligadas às suas famílias. A violência sexual dentro de casa autoriza e naturaliza a exploração dentro das balsas, e vice-versa.

Foi também no Marajó, na cidade de Muaná, que encontrei o caso que relato a seguir, no qual a vítima foi envolvida emocionalmente pelo padrasto estuprador.

Nádia tinha o caderno da escola recheado de declarações de amor para o padrasto Jorge, com direito às inseguranças típicas da adolescência e a uma disputa com a mãe. Em determinada página, ela escreveu: "Você nunca gostou de mim, né, Jorge? Eu sei que você sempre gostou da mamãe, não é? Sim ( ) Não ( )". Ela mesma marcou um x no não.

Em outra página estava escrito: "Eu gosto é de ti, amor, eu quero que ela nem fale comigo, eu te amo muuuuuuuuito bem alto eu te amo". Com a mesma letra de criança, ela escreveu a resposta embaixo: "Eu também te amo, tá, meu amor? Te amo muito muito mesmo". E assinou: "Jorge".

As declarações aparentemente infantis se misturavam com outras que insinuavam muito mais que um amor platônico. Entre outras frases, havia: "Meu amor, depois queria transar, quero até tomar banho junto com você".

A história começou quando Jorge tinha uma barraca de doces em frente a uma escola no Marajó. Vivia rodeado de crianças e tinha muitas fotos delas no celular. Fez amizade com Nádia, na época com oito anos, e com Viviane, a irmã dela, um ano mais velha. Passou a levar as duas para tomar banho de rio, e os abusos sexuais começaram a acontecer. Por intermédio das meninas, conheceu a mãe delas e os dois se casaram. Ao que tudo indica, para ficar mais perto das garotas e ter mais controle sobre elas.

Nádia, que começou a ter vida sexual com o padrasto aos oito anos de idade, realmente achou que tinha um romance com ele. Um dia, três anos depois, chegou da escola e encontrou a mãe e o marido deitados na cama conversando. Ela, então, partiu para o confronto: "Jorge, fala para a mamãe o que tem entre a gente!". A mãe perguntou o que estava acontecendo, e Jorge simplesmente permaneceu calado, mas a menina declarou com todas as letras: "É porque eu tenho relação com o Jorge e ele não conta para a senhora".

A mãe se descontrolou, embora seja difícil afirmar se o motivo para aquele comportamento foi saber que seu próprio marido estava mantendo relações sexuais com a filha, que estava com onze anos, ou saber da traição de Jorge. Ela pegou um cabo de vassoura e começou a espancar o homem. Nádia, porém, entrou na frente para defendê-lo! Acabou apanhando também. O escândalo chegou ao Conselho Tutelar, onde Nádia deu um depoimento chorando e negando tudo para inocentar o padrasto estuprador. Depois disso, fugiu de casa com ele.

O Conselho Tutelar apurou que, apesar de terem apenas oito e nove anos de idade quando tomaram seu primeiro banho de rio com Jorge, antes mesmo que ele se tornasse padrasto de ambas, aquela não havia sido a primeira relação sexual das irmãs. O Conselho descobriu que, alguns anos antes, a mãe vendia as filhas para um vizinho de sessenta anos, que pagava para estuprar as duas. A essa altura, o vizinho já havia morrido e a investigação do caso não foi adiante. A mãe não recebeu nenhuma punição. Já Jorge teve a prisão decretada a partir da denúncia do Conselho Tutelar e hoje está foragido. Nádia também nunca mais foi encontrada.

Apesar da coleção de fotos de menores de idade que ele tinha no celular, não foi realizada nenhuma avaliação psicológica para indicar se Jorge era um pedófilo de fato ou apenas um bandido sem nenhum distúrbio psiquiátrico, que se aproveitava da fragilidade de crianças. Como mencionei no início deste capítulo, é importante esclarecer que nem todos os abusadores de crianças têm o distúrbio mental da pedofilia, que é a atração sexual preferencial ou exclusiva por crianças. A esmagadora maioria deles é apenas covarde e escolhe a vítima mais fácil de dominar, envolver ou ameaçar.

A Associação Americana de Psiquiatria estabelece parâmetros que são usados no mundo todo para o diagnóstico da pedofilia. O pedófilo é aquele que tem fantasias ou mantém atividades sexuais com menores de catorze anos por pelo menos seis meses. Quando não coloca suas fantasias em prática, o doente mental sofre intensamente ou tem dificuldades de relacionamento. Além disso, segundo os especialistas, para ser considerada pedófila, a pessoa precisa ter no mínimo dezesseis anos de idade e ser pelo menos cinco anos mais velha que o alvo de seus desejos.

Há uma exceção, porém, para pessoas que estão no fim da adolescência e que se relacionam com parceiros de doze ou treze anos. Esses casos, pelos parâmetros da Associação Americana de Psiquiatria, e adotados também aqui no Brasil pelo Manual de Diagnóstico de Transtornos Mentais, não configuram pedofilia. Não há uma explicação na norma do motivo dessa exceção, mas acredita-se que seja porque namoros entre adolescentes de doze ou treze anos com pessoas por volta dos dezoito ou dezenove anos são relativamente comuns e socialmente aceitáveis, não indicando que o adolescente mais velho tenha o distúrbio da pedofilia. Mas vale lembrar que, pela lei, ter relações sexuais com menores de catorze anos é sempre considerado estupro de vulnerável, não importa a idade da outra pessoa envolvida. Inclusive, um menor de idade de quinze ou dezesseis anos, por exemplo, que mantenha relações sexuais com alguém menor de catorze anos pode ser condenado a cumprimento de medida socioeducativa, mesmo que o sexo não tenha sido realizado à força. Nesses casos, não existe pedofilia, mas existe o crime de estupro.

Aliás, pedófilos que chegam a abusar de crianças, em geral, não usam a força. Preferem seduzir. E, para isso, procuram empregos em que fiquem próximos de crianças, como em escolas e clubes. Também usam a internet para assediar as vítimas e trocar pornografia infantil com outros pedófilos.

A estimativa da Associação Americana de Psiquiatria é de que a pedofilia possa atingir de 3% a 5% dos homens, e uma pequena fração disso de mulheres, embora o número exato não seja divulgado. Assim, fica evidente que o percentual de pedófilos é muito menor que o percentual de homens que estupram crianças. Ainda mais se considerarmos que, entre os portadores do distúrbio da pedofilia, há aqueles que abominam sua condição, buscam tratamento e jamais colocam suas fantasias em prática. O Instituto de Psiquiatria do Hospital das Clínicas em São Paulo oferece vinte vagas para o atendimento de pessoas que sofrem desse distúrbio. Quando um desses pacientes supera a fase mais crítica, ou seja, afirma sentir menos angústia e apresenta autocontrole sobre os impulsos sexuais voltados para crianças, passa a vaga para outra pessoa. Esses pacientes, entretanto, não chegam nunca a ter uma alta completa. A quantidade de medicamentos prescritos pode diminuir, assim como a frequência das consultas, mas eles precisam seguir com o atendimento psicoterápico pelo resto da vida, para evitar recaídas. O Hospital das Clínicas acompanha dezenas de pessoas nessa situação, e a maioria busca atendimento por conta própria. São raros os casos de estupradores de crianças presos que realmente são portadores de pedofilia e são encaminhados para tratamento pela Justiça.

O tratamento é feito com psicoterapia para reorientar a sexualidade e com medicamentos como antidepressivos e antipsicóticos em altas doses, fortes o suficiente para inibir a libido. Ao contrário do que acontece, por exemplo, na Rússia, e em alguns estados norte-americanos, no Brasil a lei não permite a chamada castração química, em que são utilizados hormônios para diminuir a produção de testosterona. Os medicamentos usados aqui apenas inibem o desejo sexual. Qualquer que seja o método, o tratamento da pedofilia é para sempre. A medicação pode até ser retirada depois de meses ou anos, dependendo da resposta, mas o paciente segue sendo portador do distúrbio por toda a vida e precisa de acompanhamento psicológico.

As causas da pedofilia ainda são um mistério. Algumas pesquisas encontraram alterações na estrutura e no metabolismo do cérebro. A Associação Americana de Psiquiatria relata que perturbações no desenvolvimento neurológico de uma pessoa ainda no útero da mãe podem predispor ao distúrbio. Há estudiosos que propõem que a testosterona predispõe os homens a desvios no comportamento sexual, e a maioria dos pedófilos declara que foi vítima de abuso sexual na infância. Entretanto, não há uma relação comprovada entre abuso sexual infantil e pedofilia, e também, na maior parte dos casos, não é possível averiguar a veracidade desses relatos.

Outra observação importante é que, mesmo nos poucos casos em que se constata o transtorno da pedofilia, na esfera judicial isso não serve como atenuante para o crime de estupro. Pelo contrário: o estupro de menores de idade tem uma pena maior. É preciso também ter em mente que, como já mencionado, a lei brasileira não prevê o crime de pedofilia, mas sim o crime de abuso sexual e de produção e compartilhamento de imagens eróticas envolvendo crianças. A legislação pune ainda atos libidinosos, como observar, com caráter sexual, crianças sem roupa ou assediar menores em bate-papos virtuais.

Voltando ao caso da adolescente que fugiu com o padrasto, na minha passagem pelo Marajó, conversei com a irmã de Nádia, Viviane, na ocasião uma adolescente de dezesseis anos. Para minha total surpresa, descobri que ela havia se casado com o irmão do padrasto e era mãe de um filho, do qual não se sabe ao certo quem é o pai — segundo Viviane, a criança pode ser do marido ou de um vizinho. Para a polícia, Viviane contou toda a história que relatei aqui. Para mim, entretanto, negou que houvesse sofrido qualquer tipo de violência e disse que só a irmã foi abusada. Parecia querer fugir da própria história e inventar para si mesma um novo passado.

No Rio de Janeiro, a delegada Cristiane Bento recebeu um vídeo anônimo de um morador de uma favela que, de cima da laje de sua casa, flagrou o vizinho abusando da enteada de onze anos. As imagens não deixavam dúvidas sobre o que estava ocorrendo.

A polícia montou uma operação para encontrar a vítima e levou a menina franzina e doce para a delegacia. Lá, ela contou sobre sua rotina de abusos, e a história fez com que os policiais, acostumados a lidar com todos os tipos de violência e mazelas humanas, chorassem copiosamente. A delegada deu um abraço na garota e tentou confortá-la: "Parabéns, você falou! Está se sentindo mais leve? Está se sentindo pelo menos um pouquinho melhor agora? Sua mãe vai gostar de saber que você está falando a verdade. Ela não vai ficar triste. Você tem que contar para ela". A menina nunca havia contado porque o padrasto fazia ameaças, dizia que ia matar a mãe se ela falasse o que acontecia.

Mas, depois da conversa com a delegada, a menina criou coragem. A mãe foi chamada e, na frente dos agentes, ouviu o relato da filha. Para o choque de todos os policiais, a mãe ficou revoltada... com a menina! "Você não está mentindo não, né?", a mulher não parava de repetir. A menina olhava para a delegada, sem entender o que estava acontecendo. A mãe não ia ficar feliz? Não era para falar a verdade? Só depois, quando houve a audiência na justiça, aquela mãe percebeu. Quando o homem foi condenado, ela entendeu que a filha tinha sido estuprada e, então, se separou do marido bandido.

A culpa de um estupro é sempre do estuprador, sempre, única e exclusivamente, mas a conivência das mães faz o estrago ser muito maior. É notório que, quando as mães saem em defesa das filhas, o peso do trauma diminui de forma considerável. A criança sente que tem quem a proteja. E não há nada que justifique tolerar um estupro, ainda mais contra sua própria filha.

Também no Rio de Janeiro, uma mãe deixou uma carta emocionada de agradecimento à delegada Cristiane Bento. Aliás, é um alento ver o trabalho dessa policial. Crimes de estupro já têm uma investigação difícil. Na maioria dos casos, faltam provas físicas. E ainda há o preconceito que muitas vítimas encontram entre os próprios policiais. Imagine o que significa ter uma policial que vai atrás de acusados de estupro em áreas de risco, dominadas pelo tráfico, lugares onde entrar por qualquer motivo já é arriscado e onde poucos se atrevem a colaborar contando o que sabem. Pois foi também em uma favela que a delegada prendeu um padrasto estuprador a partir da denúncia da mãe, uma mulher viciada em crack, que foi presa pela delegada por tráfico de drogas — a mulher vendia crack para sustentar o próprio vício. Antes de ir para o presídio de Bangu, na Zona Oeste do Rio de Janeiro, deu todas as coordenadas para a polícia prender o marido, que abusava da filha de apenas cinco anos. E deixou a seguinte carta para a delegada:

> *É por meio desta que eu quero que saiba o quanto tenho chorado por saber que eu vou para a cadeia. Que medo, que horror! Tenho motivo para te odiar, mas, minha querida, você é uma mulher reconhecida, uma delegada, uma mulher de fibra, não é boazinha, mas também não é ruim. Choro porque vou ser presa, mas sou feliz por ter conhecido você e você ter enquadrado o monstro que estuprou a minha filhinha. Quando eu cheguei hoje e vi a senhora segurando com carinho a minha Elaine nos braços, me senti radiante e feliz. Meu coração se encontra feliz por ter colocado aquele homem no seu devido lugar e, talvez, eu também, ainda que eu não ache que mereça ir para Bangu VI. Mesmo assim, obrigada por tudo. Que Deus abençoe você. Indo para Bangu.*

Mesmo nas condições mais adversas, uma mãe, quando quer, consegue mover montanhas para proteger a própria filha.

## Capítulo 6

## A família é mais importante que eu?

Francisca e a irmã Fabiane são duas jovens bonitas. Lindas, na verdade. Cheias de vida pela frente, têm, respectivamente, 21 e 22 anos, e quando se encontram para bater papo, geralmente a conversa recai em um mesmo assunto: planos para matar o tio José. As duas investem tempo e imaginação para traçar estratégias e já chegaram até a iniciar os preparativos para executar o crime.

"'Eu quero matar ele... Eu quero matar, eu quero fazer isso', eu sempre repetia. E minha irmã me apoiava: 'Bora?'. Uma vez, conseguimos armas, outra vez nos drogamos para ter coragem suficiente para ir atrás dele, e oportunidade não faltou. Mas, em todas as vezes, quando chegou a hora... eu não consegui fazer, sabe?" O depoimento é de Francisca, a mais nova, com quem conversei no Nordeste. As duas ainda sofrem ameaças e, por isso, a jovem me pede para não informar a cidade onde vivem atualmente.

Nem sempre foi dessa maneira na vida das duas moças. José era o tio preferido das meninas, irmão mais novo do pai. Era casado, não tinha filhos, mas ainda assim mantinha em casa um quarto cheio de ursos de pelúcia. Era um chamariz para as muitas crianças da família, e as irmãs adoravam ir para lá. Na época, tinham cinco e seis anos de idade. "Eu amava meu tio", relembra Francisca. "Era o que mais brincava com a gente. E ele tinha uns ursos enormes, pareciam de verdade, e a gente gostava muito de urso."

O tio ficava vendo meninas e meninos brincando... enquanto se masturbava, mal se escondendo debaixo dos brinquedos. As crianças até percebiam a movimentação estranha, mas não entendiam muito bem o que estava acontecendo e continuavam distraídas. Não sabiam, mas já estavam ali sendo expostas a um abuso passível de punição, que depois de 2009 passou a ser tratado como crime de estupro, como todo tipo de ato libidinoso sem consentimento. No caso de ocorrer com menores de catorze anos, qualquer ato libidinoso pode ser enquadrado como crime, porque entende-se que criança não tem discernimento para consentir com nenhuma prática sexual. Além disso, uma decisão do Superior Tribunal de Justiça estabeleceu que o crime de estupro de vulnerável pode ser configurado mesmo quando não há contato físico, como no caso de contemplação de crianças com a finalidade de satisfazer um desejo sexual ou expor crianças a algum tipo de prática sexual, incluindo a masturbação na presença de menores de catorze anos.

Mesmo naquela época, antes dessas mudanças na legislação, o tio de Francisca e Fabiane já poderia ser enquadrado por atentado ao pudor, com o agravante de as vítimas serem crianças. Porém, nunca nenhum adulto percebeu suas atitudes ou, se percebeu, não intercedeu, e nenhuma criança o denunciou. Assim, ele foi se sentindo mais à vontade para continuar cometendo crimes ainda mais graves.

O primeiro estupro aconteceu durante uma festa de aniversário na casa dele. Com a música ambiente em volume alto e os adultos bebendo e entretidos na sala, José chamou as sobrinhas para brincar no quarto dos ursos. De repente, elas contam que ele parecia outra pessoa. Aquele homem costumeiramente carinhoso puxou uma faca e colocou a arma no pescoço da mais velha. "Quando chegamos lá dentro do quarto, ele puxou a minha irmã, tapou a boca dela e pegou uma faca. E aí, ele fez a penetração. Eu gritava muito, chorava. O som estava alto, as pessoas já estavam bêbadas, por isso ouviam os gritos e tudo o que elas diziam umas para as outras era: 'Isso é coisa de criança. Ela só está chorando. Vai passar logo'. E, de dentro do quarto, meu tio gritava para quem estava lá fora a desculpa de que eu chorava porque queria um urso que ele não estava a fim de me dar."

A mulher do tio, no entanto, foi ver o que estava acontecendo. Entrou no quarto e flagrou a cena. O primeiro impulso foi pular em cima dele, gritando para que parasse. "Não faz isso, não!", ela implorou. "Cala a boca, eu vou fazer sim!". Transtornado, José empurrou a esposa. Ela então foi para a porta do quarto, mas não para pedir ajuda para qualquer outra pessoa. Muito pelo contrário. Ficou no corredor para despistar quem passasse, parecendo mais preocupada em evitar o escândalo do que em fazer a coisa certa e salvar as meninas.

"Ela ficou na porta para ninguém entrar, porque era uma suíte, tinha um banheiro lá no quarto. Como todo mundo bebe, aí vai muito no banheiro. Ela ficava tapeando quando perguntavam: 'Cadê a Francisca e a Fabiane?'. E ela dizia: 'Não estão aqui não. O José está trocando de roupa, não entre não'." Francisca depois perdoou a conivência da tia quando descobriu que a mulher também era ameaçada pelo marido. José dizia, sempre que brigavam ou discutiam, que ia matar o filho que ela tinha de um relacionamento anterior.

Pela lei brasileira, a omissão pode ser punida criminalmente quando a pessoa poderia e deveria agir para evitar o crime. O segundo parágrafo do artigo 13 do Código Penal especifica que pode ser enquadrado por omissão quem tenha por lei a obrigação de cuidado, proteção e vigilância da vítima; quem, de outra forma, assumiu a responsabilidade de impedir o crime; ou quem, com seu comportamento, criou uma situação de risco que favoreceu a consumação do crime. Aí entramos no terreno das interpretações. Há juristas que entendem que o estupro não pode ser cometido por omissão. No caso de pai ou de mãe que não intercedem, por exemplo, o que haveria seria omissão de socorro ou abandono de incapaz, e não estupro. Os dois crimes têm penas bem menores: detenção de um a seis meses ou multa para a omissão de socorro e detenção de seis meses a três anos para abandono de incapaz.

Mas há quem entenda que uma terceira pessoa que tenha obrigação ou condições de impedir um crime pode ser acusada de estupro por omissão, não como autor do crime, mas como partícipe, e a punição é dada de acordo com o nível de participação. Uma pessoa que alegue que não denunciou por ter sido ameaçada pode escapar de qualquer punição, porém o juiz tem que avaliar se a ameaça era realmente invencível, e que não havia como a pessoa procurar as autoridades sem correr riscos. Qualquer outro adulto sem relação com a criança que não denuncie um crime pode, no máximo, responder por omissão de socorro. Mas, para que alguém seja punido por participação em um crime, é necessário, primeiro, concluir que houve esse crime. Se já é difícil reunir provas que configurem um estupro para culpar o criminoso em si, imagine conseguir incriminar alguém que tenha feito "vista grossa". A mulher do tio estuprador de Francisca jamais enfrentou qualquer questionamento por parte da polícia.

Quando terminou de abusar das sobrinhas, o estuprador segurou as meninas pelo braço, apontou a faca para elas e disse que, se alguém soubesse, ele mataria a família delas.

Nos dias seguintes ao estupro, tio José voltou a ser o tio de sempre. Ia à casa de Francisca e Fabiane, levava chocolate, e também os malditos ursos de pelúcia, e dava dinheiro para as meninas. A mãe não entendia o motivo de tantos presentes e começou a estranhar mais ainda quando as filhas passaram a implorar para não ir mais para a casa do tio. Elas choravam, diziam que tinham medo, mas não contavam o que tinha acontecido, e acabavam sendo levadas à força e ficavam lá quando o pai e a mãe tinham que sair para trabalhar ao mesmo tempo e não tinham com quem deixar as duas.

A irmã mais velha foi estuprada outras vezes na frente da irmã mais nova. Um dia, tio José ameaçou estuprar também a caçula. "Eu usei a sua irmã e vou usar você também", disse, e rasgou a roupa de Francisca, que entrou em desespero. "Eu nem sabia direito o que era aquilo que o meu tio estava fazendo, mas, daquela vez, minha irmã tinha sangrado muito e eu não queria ficar que nem ela." Entretanto, nesse dia, a mãe voltou à casa de José antes do horário combinado. Ouviu os gritos das meninas, entrou no quarto e viu a cena. Agarrou as filhas e saiu berrando pela rua, e alguns vizinhos chegaram para ajudar. Mãe e filhas procuraram a polícia.

Enquanto foram para a delegacia e para o Instituto Médico Legal, José foi tranquilamente para o supermercado onde trabalhava, como se não houvesse feito nada de errado. Parecia acreditar que a palavra dele fosse prevalecer sobre a palavra de uma mulher e duas meninas. Acabou preso em seu próprio local de trabalho, naquele mesmo dia, quase no fim do expediente.

O patrão, sem imaginar nada, ainda protestou: "O que foi que ele fez? Esse homem é um trabalhador honesto!". Mas José saiu algemado. Muitos estupradores se passam por pessoas honestas.

O estuprador foi cumprir pena, mas as irmãs continuaram, por muitos anos, vivendo um verdadeiro inferno. A Justiça nem sempre é suficiente para trazer paz às vítimas. Quando vem à tona um estupro que acontece dentro de uma família, muitas outras relações desmoronam. Por isso, muitas pessoas que sofreram abuso, mesmo quando são maiores de idade, se calam, pois não querem ser responsáveis por transformar seu drama particular em um problema para todos que pertencem àquele núcleo. Aceitam o peso de carregar sozinhas o que sofreram por medo de desagregar os parentes e causar ainda mais sofrimento, e passam o resto da vida convivendo com seu estuprador nos almoços de domingo.

O caso de Francisca e Fabiane seguiu um roteiro clássico, com crise entre os familiares e troca de acusações. O pai, que deveria sofrer a dor das filhas e se sentir mal pelo que o próprio irmão fez, se voltou contra a mãe das meninas por ela ter denunciado o cunhado e deu uma sentença à esposa: "Vá embora, pode levar as suas coisas. E leve as suas filhas junto! Você acabou com a minha vida". *Suas filhas*, ele salientou, como se não fossem dele também.

Em alguns casos semelhantes ao enfrentado por Francisca e Fabiane, há muitos parentes que não acreditam na história contada por quem sofreu o abuso, o que gera discussões e rachas ferozes dentro do núcleo familiar. Porém, entre os familiares das meninas por parte de pai, que eram muitos, incluindo alguns conhecidos por serem traficantes na comunidade pobre onde eles viviam, ninguém tinha dúvidas de que José era culpado. Mesmo assim, estavam revoltados com a prisão dele e diziam que era para ter abafado a história, que era para ter conversado com tio José, que eles até poderiam ter dado um "corretivo" com as próprias mãos, mas que não era para chegar ao ponto de fazer uma denúncia na delegacia. Mãe e filhas, com seis e sete anos de idade, acabaram ameaçadas de morte repetidas vezes por gente da própria família, e postas para fora de casa pelo pai.

As três entraram para o Provita, o já mencionado programa federal de proteção a vítimas e testemunhas de crime. Tiveram que fazer as malas às pressas, largar tudo e se mudar para outro estado. E depois para outro, e em seguida mais outro. O Provita, coordenado pelo Ministério da Mulher, Família e Direitos Humanos, assiste pessoas sob ameaça, oferecendo mudança de residência ou uma acomodação provisória em local sigiloso, apoio psicológico, social e jurídico, e uma ajuda financeira mensal em valor variável definido caso a caso pelo conselho deliberativo do programa, formado por integrantes do Ministério Público, Poder Judiciário, da Polícia Federal e de órgãos públicos e privados ligados à defesa dos direitos humanos.

No começo de 2020, o Provita atendia quinhentas vítimas de violência sexual em todo o Brasil. O Ministério, porém, não tem um levantamento referente a quantas dessas são vítimas ou testemunhas da violência. Em casos mais graves, o programa providencia até mesmo a mudança de identidade. Familiares também podem ser admitidos no programa e receber essa mesma assistência, mas é preciso que se sujeitem a uma série de regras para continuar a receber o apoio, que consistem em manter sigilo sobre sua condição e não passar informações para o antigo núcleo social. Em caso de descumprimento dessas normas, a pessoa pode ser excluída do programa. A pessoa também pode sair do Provita por vontade própria ou quando o conselho deliberativo avalia que não há mais risco. O tempo máximo de permanência no programa é de dois anos, que só podem ser prorrogados se os atendidos ainda sofrerem risco alto, mesmo após todas as mudanças promovidas.

A mãe, responsável pela denúncia, perdeu tudo o que havia conquistado até então e entrou em depressão profunda. As meninas cresceram nesse ambiente de insegurança, tiveram dificuldades de aprendizado na escola e ficaram extremamente agressivas. As três permaneceram no programa de proteção durante os dois anos a que tinham direito, e depois desse prazo, achando que as coisas estariam mais calmas, voltaram a ter contato com o pai. Ele havia virado alcoólatra, estava totalmente sozinho e queria se reunir com a família. A mãe aceitou, achou que poderia reorganizar a vida, mas as coisas só pioraram. Morando de novo na mesma casa que a mulher e as filhas, ele passou a espancá-las, e, nessas ocasiões, sempre relembrava o trauma de tantos anos antes de forma raivosa: "Por causa de vocês, meu irmão tá preso, suas vagabundas, suas raparigas!". Francisca se lembra de muitas surras, em que apanhava sempre sendo obrigada a ouvir o mesmo discurso, aos gritos: "Eu perdi tudo o que eu tinha por conta de vocês. Por causa de vocês perdi o meu irmão, me separei da sua mãe, vendi a minha casa por qualquer dinheiro. Vocês acabaram com a minha vida".

Ele não conseguia enxergar ou admitir que havia sido o próprio irmão quem tinha causado todo aquele estrago na vida dele. O crime foi cometido por um homem, mas ele estava julgando as mulheres — a esposa e as próprias filhas. Um comportamento machista clássico. E as pessoas que mais precisavam do seu apoio tiveram seu sofrimento ampliado por quem, mais que qualquer outro, deveria estar ao lado delas.

Mesmo já fora do programa de proteção, mãe e filhas seguiram com atendimento de psicoterapia na rede pública de saúde, mas nem isso trouxe muitos resultados. O pai se recusava a comparecer às sessões, as filhas iam, mas não sentiam que ajudava. "Era até pior quando eu fazia terapia", conta Francisca, "porque sempre tinha que tocar no assunto, contando a história do estupro de novo, lembrando os detalhes. Eu tinha pesadelos com meu tio, via um vulto e achava que era ele." Realmente, a terapia cognitivo-comportamental consiste em relembrar o trauma em detalhes, e é um processo sempre doloroso, mas, quando feita aos poucos, a tendência é de que a repetição da lembrança diminua o sofrimento. Se for feita de forma abrupta, há pacientes que realmente não aguentam, e há ainda os que precisam de suporte de medicamentos, pelo menos nessa primeira fase, o que as irmãs não chegaram a receber.

A irmã mais velha começou a se cortar, hábito que manteve até o momento em que conversei com Francisca, que, no seu celular, me mostrou algumas das fotos atuais de Fabiane. Vi imagens de uma jovem linda, mas que não escondia as cicatrizes do tormento que vive. Seus braços e pernas eram repletos de marcas, pois ainda hoje ela se corta. Não encontrei nenhuma outra vítima que tenha relatado se automutilar, mas essa é uma sequela que pode ser encontrada especialmente em adolescentes. E, quando uma pessoa sofre abuso ainda muito criança, como no caso de Fabiane, pode desenvolver transtorno de personalidade borderline, que inclui problemas com a própria imagem e tentativas de suicídio, e esse transtorno pode levar à automutilação.

O tempo para as duas irmãs não passou, pois elas continuam presas àquela situação de dezesseis anos antes. As vidas de ambas, em todos os aspectos, giraram em torno do que aconteceu depois dos estupros. Perderam o contato até mesmo com a família por parte de mãe e nunca puderam voltar para cidade em que moravam. Quando as irmãs se tornaram adultas, o pai quis voltar para casa. Depois de anos de massacre psicológico, se sentindo culpada, a mãe deixou as filhas e foi viver com o marido. Elas ainda se falam de vez em quando, mas o contato com o pai é muito raro e sempre difícil. Francisca e Fabiane não completaram os estudos, vivem de alguns "bicos" e nunca conseguiram confiar em nenhum homem. Os relacionamentos são sempre curtos e, muitas vezes, violentos.

Já para o tio estuprador, o tempo seguiu normalmente. Foi condenado pelo crime de estupro de vulnerável, com o agravante de ser uma pessoa com ascendência sobre a vítima, o que na época fazia a pena aumentar em um quarto. Hoje, o aumento obrigatório na pena é maior, de 50%. Ao todo, foram quinze anos na cadeia, mas agora está solto e circula com desenvoltura pela cidade. Frequenta a casa dos parentes e amigos, inclusive foi recebido com festa após a soltura. Pelo menos, segue proibido pela justiça de chegar perto das sobrinhas, mas isso não o impede de mandar recados. "Ele cerca a família da minha mãe na igreja", conta Francisca. "Vai na banca de feira onde meu pai trabalha atualmente e fica falando que vai me achar e terminar o que ele não fez comigo."

Em minhas visitas a cadeias em várias regiões do Brasil, conversei com diversos detentos condenados por estupro, e todos os que confessam o crime se dizem absolutamente arrependidos e pedem perdão às vítimas. Entretanto, é notável como o comportamento desses homens, quando são postos em liberdade, é bem diferente. O tio segue fazendo ameaças, raivoso, como se a culpa pelos anos que passou na cadeia fosse das sobrinhas. José não é capaz de ver que o único culpado por sua prisão é ele próprio.

Francisca tem medo, mas não denuncia as ameaças à polícia, com receio de ser mandada de novo para mais outra cidade, e segue fazendo planos para assassinar o tio, achando que isso vai lhe trazer segurança e paz: "Eu tenho muita sede de vingança, mas me sinto com as mãos atadas, porque, se eu matar, vão saber que fui eu. Um dia, a gente sempre pode perdoar, mas eu queria mesmo é me vingar, queria que ele pagasse. Cadeia ainda é pouco para ele pelo que ele fez comigo. É pouco, é muito pouco".

***

Em outro caso, dessa vez ocorrido no Rio de Janeiro, Natália não teve a chance de entender o que aconteceu, e nem sequer de ter ódio, de se vingar ou de perdoar. A menina tinha seis anos e vivia com a mãe em uma favela da cidade quando um tio em dificuldades financeiras pediu para morar com elas, em princípio apenas por um curto período. A mãe achou ótimo e aceitou. Separada do marido e sem família por perto, adorou principalmente a ideia de ter ajuda do irmão para tomar conta da filha.

No começo, tudo correu bem. Ele arrumou um emprego como atendente em uma lanchonete no famoso bairro de Copacabana. Chegava em casa no fim de tarde, quase junto com a sobrinha, que retornava da escola, e os dois brincavam até a mãe voltar do trabalho dela, à noite. Porém, com o tempo, o olhar dele para a sobrinha começou a mudar: "Já fazia uns dez meses que eu estava na casa da minha irmã. Eu ficava brincando com a menina, tranquilo. Mas, depois que comecei a usar drogas e a beber na favela, comecei a mexer com ela, fazer coisas que não tinha pensado", ele me conta durante a nossa conversa na carceragem de Bangu.

O tio, um jovem que batalhou para conseguir um emprego e que parece ter sido brincalhão, agora era um rapaz muito franzino, cabisbaixo, tinha a aparência envelhecida. Chegou para a entrevista agarrado a uma Bíblia. Como muitos, se converteu à Igreja Evangélica dentro da cadeia. Ao ingressar na cadeia, não chegou a passar por nenhum tipo de avaliação psicológica, exame que, embora necessário para avaliar o perfil do detento, não costuma ser realizado nos presídios brasileiros. Em geral, a consulta com o psicólogo só acontece em algumas ocasiões específicas, quando o preso pede algum benefício que possa levá-lo para as ruas, como progressão de regime e liberdade condicional, quando o interno solicita o direito à visita íntima ou, ainda mais raramente, quando os carcereiros enxergam algum sinal de distúrbio psicológico e avisam ao médico da cadeia, que então solicita uma consulta com um especialista.

No comportamento do tio de Natália, não havia nada que apontasse que ele sentia uma atração doentia específica por crianças. Como a maioria dos abusadores de vulneráveis, ele simplesmente achou que havia ali uma oportunidade para fazer o que bem quisesse. Afinal, ele e a menina estavam a sós em casa, e o rapaz tinha certeza de que ninguém iria saber de nada, e, mesmo que a sobrinha contasse alguma coisa, ele poderia sempre insistir que era mentira, pois nem todo mundo levaria em conta a queixa de uma criança de seis anos. Enfim, o homem achou que aquilo não iria ter consequências, que seu ato não prejudicaria ninguém, e que não era nada demais. Assim, estuprou a menininha, como ele mesmo me confessou: "O meu crime foi estupro, que eu forcei com a minha sobrinha, eu estuprei ela [sic], forcei. Ela dizia: 'Para, tio, minha mãe vai chegar'.".

Um certo dia, a mãe realmente chegou: "Minha irmã entrou em casa e me pegou pelado com a minha sobrinha no colo. Mas era tarde, eu já tinha cometido o estupro". Ele estava drogado e na mesma hora admitiu o crime para a irmã; em seguida, fugiu. A mãe da criança, em estado de choque, foi socorrer a filha e não impediu a fuga. Alguns dias depois, o estuprador mandou uma carta para a mãe dele, contando tudo o que havia feito e se dizendo arrependido.

A carta e o depoimento da irmã serviram de provas. Algumas semanas depois, ele foi encontrado e preso pela polícia no Nordeste, bem longe de onde o abuso havia sido cometido e, só quando já estava chegando ao presídio de Bangu, descobriu que o crime bárbaro havia sido ainda pior. Natalia, aos seis anos, havia morrido em consequência do estupro. O criminoso me contou toda essa história com o olhar fixo no chão. Não me pareceu exatamente arrependido do ato em si, e parecia abalado apenas por sua atitude ter resultado em morte, como se ele mesmo não acreditasse.

Não há uma estatística confiável de crianças mortas em decorrência de estupro. Muitos casos entram no registro de assassinato de menores de idade e saem das estatísticas de violência sexual. É o mesmo que acontece com mulheres adultas, quando as mortes decorrentes de estupro muitas vezes acabam entrando apenas nas estatísticas de feminicídio, mas sabe-se que as crianças são mais vulneráveis à morte por estupro quando há penetração, porque os hormônios ainda não estão funcionando totalmente e, com isso, os órgãos genitais, que já são menores, ainda não têm a mesma elasticidade de um organismo adulto. Com o tecido mais rígido, as crianças são mais suscetíveis a perfurações que podem levar à morte por hemorragia, um cenário inimaginável de tristeza e sofrimento.

Ao chegar ao presídio, o tio estuprador estranhou e perguntou aos policiais: "Morreu como? Eu não bati nela, não espanquei. Aí me disseram que ela teve uma hemorragia e morreu". O que, em sua concepção torta, seria um ato sem consequências, acabou com a vida de uma criança e destruiu a vida da mãe. O preso, um rapaz jovem, foi condenado a dezesseis anos de prisão, dos quais já havia cumprido quatro quando conversei com ele. Antes de completar quarenta anos, estará em liberdade de novo.

## CAPÍTULO 7

## COMO MEU PRÓPRIO PAI PÔDE
## FAZER ISSO COMIGO?

NA ILHA DE MARAJÓ, no Pará, fui atrás do caso de um homem denunciado pelo estupro sistemático de duas filhas adolescentes. A família, muito pobre, vivia em uma área remota, bem difícil de achar e de se chegar. De Belém até a ilha, fiz a travessia pelo rio Pará em um barquinho a motor conhecido na região como "voadeira". Pequeno, parecia mesmo que ia voar a cada pancada que dava nas ondulações das águas. Além do condutor da lancha, fui acompanhada de um delegado de polícia, Rodrigo Amorim, do pesquisador que me ajudou neste livro, Marcos di Genova, e da freira Henriqueta Cavalcante, uma guerreira na luta pelos direitos humanos no Pará.

Marcos é jornalista como eu, já trabalhou na Globo, na Globonews e na emissora de TV australiana SBS. Nos últimos anos, passou a se dedicar à pesquisa de livros e topou encarar comigo esse trabalho tão necessário quanto pesado. Coube a ele encontrar as vítimas, os especialistas no assunto, levantar informações e conseguir o acesso — nada fácil — aos estupradores nas cadeias e nos centros de internação de menores. Marcos também me acompanhou em boa parte das entrevistas. Dividimos muitos momentos em que foi difícil segurar as lágrimas, e tantos outros revoltantes ao conversar com criminosos. Uma vez, saímos de uma bateria de entrevistas feitas com menores estupradores no Nordeste e tentamos almoçar. Nenhum de nós conseguia comer nem falar com o outro. Decidimos que precisávamos ir para o hotel e dormir um pouco para tentar superar aquele show de horrores que presenciamos, de depoimentos tão desumanos vindos de garotos tão jovens.

Ele também tem uma filha e dividimos o sentimento de frustração e de preocupação, por ter certeza de que esses bandidos voltarão a agir quando colocados em liberdade e que temos que educar nossas meninas para que entendam que, infelizmente, elas não vivem em segurança — como, aliás, todos os pais no Brasil precisam fazer, tanto com meninos quanto com meninas, graças à violência em geral que assola o nosso país e à qual ninguém está imune. Ouvir estupradores contando os detalhes dos crimes torturava Marcos por dentro, mas ele seguia dedicado por realmente acreditar que nosso trabalho poderia ajudar a mudar mentes e corações e oferecer um alento para tantas vítimas.

Rodrigo Amorim é um pernambucano que, em 2014, aos 29 anos, assim que se tornou delegado de polícia no Pará, já foi enviado para Melgaço, cidade do Marajó conhecida por ter os piores indicadores de desenvolvimento humano do país. Logo ao chegar, se assustou com o número alarmante de casos de violência e exploração sexual contra crianças, e, o que era pior, com denúncias que não eram investigadas. Viravam uma "cifra negra", gíria policial para casos que todos sabem que existem, mas nunca são solucionados ou punidos. As denúncias eram arquivadas por falta de provas, de interesse ou de estrutura para seguir com as investigações.

O delegado Rodrigo instaurou o primeiro inquérito do lugar sobre violência sexual contra menores de idade. Em seis anos, abriu 147 investigações e descobriu que, quase sempre, os casos no Marajó, mesmo os que acontecem dentro das balsas, tinham envolvimento ou conivência de familiares das meninas. Rodrigo se tornou superintendente de polícia do Marajó Oriental, que engloba seis das dezesseis cidades do arquipélago, e passou a lidar com dificuldades que vão desde a conscientização de policiais, que acham que é normal que uma menina tenha uma vida sexual aos onze anos de idade, até a falta de transporte para atender as ocorrências. Muaná, por exemplo, o município onde encontramos nosso próximo caso, tem apenas três ruas. O transporte, como em toda a ilha, é feito de barco. Carros têm pouca serventia, e a polícia precisa de lanchas para se locomover, já que a população é quase toda ribeirinha.

Apenas Muaná e a cidade de Soure, a 118 quilômetros dali, têm uma lancha. E as lanchas vivem em manutenção. Quando funcionam, necessitam de combustível, que é caro e precisa ser suficiente para percorrer longas distâncias. A viagem pela água entre algumas cidades do Marajó pode chegar a até dois dias. A distância medida em quilômetros nos mapas está sempre longe da realidade. O caminho é feito por rios estreitos e tortuosos, que parecem labirintos, e para a imensa maioria da população e dos agentes públicos, o meio de transporte são barcos simples e lentos. Entre Muaná e Soure, por exemplo, a distância de 118 quilômetros em linha reta se transforma em oito horas de lancha ou quinze horas de barco pelos rios que cortam a ilha.

Com todos esses percalços para se deslocar ou simplesmente chegar aos lugares, o trabalho da polícia fica ainda mais difícil. A maior frustração do delegado Rodrigo é sentir que seu trabalho, na maior parte das vezes, é pouco efetivo, e ele diz se sentir como uma "formiga apagando incêndio", pois o comum é que, após a ação policial, a criança acabe voltando à mesma situação de antes, por total falta de suporte social.

A irmã Maria Henriqueta Ferreira Cavalcanti, coordenadora da Comissão de Justiça e Paz da Conferência Nacional dos Bispos do Brasil (CNBB) na região, merecia um livro inteiro à parte escrito sobre ela. Há mais de vinte anos, atua no enfrentamento da violência sexual e do tráfico de pessoas no Norte do país. Já denunciou milhares de casos e é daquelas mulheres que não têm medo de se expor e cobrar providências. Participou ativamente da CPI da Assembleia Legislativa do Pará, que investigou a exploração sexual infantil no estado, e nessa época sofreu a primeira de várias ameaças de morte, ao receber um telefonema avisando que ela deveria "tomar cuidado". Foi incluída no programa de proteção do governo federal para defensores de direitos humanos e passou três anos andando com escolta policial. Hoje, ainda solicita proteção quando surge uma nova ameaça ou vai para alguma missão arriscada. Já fez palestras falando de sua experiência em várias cidades pelo Brasil e em outros países da América do Sul, Europa e Ásia. Em seu perfil no WhatsApp, há uma foto ao lado do papa Francisco, tirada no Vaticano durante o último sínodo* para a Pan-Amazônia, realizado em 2019, no qual a Igreja definiu as ações da pastoral na região.** Irmã Maria Henriqueta foi convidada para participar das discussões sobre a defesa de mulheres, crianças e adolescentes, e é uma mulher doce, divertidíssima, forte, que realmente socorre e se envolve nos dramas de quem quer que precise de ajuda, e é a pessoa mais corajosa que já conheci.

Quando nos encontramos em Belém para seguir para as entrevistas, vestia seu traje habitual, que passa longe do hábito de freira: prefere calça jeans e camiseta. Chegamos às margens do rio Pará, de águas amareladas e muito agitadas naquele dia, e olhamos para a voadeira que a própria freira tinha providenciado, o tal barquinho pequeno e de casco fino e baixo, que nos levaria em uma viagem de pelo menos duas horas até Muaná. O delegado e Marcos, o pesquisador, se entreolharam tensos e começaram a fazer perguntas sobre a segurança do transporte, mas irmã Henriqueta, por sua vez, apenas se virou para mim e perguntou: "Mana, você está com medo?". Encorajada pela segurança dela, eu disse que não, e ela simplesmente concluiu: "Então vamos em frente. A vida pertence aos que se atrevem".

E foi assim que chegamos ao nosso próximo caso. Trata-se de um dos muitos atendidos pelo Conselho Tutelar de Muaná e, nesse, as investigações já estavam mais adiantadas. O pai havia chegado a ser preso, pois foi denunciado por vizinhos. Depois, um exame físico realizado nas meninas comprovou o estupro, mas o homem ficou pouco tempo na cadeia. Logo na primeira audiência do caso, as duas irmãs negaram que tivessem sido abusadas, porém era evidente que as filhas haviam sofrido algum tipo de pressão para inocentar o pai. Ainda assim, e apesar das provas, o juiz decidiu soltá-lo, e ele foi colocado em liberdade sem nenhuma restrição: voltou a viver na mesma casa, junto com as vítimas, a esposa, um filho adolescente e outras duas filhas mais novas, de três e cinco anos de idade.

---

* Assembleia periódica de bispos de todo o mundo que, presidida pelo papa, se reúne para tratar de assuntos ou problemas concernentes à Igreja. (N. E.)

** Além do Brasil, a Pan-Amazônia engloba a Colômbia, o Peru, a Venezuela, o Equador, a Bolívia, as Guianas e o Suriname. (N. E.)

A bordo da voadeira, chegamos à casa da família, uma construção simples, erguida sobre palafitas fincadas na beira do rio, mas arrumada com capricho. Na porta, havia uma canoa que era usada como transporte e, ao redor, tudo o que se via era a mata fechada. Estávamos no meio do nada. Fiquei tentando enxergar onde estariam os tais vizinhos que fizeram a denúncia e imaginei como devia ser fácil, naquele ambiente, achar que se pode fazer qualquer coisa sem jamais ser descoberto.

O pai estava logo na entrada, na varanda, e chegamos dizendo que queríamos falar sobre a acusação de estupro. "Não tem nada disso não. É mentira", retrucou ele prontamente, e seguiu defendendo-se com várias negativas. Falamos que sabíamos da denúncia, da prisão, dos exames, mas ele continuou desconversando e olhando para o horizonte, com um sorrisinho no canto da boca, como se debochasse da nossa presença ali.

Ouvir as negações cínicas dos muitos estupradores que entrevistei foi a parte mais irritante do processo de pesquisa para este livro. Meus anos de condicionamento como repórter para não me deixar sucumbir às minhas emoções durante uma entrevista foram seriamente ameaçados. Algumas vezes, confesso que me deixei levar pela raiva e tratei os entrevistados de forma áspera. Com esse pai bandido, para não incorrer no mesmo erro, deixei o delegado e o pesquisador insistindo para tentarem tirar alguma declaração convincente da parte dele e entrei na casa em busca das vítimas.

Na cozinha, encontrei irmã Henriqueta já conversando com a mãe e as filhas. Iara e Iracema são duas meninas lindas e muito tímidas, que falam baixo, quase sussurrando, e, muito constrangidas, contaram que o curto tempo que o pai passou na prisão não ajudou em nada. Muito pelo contrário. Perguntei como era morar de novo com o pai, depois que ele saiu da cadeia. Teria ele se emendado e parado de mexer com elas?

Em voz baixa e de forma hesitante, as meninas me contaram que a situação havia mudado, só que para pior. Ele tinha voltado ainda mais violento e ávido em seus abusos. As duas já eram acordadas pela manhã com o pai alisando os seios delas. Os estupros aconteciam no próprio quarto das meninas ou em longos passeios de canoa, nos quais ele as obrigava a acompanhá-lo. Entre monossílabos e frases curtas, as irmãs aos poucos foram me expondo o inferno em que o pai havia transformado suas jovens vidas e todo o ressentimento e o ódio que sentiam pelo homem em quem mais deveriam confiar:

"Ele fala alguma coisa pra vocês sobre os abusos?"

"Fala que só ele pode ficar com a gente, os outros, não."

"Ele usa camisinha?"

"Não!"

"Vocês tomam pílula?"

"Não."

Adolescentes, as duas corriam um alto risco de ficarem grávidas do próprio pai. Continuo a conversa, indagando o que elas sentiam pelo pai.

"Nada", afirma Iracema.

"Ódio", acrescenta Iara.

"O que vocês querem que aconteça com ele?"

"Que ele seja preso."

"Que ele morra."

As adolescentes dividiam um quarto pequeno com o irmão mais velho, de dezesseis anos, apenas um ano a mais que Iracema. Elas acreditavam que ele fingia estar dormindo enquanto os estupros aconteciam. A mãe parecia conformada e contou que o domínio do pai sobre as filhas ia além: o homem não deixava as meninas saírem sem ele para lugar nenhum, nem para ir à igreja ou à escola. Nem mesmo com a mãe elas podiam ir para fora de casa. Se o pai não estivesse junto, as duas simplesmente não podiam colocar os pés na calçada.

A mãe disse também que já tinha tentado, ainda que apenas algumas poucas vezes, confrontar o marido, mas foi ameaçada de morte. Ao ouvir tudo aquilo, tanto eu como a irmã Henriqueta ficamos indignadas e prometemos voltar à polícia e ao Conselho Tutelar para relatar o que escutamos e reabrir o caso. Porém, que certeza poderíamos ter de que alguma providência seria tomada? E quanto tempo levaria para que alguém socorresse as duas irmãs naquele trecho isolado da Ilha de Marajó, que ficava a pelo menos uma hora de barco do centro de Muaná?

Meu sentimento era de total frustração. Naquele momento, o delegado Rodrigo entrou na cozinha, nos informando que o pai continuava a negar veementemente todas as denúncias que pairavam contra ele, como já esperávamos. Ele acreditava que não conseguiríamos extrair mais nada daquele caso e sugeriu que fôssemos embora. Então, contamos a ele tudo o que havíamos acabado de ouvir das bocas das próprias meninas e da mãe, e seu rosto se iluminou. Ele nos disse que aquela denúncia já seria motivo suficiente para retirar as três mulheres daquela casa de horrores.

Em todos os meus anos de jornalismo, nunca passei por nenhuma experiência nem de longe semelhante àquela, em que intervi na história que eu acompanhava de forma tão direta. Jornalistas denunciam, apuram, às vezes opinam, informam, e as consequências e as mudanças na sociedade vêm a partir desse trabalho, mas há sempre um distanciamento necessário. Ali, no entanto, eu senti que não tinha essa opção. Perguntei à mãe e às filhas o que elas queriam fazer, e as três falaram que queriam ir embora. Foi o momento mais tenso de toda a pesquisa para este livro. Atravessei a casa até nossa voadora, que estava atracada na porta, e pensei: "Daria para levar todo mundo?". Perguntei para o condutor, e ele garantiu que sim. Voltei e pedi às meninas e à mãe que arrumassem seus pertences.

Elas começaram a recolher roupas e documentos, e enquanto isso o pai foi avisado pelo delegado de que as levaria embora. Ele não protestou, mas fez questão de acompanhar toda a movimentação enquanto encarava a esposa com um olhar intimidador. Nessa confusão, o filho mais velho tentou escapar na canoa da família. O delegado ordenou que voltasse, e o adolescente disse que não queria ir embora com a mãe e as irmãs, porque estava ao lado do pai. A mãe chorou e implorou para que ele fosse junto.

Aquela cena me causou uma indignação tão grande que larguei de vez a posição de observadora e indaguei: "Você sabe o que seu pai faz com suas irmãs, não é?".

"Não sei de nada", ele desconversou.

"Sabe, sim", eu o desafiei. "Você dorme no mesmo quarto que as meninas. Você vê e escuta tudo. Seu pai não pode fazer isso."

"Só quem tem que julgar é Deus."

"Pois saiba que Deus está vendo você negando ajuda às suas irmãs e à sua mãe e não está gostando nada."

Depois de alguns minutos, com tudo já pronto, fomos todos entrando no barco. As filhas menores, sem saber o que estava se passando, olhavam assustadas. As maiores pareciam estar divididas entre o alívio e a culpa. A mãe chorava copiosamente por causa da decisão do filho de permanecer com o pai. Eu tremia como uma vara verde, achando que um homem capaz de estuprar as próprias filhas não teria escrúpulos em sacar uma faca e atacar algum de nós naquele momento. Nesse instante, olhei para a irmã Henriqueta e vi que ela seguia firme, altiva, e com raiva. Do alto de sua arriscada experiência em afrontar criminosos, ela foi a última a deixar a casa, e ainda parou ao lado do agressor, botou o dedo na cara dele e disse em alto e bom som:

"VOCÊ É UM FILHO DA PUTA!"

Foi um momento tão tenso quanto inacreditável — e também muito engraçado, confesso. A minha vontade era ter feito exatamente o mesmo! A freira lavou a minha alma. O agressor ouviu calado, e naquele momento me dei conta de que ele jamais teria coragem de atacar nenhum de nós. Estupradores, ainda mais aqueles que abusam de crianças, são todos uns covardes.

Saímos de lá e encaramos em silêncio mais uma longa viagem de barco até o centro de Muaná, uma das maiores cidades da Ilha de Marajó. Seguimos direto para a delegacia, onde as meninas foram ouvidas por uma delegada e confirmaram as denúncias. Em seguida, a mãe falou, depois eu e a irmã Henriqueta prestamos depoimento, contando o que ouvimos.

A mãe tinha uma irmã que morava ali perto, na casa de quem ela e as quatro filhas poderiam dormir, ajeitadas na sala. Eu, nosso pesquisador, a freira e o delegado fizemos uma vaquinha para comprar colchonetes, redes e comida suficiente para alguns meses, e comemoramos que tínhamos conseguido livrar aquela família do ciclo da violência sexual. Um tempo depois, o pai foi preso novamente, e mãe e filhas puderam voltar para casa. O filho que virou as costas para sua própria mãe e para as irmãs para ficar ao lado do pai estuprador voltou a viver com elas, para alívio da mãe. O pai foi transferido para um presídio em Belém.

Entretanto, comemoramos nossa vitória cedo demais. Apenas um mês depois, recebi notícias inacreditáveis. Houve nova audiência do caso, a promotoria estava envolvida em outra operação e pediu um adiamento da sessão, que não foi concedido. Não houve tempo hábil para providenciar outro promotor, e a audiência então aconteceu apenas com a presença dos advogados de defesa, o que é raro, e uma irregularidade que pode até levar a uma sanção disciplinar para o juiz. Em audiências desse tipo, o Ministério Público tem que estar presente. Esse juiz, entretanto, seguiu em frente mesmo sem os promotores e não sofreu nenhuma reprimenda posterior. O pai reincidente foi inacreditavelmente absolvido — e com a ajuda das próprias vítimas! As meninas, mais uma vez, voltaram atrás e negaram tudo.

Como da primeira vez, a certeza que tive é de que tinham sido forçadas pela mãe. Na minha frente, a mulher se mostrava indignada, mas, sozinha com cinco filhos, sem dinheiro e sem trabalho, ela preferia fazer vista grossa para o abuso que as próprias filhas sofriam e assim poder contar com o dinheiro do marido, que vinha da pesca e da coleta do açaí. E aquilo que as meninas passavam não era muito diferente do que ela via acontecer na vizinhança.

Eu, como testemunha, não fui sequer chamada a depor. Irmã Henriqueta também não. Cheguei até a mandar e-mail para a promotora do caso, me colocando à disposição da Justiça, mas fui ignorada. O bandido está livre, de volta à mesma casa, cometendo os mesmos crimes e convivendo com duas outras filhas pequenas, que provavelmente se tornarão suas futuras vítimas.

O caso escancara a dificuldade ainda maior de prender um estuprador quando se trata do pai da vítima. Começa com a dificuldade de uma filha de compreender que sofreu estupro por aquele que mais deveria protegê-la. Quando o denuncia ou alguém faz isso por ela, fica com medo das retaliações de um homem que mora na mesma casa e tem uma posição de autoridade. Também se sente culpada por "causar" esse problema dentro da família. Muitas são pressionadas pelas mães a deixar "por isso mesmo", por questões financeiras ou emocionais, e há ainda o conflito cruel por sentir ódio do próprio pai, quando o que sempre aprendemos é que devemos amar pai e mãe.


Casos como esse da Ilha de Marajó podem dar a impressão de que pais estupradores só existem em lugares remotos e com famílias muito pobres e sem instrução, mas isso não é verdade. Isso acontece em todos os lugares, com pessoas de todas as classes sociais e níveis de escolaridade.

Rio de Janeiro, anos 1960. Olhando de fora, o que se enxergava era uma harmoniosa família tradicional de classe média, com um pai com bom emprego e mãe dona de casa, que passava os dias cuidando dos seis filhos. Viviam em uma bela casa, com um carrão na garagem. Entretanto, esse mesmo automóvel que despertava a inveja da vizinhança causava calafrios em Júlia, a filha mais nova.

É difícil precisar com que idade uma criança começa a formar suas memórias. Segundo alguns especialistas, isso geralmente acontece por volta dos quatro anos. Júlia tinha apenas cinco quando começaram os abusos, e não se esquece até hoje, aos cinquenta anos, da sensação que tomava conta dela quando o pai chegava do trabalho. O barulho do portão da garagem já era suficiente para lhe causar pânico.

"Eu lembro de flashes", ela me contou. "Isso nunca mais saiu da minha cabeça, a forma como ele me colocava no carro, enquanto a minha mãe incentivava: 'Ai, vai! Vai com o papai', ao que eu retrucava: 'Não, não quero ir não'. Mas a minha mãe não parava de insistir: 'Vai, vai lá com o seu pai, vai passear um pouquinho'." Os passeios eram um pesadelo: "Ele me levava para um lugar distante, bem distante mesmo, tipo uma pedreira, aí parava com o carro em um lugar deserto. Ali, ele mandava que ficasse tocando nas partes íntimas dele, e eu lembro que ele abria o zíper da calça para colocar o pênis para fora, e dizia: 'Fica quietinha, é só segurar, é só você botar a mão aqui, é só botar a mão. O papai não vai fazer nada'.".

Quando chegavam em casa, a postura dele era outra, era a postura de um homem sério, respeitado por todos que o rodeavam, o típico pai de família que sustentava a todos sem deixar faltar nada aos seus, e ainda socorria parentes menos favorecidos. E era considerado extremamente moralista, ninguém questionava sua autoridade. O que ninguém poderia imaginar, entretanto, era do que aquele homem acima de qualquer suspeita era capaz quando estava sozinho com a própria filha. Dos abusos no carro, eles logo passaram a acontecer dentro de casa: "Acho que eu já tinha uns dez anos, não tenho muita noção dessa questão de idade, mas lembro da questão do tamanho, de como ele era maior que eu. Minha mãe não estava em casa. Ele me colocou deitada no quarto, mandou que eu colocasse uma almofada sobre o meu rosto e começou a fazer sexo oral em mim". Isso se repetiu várias vezes. Um dia, um irmão mais velho passou pelo corredor, se deparou com aquela cena e ficou estático. Foi embora sem falar nada e nunca tocou no assunto. Desenvolveu transtornos psiquiátricos, se tornando outra vítima do próprio pai.

O impacto da violência sexual sobre outros integrantes da família ainda é pouco estudado, mas sabe-se que quem presencia uma violência de qualquer tipo, e especialmente contra alguém com quem se tem uma relação próxima, também pode desenvolver transtorno de estresse pós-traumático, como se também houvesse passado pelo abuso. Mesmo pessoas que não presenciam, mas tomam conhecimento do ocorrido, também podem sofrer impactos psicológicos. São as chamadas vítimas secundárias. E, ao mesmo tempo que também sofrem com a violência, as pessoas próximas são os principais pilares na recuperação de uma vítima de estupro. Familiares ou amigos que assumem uma posição de minimizar o ataque, duvidar da pessoa que sofreu o abuso ou jogar a culpa sobre ela aumentam os riscos de essa pessoa desenvolver sequelas psiquiátricas e mesmo físicas, já que essa postura crítica muitas vezes faz com que ela se recolha e não procure atendimento médico ou policial. Por outro lado, o suporte social é o que mais ameniza a dor de um estupro e reduz os riscos de estresse pós-traumático. Isso é ainda mais importante quando pensamos que apenas 10% dos casos de estupro chegam a ser delatados para a polícia, embora a maioria das vítimas acabe contando sobre a violência sofrida para alguém próximo, em algum momento da vida.

Dividir o trauma com alguém também modifica as relações. Maridos de mulheres estupradas podem entender o caso como o que é, um ato de violência, e apoiar a vítima mais até que antes, mas há os que focam os próprios sentimentos e agem como se tivessem sido traídos, e sentem vergonha ou repulsa pela mulher. Pais de crianças violentadas podem se unir na superação do trauma ou então culpar um ao outro pelo ocorrido. Há vítimas, em qualquer idade, que colocam a culpa na família, por não terem sido protegidas, e antigos ressentimentos familiares podem vir à tona. A reação ruim dentro de muitos núcleos familiares é um reflexo do sentimento que circula na sociedade de um modo geral, que culpa a vítima e a encoraja a guardar segredo sobre o ocorrido.

Sem que a mãe percebesse e sem que o irmão denunciasse, os abusos contra Júlia continuaram: "Era todo dia, quando minha mãe estava dormindo ou ia para a igreja, ou enquanto ela tomava banho ou estava fazendo comida. Podia ser durante um intervalo mais longo ou não. Ele aproveitava frações de segundo". O pai garantia o silêncio de Júlia se utilizando das mais diferentes estratégias, que variavam conforme ela ia crescendo: "Não chora não, o papai vai te comprar um docinho". "Dou a bicicleta, sim, claro, te dou a bicicleta se você fizer o que o papai quer que você faça." "Não adianta contar para a sua mãe, ela não vai acreditar e ainda vai te bater e te botar de castigo. Ninguém vai acreditar em você, todo mundo vai dizer que é mentira."

Júlia cresceu se sentindo culpada, e, principalmente, se tornou agressiva. Era chamada de implicante, revoltada, briguenta. Não tinha amigos e sentia dificuldade de acompanhar as matérias na escola. Aos quinze anos, começou a se dar conta de que poderia utilizar algumas táticas de defesa. Passava o dia grudada na mãe, já não era mais forçada aos passeios e, quando o portão da garagem se abria, ela se trancava no quarto. Às vezes, queria assistir à televisão, mas, se o pai estivesse sozinho na sala, desistia. Dessa maneira, começou a evitar os abusos, mas não a revolta acumulada por tantos anos dentro dela. Júlia parou de comer, recusava-se a fazer as refeições com a família e, com 1,68 metro de altura, chegou a pesar 43 quilos. "Era ele que botava tudo dentro de casa, né? Alimentação, tudo", ela explicou. "Por isso, eu passei a fazer greve de fome, eu não queria comer. Nessa época, a minha mãe chegava a implorar para que eu contasse para ela o que estava acontecendo. Eu não me sentava à mesa com ele, porque ele era aquele tipo de homem que parece autoritário e todo certinho, mas, na verdade, é um falso moralista, uma pessoa imunda."

A mãe continuava insistindo para que Júlia fizesse as refeições junto com o resto da família, e a adolescente ia perdendo cada vez mais a paciência. Era difícil guardar dentro dela tudo aquilo e fingir que nada estava acontecendo. Certo dia, quando a mãe lhe perguntou pela enésima vez por que ela se recusava a se sentar à mesa com os irmãos e os pais, ela explodiu: "Porque eu não vou sentar na mesa junto com esse homem". A reação da mãe foi simplesmente perguntar: "Meu Deus, mas por que você tem tanta raiva do seu pai?". Apesar da pergunta, Júlia tem dúvidas se, nessa época, a mãe já não desconfiava de sua resposta. Entretanto, pouco tempo depois, um outro episódio deixou tudo às claras.

Uma prima viúva e desempregada pediu para morar por um tempo na casa da família junto com a filha de sete anos. Um dia, a menina contou para mãe que tinha sido abusada pelo pai de Júlia. A viúva, mesmo sem recursos, saiu da casa com a filha na mesma hora, mas antes contou tudo o que havia acontecido para a mãe de Júlia, que tão gentilmente a havia abrigado. Júlia lembra bem: "Nesse dia, eu estava em casa e escutei tudo que a minha prima estava falando para a minha mãe, que abaixava a cabeça. Finalmente, tomei coragem, me intrometi na conversa e disse: 'Mãe, você tá escutando isso que ela está falando? Não é mentira, tudo isso é verdade! É a mais pura verdade'. Eu sei que a minha prima falou muito, muito mesmo, e, enquanto ela falava, eu ficava me lembrando do que aconteceu comigo. Meu Deus, aquele homem tinha feito a mesma coisa com a minha priminha. Senti um nojo sem tamanho. Ele não passava de um safado. Aí, a minha prima foi embora, e eu lembro exatamente como foi. Estávamos na cozinha, minha prima juntou todas as coisas dela e as da filha, e falou: 'Depois eu mando alguém buscar que eu nem quero voltar mais nessa casa'. E a minha mãe ficou simplesmente ali parada, sem falar nada!".

Júlia, então, confrontou a mãe: "Mãe, a senhora escutou tudo isso que aconteceu? Isso aconteceu comigo, igual, aqui dentro da sua casa. O seu marido abusou de mim, ele me usou o tempo que ele considerou que precisava me usar. A senhora vai botar esse homem para fora? E a resposta que ela me deu foi simplesmente: 'Eu não tenho como botar o seu pai para fora de casa'.".

Ao que Júlia retrucou: "Mesmo depois de ele ter abusado daquela garotinha? Ele abusou de mim, mãe. E não foi só uma vez, não. Foram várias vezes, várias! A senhora quer que eu conte em detalhes o que ele fez comigo? O que ele me obrigava a fazer com ele?". A mãe, por sua vez, respondeu apenas com um categórico "Não". Júlia se desesperou: "Caramba, eu não acredito, porque, se eu sou mãe, mandava esse homem para o inferno. Eu abriria a porta da minha casa e o escorraçaria. Mãe, ele abusou de mim, mãe! Você tem noção do que é isso? Ele abusou de mim. Eu não acredito! A senhora é minha mãe mesmo?".

O argumento da mãe foi o seguinte: "O que é que você quer que eu faça? Ele é um homem doente e já está com uma idade avançada". Diga-se de passagem, ele era de fato um homem velho e doente, mas isso não o impediu de continuar abusando de crianças. "Que ele morra, mãe! Que ele morra!", Júlia se revoltou. Ela jamais perdoou o pai nem a mãe por sua covardia. Tempos depois, entretanto, ela percebeu que a atitude da mãe não havia sido apenas uma questão de ausência de coragem. As outras mulheres da família também não compartilhavam da mesma indignação da jovem com os abusos cometidos pelo patriarca, e eram resignadas. Todo o ódio em relação àqueles crimes ficou concentrado unicamente em Júlia.

A moça acha que uma irmã mais velha também foi abusada, mas, quando tentou tocar nesse assunto, ficou chocada com a resposta que recebeu: "Júlia, para. Isso acontece em todas as famílias. Você tem que parar de se colocar como vítima". Era como se sofrer abusos fosse algo natural entre as mulheres que compartilhavam do mesmo sangue do abusador. Ela então se lembrou de um tio que, sempre que cumprimentava as adolescentes da família, aproveitava o abraço para afagar os seios delas. Uma tia, tempos depois, contou que tinha perdido a virgindade ao ser estuprada pelo próprio irmão. Um irmão de Júlia também a assediou. A família era grande e com muitas histórias não contadas, e todo fim de semana, quando irmãos, sobrinhos e primos se reuniam, Júlia só pensava que estava no lugar errado. O estuprador posava como um homem respeitável, e a vítima era obrigada a engolir uma raiva que descia rasgando.

Ela já não via mais aquele homem como pai. Arranjou cedo um emprego para se estruturar financeiramente e sair de casa, e acabou encontrando a proteção que buscava em um colega de trabalho: Augusto, divorciado, e vinte anos mais velho. No início, ele não tinha despertado o interesse de Júlia, mas ele se apaixonou, fazia gentilezas, deixava cigarros de presente na mesa dela e até organizou uma festa-surpresa no dia do aniversário da amada. Um ano depois, após muitas tentativas dele, começaram a sair. Logo no começo do namoro, ela teve uma crise de choro e contou tudo o que tinha passado desde a infância. O namorado ficou chocado, dava socos pelas paredes, abraçava a jovem e passou a compartilhar o ódio e o nojo pelo pai dela. Ela, por sua vez, se sentia aliviada por finalmente ver a indignação de um homem diante da violência sexual contra uma mulher.

O estuprador mantinha sua pose de moralista e um dia chamou Augusto para conversar. Ele lhe perguntou quais eram suas intenções com a filha, e já iniciou a conversa se referindo a Júlia de forma agressiva: "Bem, como ela é sua amante, eu quero conversar com você...".

"Como é que é?", interrompeu Augusto. "Ela não é minha amante. A Júlia é a minha namorada."

"Que seja. É melhor vocês alugarem uma casa para morar juntos, porque eu não quero saber de pouca vergonha na minha casa."

"Então é esse o problema? Me dê três meses que vou montar uma casa e levar a sua filha para morar comigo."

Júlia não queria se casar. Achava que era o pai quem tinha de ser colocado para fora de casa, não ela, mas se rendeu à única saída concreta que apareceu para acabar com o pesadelo que vivia desde que se entendia por gente. Aos poucos, foi se envolvendo e teve um casamento bem feliz, que gerou dois filhos, hoje adultos, que cuidam dela. Augusto morreu de câncer quando os filhos eram bem pequenos e ela nunca mais se casou. O pai estuprador também morreu, de ataque cardíaco, de repente, e ela só sente a dor de não ter devolvido a ele todo o mal que lhe fez: "Caramba, ele morreu sem ter uma punição, sem sofrer nada, sem escutar nem uma única palavra sobre todo o mal que ele me fez, tudo aquilo que acabou comigo. Chorei muito porque ele não escutou o que tinha para escutar. Ele tinha que estar vivo para poder ouvir todo o mal que ele me fez, tudo o que ele deixou de ruim aqui dentro do meu coração. Eu me tornei uma pessoa cheia de neuras. Quero acreditar que, em algum lugar, ele está pagando".

Pouco depois, a mãe ficou doente e também morreu. Elas, entretanto, tiveram uma última conversa sobre o assunto:

"Minha filha, perdoa o seu pai", ela pediu a Júlia.

"Como? Como a senhora quer que eu perdoe um homem que foi um monstro na minha vida?"

"Júlia, essa coisa que aconteceu com você, aconteceu comigo também."

Júlia, então, resolveu mentir: "Eu perdoo sim, mãe".

Em uma família menos abastada, a história foi diferente. Sílvia morava em uma área pobre de São Paulo, dominada pelo tráfico de drogas. Os pais mal tinham começado a namorar quando a mãe engravidou. Eles se casaram e se mudaram para um "puxadinho" na parte de cima da casa dos avós maternos, onde tios e primos também já viviam, em extensões improvisadas no mesmo terreno.

Pouco depois do nascimento de Sílvia, a mãe descobriu que o marido era usuário de drogas. Ele gastava tudo o que tinha para sustentar o vício, roubava objetos da própria casa e de parentes para vender ou trocar por entorpecentes e contraía dívidas nas bocas de fumo. A família precisou passar até mesmo por um período escondida na casa de parentes na Bahia porque o pai estava jurado de morte por traficantes. Quando finalmente puderam voltar para a periferia de São Paulo, as brigas começaram a fazer parte da rotina do casal.

O homem sempre chegava de madrugada totalmente alterado. Algumas vezes, Sílvia e a mãe tinham que sair de casa para que ele pudesse usar suas drogas, e ele, em várias ocasiões, chegou a apontar uma arma para as duas. Porém, no dia seguinte, sempre vinham os pedidos de desculpas, as promessas de que aquilo não aconteceria mais, e, aos trancos e barrancos, o casamento ia se mantendo. Até o dia em que a violência chegou a um ponto que a mãe de Sílvia não pôde mais tolerar.

A menina tinha seis anos e se lembra apenas de flashes do que aconteceu. O pai passava a mão nela, fazendo um carinho que ela achava estranho, até pela frase que vinha sempre no fim: "Não conta pra sua mãe". "Eu lembro que aquilo que ele fazia comigo não era bom", conta Sílvia. "Por que a minha mãe não podia saber?"

Com medo do pai violento e que andava armado, ela escondia os abusos da mãe e de todo o restante da família com quem dividia o mesmo quintal. Um dia, porém, o pai se descontrolou e toda a história veio à tona. Em uma manhã, Sílvia acordou de repente, sem entender o que a havia despertado. Ela, a mãe e o pai dividiam a mesma cama, pois a casa era minúscula, composta apenas de um quarto, um banheiro e uma cozinha. Ela ouviu o pai dizer a ela "Shiiii!", para que ficasse quieta, e logo em seguida, a menina sentiu uma dor intensa na região genital, algo que não só não compreendia, como jamais havia sentido antes.

Sonolenta, olhou para a cozinha em busca da mãe e viu a luz acesa. "A mamãe tá ali", ela disse, antes de apagar. Sem saber exatamente quanto tempo havia se passado, ela foi despertada novamente. Dessa vez, era a mãe que a acordava para que tomasse banho para ir à escola. Ao olhar para o lado, Sílvia viu que o pai dormia profundamente. A mãe então falou a ela que o chuveiro elétrico da casa havia queimado e que elas teriam que descer para tomar banho na casa do avô.

Ao chegar ao banheiro da casa de baixo, a mãe tirou a roupa de Sílvia para colocá-la no banho e, ao abaixar a calça da filha, percebeu o sangue. Seu rosto foi tomado pelo pavor, enquanto Sílvia tentava compreender o que estava acontecendo. A mãe então lhe perguntou diversas vezes, desesperada: "Alguém mexeu com você na escola?". A menina só balançava a cabeça, em negativa. Não, ninguém havia tocado nela na escola. Ao ver a aflição crescente da mãe, Sílvia, por fim, confessou: "Foi o pai".

Nesse momento, Sílvia conta que viu a mãe se transformar. "A imagem que eu tenho é de que a minha mãe passou a ser uma supermulher. Era como se ela tivesse chegado com capa e tudo pra me salvar." A mãe acordou o avô e seguiram todos para delegacia, onde registraram queixa. De lá, foram para o hospital, onde Sílvia passou por exames. "Eu lembro que estava deitada na maca, com a minha mãe sentada ao lado, e a médica pediu para eu abrir as pernas. Lembro de a médica fazendo que sim com a cabeça para ela, e a minha mãe começou a chorar. E eu fiquei muito preocupada, pensando: 'O que tá acontecendo comigo?'." Aos seis anos de idade, Sílvia havia perdido a virgindade ao ter sido estuprada pelo próprio pai.

O exame ginecológico é menos invasivo quando se trata de uma criança. O médico examina a área genital para confirmar se há ferimentos e se houve laceração do hímen, e usa um cotonete para colher material para análise, muitas vezes realizando o esfregaço apenas na área externa dos órgãos sexuais. Tudo deve ser feito com o máximo de cuidado, para incomodar o mínimo possível e não criar um trauma ainda maior na criança. A norma técnica do Ministério da Saúde sobre atendimento a vítimas de violência sexual, tanto para crianças como para adultos, prevê ainda que todas as etapas do exame, desde a chegada, sejam realizadas em uma área reservada da unidade de saúde, fora do pronto-socorro ou da triagem, para manter a privacidade. Também para evitar exposição desnecessária, não deve haver placa de identificação do setor.

Sílvia se lembra de estar nessa sala apenas na companhia da médica e da mãe, e também se recorda de ter tomado muitos remédios. A profilaxia de infecções sexualmente transmissíveis em crianças é feita com as mesmas substâncias usadas em mulheres adultas, mas em doses menores quando a pessoa tem menos de 45 quilos. O mesmo vale para mulheres grávidas.

Depois que todos os procedimentos terminaram, já era noite. Foi quando um policial disse: "Nós iremos levar você para casa, mas a gente vai ter que passar antes pelo trabalho do seu pai". Nas horas vagas entre o consumo de drogas, as ameaças à esposa e os abusos da filha, ele trabalhava como frentista em um posto de gasolina de um bairro vizinho. O coração de Sílvia disparou com medo de ver o pai ser preso. Foi quando outro policial chegou e informou que a prisão já havia sido realizada. O pai foi direto para a cadeia e Sílvia nunca mais o viu vivo.

De volta em casa, a comoção foi total. As tias estavam chocadas, ninguém nunca havia desconfiado de nada, os vizinhos queriam saber detalhes. A mãe procurava evitar a todos, mas não conseguiu impedir que a notícia se espalhasse. O caso foi parar no noticiário. Repórteres foram para a frente da casa, e Sílvia se lembra de ter visto a história dela na televisão, contada pelo famoso repórter policial Gil Gomes, que fazia parte de um telejornal muito popular na época.

Desde 13 de julho de 1990, a cobertura da imprensa de casos como o de Sílvia segue as regras do Estatuto da Criança e do Adolescente (ECA), que deixa claro, no artigo 17, que a criança tem direito a ter sua imagem e identidade preservadas. Mesmo quando são realizadas reportagens dentro de escolas e outros ambientes geralmente frequentados por menores de idade, é preciso que os pais de todas as crianças que aparecem na matéria assinem uma autorização.

O artigo 18 do Estatuto menciona, ainda, a obrigação de velar pela dignidade da criança e do adolescente, pondo-os a salvo de situações que possam ser consideradas vexatórias ou constrangedoras, ou seja, o cuidado precisa ser redobrado quando se trata de uma vítima de violência. Todos os grandes órgãos de imprensa têm, inclusive, o cuidado de preservar a imagem e o nome dos adultos que falarem sobre o fato, para que não seja possível identificar a criança por meio de algum parente ou vizinho. É sempre um equilíbrio delicado entre duas obrigações: realizar o trabalho jornalístico de denunciar o fato, cobrando uma punição da parte dos órgãos competentes e alertando a sociedade, e a de proteger a vítima de um dano ainda maior que possa ser causado por qualquer tipo de exposição. A análise de até onde ir e como realizar a abordagem com os envolvidos é sempre muito cuidadosa, subjetiva e pensada caso a caso.

É curioso observar que a lei é muito mais rígida na preservação da imagem da criança infratora. O artigo 247 do ECA é explícito ao proibir, por qualquer meio de comunicação, a divulgação total ou parcial do nome ou do delito em que o menor infrator está envolvido. Qualquer imagem que possa levar à identificação da criança, mesmo que indiretamente, é passível de multa de até vinte salários mínimos. Já quando a criança é vítima de um crime, não há esse nível de detalhamento na lei. As mesmas medidas de proteção são adotadas, em geral, a partir da interpretação dos departamentos jurídicos dos órgãos de imprensa. O jornal impresso, o canal de TV, a estação de rádio ou o site da internet que expuser uma criança que sofreu um crime pode ser intimado pelo Ministério Público e, se não houver acordo e o caso chegar a uma ação de responsabilização da empresa, a punição é uma multa não especificada, a ser arbitrada pelo juiz. A família do menor de idade pode, ainda, pedir uma indenização por danos morais.

O princípio nobre do ECA é preservar a criança infratora para que ela, no futuro, possa ser reintegrada à sociedade, tendo uma vida adulta sem que pesem contra ela erros cometidos quando ainda dependia da tutela e orientação de responsáveis. O que os legisladores parecem não compreender é que a criança vítima também precisa dessa mesma proteção. É necessário que ela não seja marcada ou estigmatizada pela vida afora por causa da violência que sofreu. Mas, mesmo contando com a proteção que os órgãos de imprensa deduzem que devem lhe dar, isso nem sempre é possível. O padrão nas emissoras de TV é nunca revelar o rosto da criança nem de parentes, e para isso são usados recursos como gravar o depoimento com a pessoa em contraluz, para que só apareça a silhueta dos entrevistados, que muitas vezes ainda usam um capuz para disfarçar ainda mais; filmar a sombra de quem está falando; ou, então, distorcer a imagem com efeito de mosaico ou de borrão. A voz também é distorcida a ponto de ser necessário inserir uma legenda para o que está sendo dito. As entrevistas também podem ser feitas longe de casa, para não levantar suspeitas na vizinhança. Na reportagem sobre Sílvia, o nome e o rosto dela não foram revelados, nem os dos familiares, mas as entrevistas foram gravadas ali mesmo, o que fez aumentar o burburinho na comunidade. Todos que viviam próximos à família acabaram sabendo quem era a vítima, e a notícia logo se espalhou por todo o bairro. Sílvia se sentiu invadida e preocupada, e, ao mesmo tempo, se achava culpada, pois havia sido ela quem tinha contado tudo para a mãe. E agora, que a notícia tinha caído na boca do povo, o que seria de sua família?

Ela conseguiu acompanhamento psicológico na rede pública de saúde. A norma do Ministério da Saúde diz que o atendimento a quem sofreu violência sexual tem de ser multidisciplinar, com médico, enfermeiro, assistente social e psicólogo, embora apenas o médico seja considerado de fato indispensável. A falta de algum dos outros profissionais não deve inviabilizar o atendimento, mas o ideal é que o atendimento psicológico aconteça logo na primeira consulta. Pediatras, cirurgiões, infectologistas ou psiquiatras podem se juntar quando necessário, mas a verdade é que, diante de todas as carências da rede pública de saúde, conseguir ser atendido por todos os especialistas é uma raridade.

Mesmo com o trabalho de uma psicóloga, Sílvia passou de uma menina tranquila a agressiva, e sua mãe era chamada a toda hora na escola. Crianças alvo de violência tendem a desenvolver, além de sinais de melancolia, também irritabilidade e agressividade. É comum haver queda no rendimento escolar, isolamento social, choro sem motivo, pesadelos e o desenvolvimento de uma hipersexualização precoce, e esses são sintomas possíveis que podem, inclusive, servir de alerta para os familiares, professores e profissionais da área de saúde de que algo aconteceu com a criança. Crianças pequenas em idade pré-escolar que foram abusadas podem também apresentar regressão de comportamento, voltando a fazer xixi na cama, a querer usar chupeta, a procurar os brinquedos de quando eram menores ou a usarem voz e vocabulário de bebê. Entre adolescentes violentados, não são raros os relatos de jovens que passaram para o papel de abusadores contra crianças menores.

A família do pai de Sílvia se afastou, insistindo que ela estava mentindo, mesmo com a comprovação do exame médico. Um tio que era associado ao tráfico de drogas chegou a invadir a casa em que elas moravam e a ameaçar a mãe. No julgamento, Sílvia preferiu não ver seu estuprador: "Lembro que me sentei em uma cadeira de madeira muito alta, e meus pés ficaram pendurados. Eu me recordo de uma certa cena, quando o juiz perguntou se eu gostaria de contar tudo o que aconteceu na presença do meu pai, e eu disse que não".

O pai ficou preso no Pavilhão 8 do hoje extinto Presídio do Carandiru, e quando a cadeia registrava fugas, mãe e filha ficavam apreensivas. Depois de seis anos, ele morreu na prisão, e o atestado de óbito diz que a causa foi pneumonia, mas a mãe de Sílvia sempre achou que o ex-companheiro, na verdade, foi assassinado na cadeia por ser um estuprador ou que ele realmente ficou doente, mas não recebeu o atendimento adequado de propósito, um castigo decidido pelos próprios funcionários do presídio por ele ter cometido um crime tão revoltante. A notícia da morte foi dada por uma tia, que Sílvia não via tinha muito tempo.

"Na hora me veio aquele choque", Sílvia contou. "Foram muitas sensações ao mesmo tempo, sabe? Eu senti alívio porque sempre que tinha alguma rebelião no Carandiru, o que era constante, eu sentia pavor de fazer até mesmo as coisas mais simples, como andar na rua. Mas, ao mesmo tempo, também fiquei muito triste. Eu sofri porque ainda tinha alguma esperança de que poderia ter dado certo, que o meu pai poderia se arrepender e, quem sabe, a gente pudesse voltar a se falar."

Sílvia fez questão de ir ao velório, e a avó materna a acompanhou. Quando viu o pai no caixão, ao mesmo tempo que a sensação de alívio se tornou mais intensa, ela também teve medo de que a morte do pai fosse uma mentira. Aos doze anos, achava que ele podia estar se fingindo de morto para escapar do presídio, e que, assim que ela saísse, o homem iria se levantar e fugir para outra cidade. Levou alguns anos para que ela se livrasse dessa ideia fixa e pudesse tentar seguir com sua vida.

A moça fez faculdade de Pedagogia e conseguiu uma bolsa de estudos em uma universidade particular; depois, ainda fez pós-graduação e mestrado. Desenvolveu uma gagueira que terapeutas atribuem ao trauma da infância, mas, ainda assim, por meio de exercícios de respiração, consegue dar aulas, e os alunos só às vezes precisam pedir que ela repita o que disse ou que fale mais devagar. Quando completou trinta anos, ela conseguiu se mudar do bairro pobre onde cresceu, mas o passado marcou e determinou seu futuro. Sempre que volta para visitar a família, escuta de moradores antigos que é incrível ver hoje a mulher que Sílvia se tornou, depois de tudo pelo que ela passou. Quando conversamos, Sílvia estava com 32 anos e nunca tinha namorado: "Só dei um beijo na boca quando eu estava na quinta série. Acredito que alguém mais especial está reservado para mim. Quero um bom namoro, um bom noivado, um bom casamento, ter filhos…". Apesar de não desistir, Sílvia acredita que esse é um sonho difícil de ser realizado, porque, segundo ela diz, só se interessa por quem não retribui seus sentimentos. E ela, por sua vez, jamais se entusiasma por quem se apaixona por ela, o que é um mecanismo eficiente de autossabotagem, para nunca começar a se relacionar com ninguém.

Fugir de situações que lembrem o trauma é um sintoma muito comum do transtorno pós-traumático, a chamada "evitação". No caso de estupro, muitas mulheres passam a evitar qualquer contato sexual para não trazer a violência de volta à memória. Há casos de pessoas que nunca mais conseguem ter relações sexuais e fogem de qualquer tipo de envolvimento amoroso, como Sílvia, para não chegar ao momento de ter que lidar com o sexo, e costumam desviar quando encontram alguém interessante. A melhora pode vir por meio de medicação e terapia, porém essas mulheres precisam passar mais uma vez pelo processo doloroso de relembrar o trauma, e é necessário se expor gradualmente a situações que envolvam sexo. Mesmo assim, nem sempre após o tratamento as vítimas conseguem partir para a ação. É o caso de Sílvia: "Mesmo depois de dezessete anos de análise, ainda ficaram alguns pontinhos de interrogação na minha cabeça. Acho que o trauma ainda deixou algo em mim que não consigo identificar".

Além da terapia, a religião também ajudou a afastar uma boa parte do sofrimento. Sílvia relembra que, ainda adolescente, foi levada por uma prima para uma igreja evangélica. Ela participou de um culto e, em um determinado momento, os fiéis começaram a cantar um hino que dizia que Deus era o pai de todos que ali se reuniam. De imediato, Sílvia pensou: "Não, eu não quero ter um Deus parecido com o meu pai, não. Se esse Deus é assim, eu quero distância dele". A figura do pai e de todo o mal que ele lhe havia feito voltou à cabeça da jovem, que começou a chorar copiosamente, e atraiu a atenção de alguns pastores, que a chamaram para conversar. Eles começaram a fazer uma oração e ela sentiu que podia confiar naqueles homens, e então contou toda a sua história. Os pastores lhe recomendaram que a melhor forma de lidar com tudo aquilo seria perdoar o pai por todo o mal que ele havia lhe causado, e apesar de Sílvia ter retrucado que o pai já tinha morrido, eles insistiram que aquele era o momento ideal para que o perdoasse de uma vez por todas, e que só o perdão tiraria de dentro dela aquela gama de sentimentos ruins que a acompanhava desde a infância.

Assim, ainda que relutante, ela declarou em voz alta: "Pai, eu perdoo você por tudo o que você fez". Os pastores declararam, a seguir, que aquele momento marcava o início de uma vida repleta de amor verdadeiro de um bom pai, representado pela figura de Deus. Sílvia conta que saiu da igreja sentindo-se leve pela primeira vez desde que havia sido violentada, e sorria de orelha a orelha, sentindo vontade de abraçar a todos que encontrava na rua, de conversar com as pessoas, de fazer amigos, socializar. Até mesmo a mãe percebia a clara mudança na filha e a incentivava a continuar frequentando os cultos, dizendo: "Nossa, você está mesmo mudando. Essa igreja está mesmo te fazendo bem".

Sílvia ainda não curou todas as suas feridas, mas saí da nossa conversa feliz, imaginando a cena em que ela, por fim, conseguiu sair pela igreja abraçando desconhecidos, com alegria e leveza. Eu mesma senti vontade de abraçar aquela mãe que desafiou até mesmo traficantes para salvar a própria filha.


É difícil entender por que algumas mães saem em defesa das filhas e outras não. Encontrei mães que sofreram abusos na infância e por isso naturalizam a violência sexual em geral. Com outras, é o oposto: exatamente porque foram abusadas quando crianças, não admitem que isso se repita com as filhas. A dependência financeira é outro motivo que leva muitas mulheres a não denunciar o marido abusador. Entretanto, também encontrei casos, como o da mãe de Sílvia e de outras tantas moradoras de comunidades carentes, que sobrevivem com dificuldades, mas colocam a segurança das filhas acima de qualquer problema financeiro que venham a enfrentar. Ao mesmo tempo, me deparei com mães de classe média que teriam condições financeiras para tirar as filhas daquela rotina de abusos, mas estão apegadas ao status da família ou têm uma dependência emocional em relação ao marido tão profunda que fazem vista grossa. E há, ainda, as mulheres amedrontadas, que sofrem ameaças físicas e psicológicas e ficam em silêncio por medo de botar a sua segurança e integridade física e as da própria filha em risco. Cada história e seus motivos são diferentes e por isso é difícil julgar.

Reagindo ou não, mães de crianças abusadas sexualmente são vítimas secundárias do estupro. Também sentem tristeza, vergonha, medo, preocupação, além de um profundo sentimento de impotência por não terem sido capazes de proteger as filhas. As que também foram abusadas na infância revivem o trauma quando descobrem que a história se repetiu com sua criança. Ao mesmo tempo, as mães são decisivas para o futuro da filha que sofreu esse tipo de violência. São basicamente elas que podem denunciar, que levam as filhas para o acompanhamento psicológico, que têm o poder de fazer com que elas se sintam acolhidas, porém, muitas vezes ocorre que elas próprias não foram acolhidas na sua dor e nos seus medos. Não há nenhum protocolo ou obrigatoriedade de atendimento psicológico ou social a essas mães, mas é evidente que essas são medidas extremamente necessárias, que precisam ser incluídas com urgência na nossa legislação.

De volta à Ilha de Marajó, no Pará, também em uma área isolada no meio da mata, escuto mais outra história que reforça o poder das mães. Chego para conversar com Ana Maria e Teresa, e logo de cara percebo a semelhança física entre as duas: "Nossa, nem precisa dizer que vocês são mãe e filha, né? Vocês são iguais!". Ambas têm o mesmo rostinho redondo com olhos rasgados e feições muito semelhantes, além do mesmo jeito doce.

Aos doze anos de idade, Teresa lembrou da época em que o pai, de 43 anos, era seu melhor amigo: "Ele jogava bola comigo e com os meus irmãos, brincava com o Quebra-Ferro...". A mãe interrompe a menina para explicar: "O Quebra-Ferro é um cachorrinho que a gente tem lá em casa. Ele faz muita bagunça, destrói tudo, até as coisas mais duras. Por isso, a gente colocou o nome dele de Quebra-Ferro".

Não é uma vida fácil. A família sobrevive da pesca do camarão de janeiro a julho e, de agosto a dezembro, encara o trabalho desgastante da coleta do açaí, época em que o açaizeiro dá frutos. O trabalho, perigosíssimo, consiste em escalar a palmeira, que mede de doze a vinte metros de altura, levando um facão na boca ou preso nas roupas para cortar os galhos altos, onde se localizam os frutos. Essa atividade, que oferece muitos riscos e pouco lucro, é uma das principais fontes de renda dos marajoaras, ao lado dos empregos em prefeituras. O único "equipamento de segurança", que só às vezes é usado pelos trabalhadores na ilha, é a peçonha, uma corda, ajustada como se fosse um cinto no tronco da palmeira, que tem cerca de catorze centímetros de diâmetro e que prende os pés do catador em torno da árvore, o que facilita a subida, a permanência durante a colheita e a descida. É uma técnica indígena, também usada para fugir de onças, e com tão pouca ou nenhuma proteção, mesmo com toda a experiência dos marajoaras, acidentes acontecem, inclusive com mortes. Os trabalhadores não são organizados, fazem a colheita por conta própria e vendem o que conseguem para um atravessador, que chega em um barco chamado de rabecão, recolhe o açaí nas comunidades ribeirinhas e revende em Belém ou diretamente para compradores maiores.

Ana Maria e o marido tiveram três filhos, dois meninos e Teresa. O mais velho foi morar em Belém com uma avó, e o mais novo, de treze anos, é o que ia com a mãe escalar as palmeiras para colher o açaí e garantir o sustento da família. No começo, o marido também participava, até que, depois de quinze anos de casamento, ele começou a mudar. A mãe me conta: "Ele começou a usar drogas. Aos poucos, foi virando um monstro. Ele me maltratava muito, saía pra Boa Vista [um dos municípios de Marajó] para usar droga de sexta a segunda, e, quando ele voltava pra casa, já chegava quebrando tudo, maltratando a gente, falava aos gritos, me chamava de tudo que é nome". O tráfico de drogas é o problema de segurança pública mais grave do Marajó, mais até que a exploração sexual e a pirataria. A droga mais consumida por lá é um pó chamado de "óxi", uma mistura de derivados da cocaína. É uma versão do crack mais tóxica e barata.

A essa altura, Ana Maria já ia trabalhar sozinha com o filho caçula, e o marido só aparecia de terça a quinta para pegar parte do dinheiro que ela conseguia. Mas não só para isso. Aquele homem que deveria tomar conta da filha enquanto Ana Maria estava fora garantindo, junto com o irmão da menina, o sustento da família, começou a abusar dela. A mulher lembra que, nessa mesma época, Teresa começou a apresentar um comportamento pouco usual e diversos sintomas estranhos: "Ela chegava da escola e falava: 'Mãe, tô com muita dor de cabeça', e se jogava na rede para passar o resto do dia deitada". Apesar de jovem, a menina já tinha começado a menstruar, e a mãe passou também a perceber que muitas vezes os ciclos de Teresa vinham duas vezes no mesmo mês. "Eu me perguntava toda hora porque aquelas coisas estavam acontecendo. Não tenho condições de levar a minha filha no médico, não tenho nem dinheiro para isso. Eu não tinha como investigar o que era, porque a gente é pobre, entendeu? Não tem condições."

No momento em que me narrava isso, ela começou a chorar. E eu, como jornalista e como mãe, me segurei para não chorar junto.

Durante um ano, Teresa viveu o inferno de ser estuprada pelo próprio pai, e ela me contou, também chorando, com sua voz fofinha de criança, de cortar o coração, como era: "Ele falava que era pra eu ficar com ele. Se eu não fizesse aquilo, ele ia matar a mamãe e o meu irmão". Teresa ainda chama a mãe de *mamãe*. Estava preocupada com o irmão, é uma menina doce, educada. Quando a entrevistei, eu já estava havia seis meses rodando o Brasil para realizar as pesquisas que culminaram neste livro, já fazia meio ano que eu ouvia, praticamente todas as semanas, os relatos mais absurdos, as histórias mais escabrosas, os prantos mais doloridos. Porém, quando ela começou a falar, me lembrei da pergunta que não tem resposta: como alguém tem coragem de praticar tamanha crueldade contra uma criança? E, ainda por cima, contra a própria filha?

Teresa tinha medo de contar para a mãe, mas tentava se defender como podia: "Eu lutava com ele. Toda vez que ele queria me forçar, eu sempre dava uma mordida no braço dele, mas não adiantava". Sem desconfiar de nada, Ana Maria seguia na batalha, contando apenas com a ajuda do filho.

E, ainda por cima, tinha de aturar o marido drogado de terça a quinta. "Tudo depende de mim, sabe?", ela me explicou. "Sou eu que tenho que dar o meu jeito para sustentar a casa. Eu uso dois paineiros (cestos que armazenam a fruta) pra pegar o açaí, pra gente vender, e com o dinheiro comprar leite, calçados, roupas."

Um dia, o marido chegou em casa muito agitado, transtornado pelo uso de drogas, e a esposa lembra: "Era uma terça-feira. Quando ele chegou, eu já tinha saído pra pegar açaí. Nesse dia, o meu sobrinho, filho da minha irmã que mora perto da nossa casa, tinha ido com a gente. A gente já estava no meio do caminho, quando me bateu uma coisa, uma sensação que eu não sei explicar direito, aí eu falei: 'Hoje eu não vou para o mato'. Perguntei pra os meninos se eles precisariam da minha ajuda, e como eles disseram que conseguiam se virar sem mim, voltei pra casa".

Já no terreno de sua casa, Ana Maria subiu os degraus de uma pequena ponte construída sobre um riacho que corta as redondezas e, lá do alto, a poucos metros da janela da cozinha, viu de longe a filha próxima da mesa, e o marido com o pênis para fora da calça. "Ele já estava com o pênis daquele jeito. Quando vi aquilo, me desesperei. Ela estava sentada, chorando e pedindo 'Não, por favor'. E ele dizia para ela não chorar, que aquela seria a última vez."

Ana Maria é uma mulher bem baixinha, mas forte, atarracada, provavelmente em decorrência do trabalho braçal na coleta do açaí, o que a ajudou muito naquela situação: "Eu entrei na casa correndo, peguei dois bancos e joguei em cima dele. Logo depois, com uma das mãos, dei dois socos bem no meio das costas dele. Eu me desesperei. Eu gritava: 'É hoje que eu vou mandar te prender. Tu *é* um bicho, tu *é* um monstro, tu não *é* gente'.".

O covarde ainda roubou o barquinho a motor de Ana Maria e fugiu, e ela e a filha ficaram isoladas. Ana Maria gritou até quase perder as forças pedindo socorro, porém tanto o filho quanto o sobrinho estavam no mato catando açaí, e elas tiveram que esperar até que os dois voltassem para ir até a casa da irmã pegar outro barco para pedir ajuda. "Eu estava tão desesperada que cheguei lá ainda gritando por socorro", ela conta. Ana Maria acredita que o marido fugiu para o outro lado do rio Pará, para o município de Limoeiro do Ajuru, localizado no continente, a 44 quilômetros dali. Uma viagem de cerca de cinco horas de barco, e que ele volta e meia fazia para se encontrar com amigos. A filha, então, lhe contou tudo sobre os cerca de dez meses em que sofreu abuso, que sempre aconteciam de terça a quinta-feira, quando o pai estava em casa e a mãe saía para trabalhar.

"Meu Deus do céu, eu nunca imaginei que passaria por isso", Ana Maria desabafa. "A gente assiste ao jornal todos os dias, vê essas coisas e eu falava: 'Nossa, o que essa mãe deve estar passando…'. Mas eu nunca imaginei que iria passar por esse tipo de… entendeu? Até agora eu não consigo… Também fiquei muito triste por causa do meu filho, por ele ter que saber disso, meu filho que trabalha tanto…"

Quando conversamos, o flagrante era recente, tinha ocorrido havia uma semana, e as duas choravam o tempo todo. Foi de partir o coração, mas elas estavam unidas, uma apoiando a outra. Juntas, deram queixa na polícia. "Eu quero justiça", afirmou Ana Maria. "Quero que prendam esse homem, porque ele não pode ficar impune", disse a mãe. "Queria que ele fosse preso e nunca mais saísse", completou a filha.


Dois anos depois da minha conversa com Teresa e Ana Maria, o pai criminoso segue foragido. Pelo menos, ele nunca mais voltou a atormentar a família. Teresa, por sua vez, ainda teve que lidar com bullying na escola. Colegas muito cruéis souberam que ela tinha sido estuprada pelo próprio pai e começaram a fazer piadinhas. Riam dela, apontavam no pátio, e a mãe, sempre atenta, foi até a escola. "Eles começaram a caçoar dela, que o pai se serviu dela, essas coisas aí…", Ana Maria explicou. "Fui lá falar com o diretor, conversaram comigo, me garantiram que isso não ia acontecer na sala de aula. E que não era para eu me preocupar com nada, que eles iam conversar com os meninos."

A conversa com os meninos ajudou, mas não acabou de vez com o bullying. Por outro lado, desde o primeiro momento, Teresa tem o apoio de amigas, em uma lição precoce de sororidade: "A minha amiga Maria uma vez viu que estavam falando coisas ruins pra mim e veio correndo me abraçar, chorando. E, quando outras crianças começam a falar que o meu pai vai voltar e fazer de novo comigo, a Luciana pega e começa a jogar água neles". Boa, meninas!

Assim como acontece com os adultos, o suporte social para as crianças faz toda a diferença na superação de um trauma. Família e escola precisam ensinar sobre respeito e empatia, e também fortalecer a criança vítima de bullying, para que ela consiga responder às provocações, o que, convenhamos, já é difícil para qualquer um, independentemente da situação; imagine para uma criança tão fragilizada quanto quem sofreu violência sexual cometida pelo próprio pai. Por isso, a intervenção da escola é fundamental.

Escola e família também têm que cuidar da prevenção à violência sexual. O assunto, que em geral é evitado, precisa na verdade ser discutido abertamente, de um jeito ameno, apropriado à idade, mas sempre de forma direta e clara. Seja por intermédio de desenhos, bonecos ou com uma conversa franca com os adultos, a criança precisa saber que só pessoas de confiança podem tocar nas partes íntimas dela, como a mãe, o pai, avós ou a babá, quando é o caso. E, ainda assim, apenas em situações como tomar banho ou cuidar da higiene no banheiro, o que a protege contra possíveis abusos cometidos por pessoas próximas. A informação protege as crianças, e quanto mais cedo, melhor.

O exemplo das amiguinhas de Teresa bem poderia servir para a irmã do estuprador. Os pais dele ficaram arrasados e em estado de choque com o ato do filho, e continuam ajudando os netos como podem. Mas a irmã ficou com raiva quando foi procurada pela polícia, que tentava encontrar o bandido. Quando os policiais saíram de sua casa, ela ainda telefonou para dizer desaforos para Ana Maria, que me contou que a ex-cunhada vociferou que a culpa pelo que havia acontecido era toda dela, que ela sabia que o marido era viciado em drogas, e que não deveria ter deixado Teresa sozinha com ele. Ela afirmou, ainda, que o outro filho também deveria ter protegido a irmã e, ainda, que Teresa poderia ter fugido e evitado toda aquela situação terrível. Mesmo sabendo que não conseguiria mudar a visão distorcida da mulher do outro lado da linha, Ana se defendeu: "Não, eu confiei nele, ele é pai. Eu não mandei o seu irmão fazer essas coisas horríveis. Eu não tive culpa. Nem eu, nem o meu filho, nenhum dos meus filhos". Por mais óbvio que seja, esta é uma constatação que precisa ser sempre repetida: a culpa de um estupro é sempre do estuprador.

Em mais uma demonstração de como a violência sexual molda a vida das vítimas desde que os abusos têm início, Teresa passou a ter um novo sonho para quando for adulta: ser policial. Essa se tornou a brincadeira preferida com o irmão e o cachorro. Ela e o irmão fingem que são os policiais, e que o cachorro é a vítima do assalto. A história é sempre a mesma: o ladrão rouba a coleira do Quebra-Ferro, e ele presta queixa. Um boneco sem nome é o bandido, que fica escondido atrás da porta.

Volta e meia, tenho notícias dessa família. Eles estão bem. As crianças seguem na escola, Teresa passou a acompanhar a mãe e o irmão na coleta do açaí para não ficar mais sozinha em casa, e agora, ela com catorze anos e o irmão com quinze, ainda brincam de polícia e ladrão.

No dia em que conversamos, tentei consolar mãe e filha como pude, dizendo que elas ainda iam viver muitas coisas boas na vida e que, com o tempo, a tristeza ia diminuir. Cheguei até a me oferecer para ir à escola de Teresa, que eu não fazia a menor ideia de onde ficava, para brigar com os garotos que estavam fazendo bullying com a menina. Com essa ideia maluca, consegui arrancar uma risada muito gostosa da menina. Demos um abraço apertado e longo. "Gostei de você", me disse ela.

Mãe guerreira e filha idem foram embora, e eu desabei a chorar. Com tudo o que passou, Teresa não perdeu a capacidade de confiar, de sentir afeto. Também gostei tanto de você, Teresa...


Com exceção do bandido, que é sempre o culpado, é difícil julgar os envolvidos em situações como as narradas neste capítulo, em especial quando pensamos nas mulheres. As filhas, mesmo depois que crescem, têm sentimentos confusos. Denunciar ou não denunciar o próprio pai? Como odiar aquele a quem deveriam amar? Ele não tinha que estar ali para protegê-las? Por serem filhas, têm que aceitar e perdoar tudo? Em meio a tanto medo e mágoa, ainda sobra algum lugar para o respeito pela figura paterna?

Sinto muita raiva de mães que descobrem o abuso e nada fazem, mas, ao mesmo tempo, também sinto pena de muitas delas. Quem é sustentada pelo marido pensa o que será dela e dos filhos, inclusive a filha violentada.

Quem vai botar comida dentro de casa? Já quem tem uma condição financeira melhor pensa se tem mesmo o direito de destruir a própria família. Há aquelas que foram criadas em ambientes violentos e aparentam ter uma maior tolerância quando as filhas são vítimas. Há as que acham que esse é um padrão do comportamento masculino, repetindo a famosa máxima: "Homem é assim mesmo". Acreditam que aquilo um dia vai acabar, que foi só uma vez — como se fosse pouco —, ou se sentem fracas demais para afrontar o marido. Nada disso justifica a omissão, mas ajuda a entender por que tantas mães não tomam uma atitude.

Há também o medo. Se pensar em denunciar qualquer tipo de bandido já é algo que amedronta a maioria das pessoas, imagine então quando o criminoso é alguém que conhece você como poucos, que está dentro da sua casa, e é muito mais forte em todos os sentidos? É um bandido com quem você tem filhos e que será para sempre o pai deles. Essas são questões que atormentam e podem paralisar muitas mulheres, e, na maioria dos casos, não acho que as mães que fingem que não veem os abusos contra as filhas fazem isso porque não se importam com suas crianças. Até há as que não ligam e as desatinadas, que insistem que foram as próprias filhas que provocaram a situação. Entretanto, em geral, essas são mulheres que se sentem acovardadas ou não têm um real entendimento do que está acontecendo diante de seus olhos, e todas elas sofrem caladas.

Claro que entendo a mágoa das filhas abusadas em relação às mães que não reagem, afinal, quando se é uma criança com um pai estuprador, a mãe é sua única esperança. É claro que é normal sentirmos uma raiva profunda da mãe que não faz nada. Para a Justiça, inclusive, como já foi mencionado anteriormente neste capítulo, mães que fazem "vista grossa" podem ser responsabilizadas e processadas como partícipes do estupro. Caso fique provado que uma mãe poderia ter impedido um crime, ela responderá um processo por sua omissão, e não adianta alegar, por exemplo, que tolerava o abuso contra a filha porque dependia financeiramente do agressor. A única exceção a isso é se ficar comprovado que a mãe não agiu porque sofria uma ameaça intransponível.

Não sei se é justo cobrar de pessoas sem estrutura, inclusive emocional, que denunciem um crime, mas o que posso dizer é que muitas mães têm uma estrutura psicológica bem sólida e um senso gigante de proteção de suas crias. São mulheres que têm um relacionamento mais próximo com suas crianças e acreditam nas filhas desde o primeiro momento em que elas manifestam qualquer dor, problema ou desconforto. Essas, mesmo diante das maiores dificuldades, conseguem ser fortes e corajosas e não admitem a violência contra suas meninas. E isso faz toda a diferença.

## Capítulo 8

## Não era aqui que iriam cuidar de mim?

QUEM É MÃE OU PAI em geral tem grande cuidado e preocupação ao escolher quem irá cuidar de seu filho, especialmente quando é uma criança pequena, nos momentos em que não pode fazer isso pessoalmente por estar trabalhando ou até impossibilitado por qualquer motivo. Aquele tio avoado não serve, a amiga que não larga do telefone também não, os avós já velhinhos nem sempre inspiram confiança. Especialmente quando pai e mãe trabalham fora, é necessário delegar a função a alguém. Em nome do sustento, da realização profissional, ou mesmo do desenvolvimento das crianças a partir de uma certa idade, é comum precisar confiar em outras pessoas para tomar conta dos filhos durante boa parte do dia.

Porém, causa calafrios pensar que justamente as pessoas que deveriam cuidar das crianças e protegê-las podem ser suas maiores ameaças. Os casos que surgem de abusos sexuais em creches e escolinhas provocam dor e sofrimento a todos os envolvidos e familiares, e, mesmo em quem não tem relação direta com as vítimas, causa revolta. Quando são bebês, claro, são completamente indefesos, e mesmo quando são maiores, nem sempre têm a coragem ou a condição necessária para contar aos pais. Quando o fazem, muitos adultos ficam em dúvida: será que o fato aconteceu mesmo? Como separar a realidade da fantasia?

A experiência mostra que dificilmente uma criança inventa uma história de abuso sexual. As exceções existem, mas elas acontecem basicamente em duas situações: quando a criança tem algum *deficit* intelectual ou quando está sendo induzida por algum adulto a mentir ou a acreditar que tenha sido vítima de abuso. Crianças com *deficit* intelectual podem fantasiar uma história de violência a partir de alguma cena de filme ou do noticiário, por exemplo, e o relato é sempre fora da realidade, como o caso de uma menina que inventou que tinha sido tocada por um médico durante uma consulta, sendo que ela sempre foi atendida na companhia dos próprios pais. A segunda hipótese, em que há más intenções de algum adulto envolvido, acontece especialmente em casos de alienação parental. O pai ou a mãe podem, para citar apenas um exemplo, manipular a criança psicologicamente para que ela conte uma história de abuso sexual envolvendo o ex-companheiro e, assim, ter vantagem na disputa pela guarda ou por um aumento no valor da pensão.

Esses casos, porém, não costumam ser muito comuns. O psiquiatra Fabio Barbirato, chefe do Ambulatório de Psiquiatria da Infância e da Adolescência da Santa Casa de Misericórdia do Rio de Janeiro, em mais de vinte anos de carreira, só encontrou uma única estudante que inventou uma história de abuso sexual na escola. E era já uma adolescente, com perfil manipulador, que quis se livrar da culpa por ter sido reprovada, alegando que a repetência havia sido uma vingança do professor por ela não ter cedido ao assédio dele.

É impossível não se lembrar também do famoso e trágico caso da Escola Base, localizada na Aclimação, um bairro de classe média de São Paulo. Em março de 1994, a vida dos donos e funcionários da escola foi destruída por uma falsa alegação de violência sexual contra crianças de quatro anos, noticiada à exaustão pela imprensa de todo o Brasil por meses a fio. Nesse caso, duas mães procuraram uma delegacia para abrir uma ocorrência contra a escola. Elas afirmavam ter ouvido a denúncia a partir de relatos dos próprios filhos. A apuração da denúncia por parte da polícia foi desastrosa, e assim que as investigações começaram, atestou-se que a acusação das mães era totalmente infundada, e todos os envolvidos foram absolvidos. Entretanto, a imprensa já tinha mergulhado de cabeça na cobertura do suposto abuso, o próprio delegado responsável pelo caso deu várias declarações sem que as provas fossem devidamente analisadas, e a repercussão causou danos irreparáveis à saúde, às finanças e à vida pessoal dos que foram injustamente acusados.

Nos raros casos em que a criança está mentindo, é possível perceber pelo seu próprio relato. Quando realmente sofre uma violência sexual, ela tem dificuldade em falar sobre o assunto, seu relato é angustiado e mal organizado, e as informações vêm aos poucos e com lacunas. Já a criança que está inventando chega com uma história pronta, e até o vocabulário que emprega pode ser mais sofisticado do que o esperado para sua idade. Outra diferença é que uma criança realmente abusada conta não só a história da violência sexual em si, mas também cita outras situações que envolvem a convivência com seu abusador que refletem a violência sofrida, e essas narrativas sempre se encaixam. São comuns, por exemplo, relatos de constrangimento e intimidação em outros momentos da vida social, seja na escola ou em família.

A criança que está mentindo ou fantasiando só tem um único relato, que é inflexível, quase decorado. Além do psiquiatra, que faz sua investigação a partir do depoimento da criança, um pediatra também precisa tomar parte nessa avaliação. Ele pode atestar se há lesões não só nos órgãos genitais, mas também hematomas nas pernas e nas nádegas, que podem ser compatíveis com violência sexual. De qualquer forma, sempre que uma criança denuncia algo tão sério e tão difícil para ela, como um possível abuso sexual, é fundamental levar a investigação adiante, ainda que com o sigilo e o tato necessários para proteger não apenas a vítima e sua família, mas outras pessoas, caso a denúncia se mostre infundada.


No Rio de Janeiro, uma mãe descobriu quase sem querer o que acontecia com sua filha. Era o ano de 2012, Rosa estava em casa vendo televisão com a filha de sete anos e o assunto no noticiário era um caso de estupro. A menina perguntou: "Mãe, o quê que é isso?". A mãe explicou em linhas gerais e ouviu de volta: "O tio bem que fez isso comigo na creche".

Rosa entrou em desespero. Trabalhava como empregada doméstica e deixava a filha em uma creche improvisada, montada na casa de uma vizinha, onde ficavam poucas crianças, cerca de doze. A moça era recém-separada, mas, até alguns meses antes, tocava o pequeno negócio com o então marido. A mãe contou o acontecido para a vizinha, que ainda sofria com a separação recente e, na mesma hora, chamou a polícia. O ex-marido, Jurandir, foi encontrado já morando com outra mulher e foi preso. Quem me relatou essa história foi ele mesmo, em uma sala no interior do Complexo Penitenciário de Bangu. Ao ser acusado do crime, ele negou tudo, como faz a maioria dos estupradores.

"Eu menti... por amor à vida, né? Porque quando a gente comete isso, tem uma consciência, fica com medo, e até mesmo quando eu vim para audiência, preso, também menti. Falei que eu não cometi crime nenhum, bati o pé, falei que não fiz nada disso, que eu não faço essas coisas, que sou pai... Comecei a inventar um monte de histórias, para quê? Para preservar a minha vida."

Com base no depoimento da menina dado a terapeutas especializados e em outras evidências, além da falta de advogados de defesa que fossem, de fato, atuantes, ele seguiu preso. Só depois de três anos na cadeia, confessou o crime. Durante nossa conversa, ele afirmou ter estuprado apenas uma única criança entre aquelas que eram cuidadas pela ex-mulher, e salienta que o crime aconteceu apenas uma vez, como se isso fosse pouco. Perguntei o motivo e ouvi uma explicação vaga:

"Olha, nem eu mesmo entendi, porque foi uma coisa repentina... não tinha necessidade disso. Eu era casado, tinha uma companheira que me satisfazia. Foi como se tivesse dado uma pane na minha mente e eu vim a cometer esse ato. Até agora, eu ainda não entendi." Apesar de repetir diversas vezes que não fazia ideia dos motivos pelos quais abusara de uma criança, foi preciso quando narrou detalhes ao confessar seu crime. Ele se lembra de que era a hora do descanso das crianças, que estavam todas dormindo e não perceberam quando ele se aproximou da filha de Rosa.

"Deitei no quarto junto com elas e aconteceu." Ele fez sexo anal com a menina. Segundo seu relato, ela chorou, chegou a gritar em alguns momentos, mas nenhuma das outras crianças pareceu acordar. Não houve ameaças. Jurandir se manteve calado durante todo o ato, usando apenas da força física para conter a menina indefesa, e, quando se satisfez, levantou-se e saiu da sala, como se nada houvesse acontecido. E como se não bastasse toda a revolta que esse relato causa, ao longo de nossa conversa, Jurandir ainda fez o inacreditável: tentou jogar parte da culpa na vítima, uma criança de sete anos: "Aquela menina ficava se insinuando, tipo passando a mão em outras meninas, se beijando escondido. Falando assim ninguém acredita, porque é uma criança de sete anos, mas era bem isso o que acontecia".

É, ninguém acredita mesmo. Nem a própria família de Jurandir, que nunca mais o visitou na cadeia desde que ele confessou. Continuei buscando entender como um adulto abusador ainda tenta colocar a culpa em uma criança tão pequena e vulnerável. Afinal, é sempre o adulto quem tem que saber o que é errado. Jurandir, por sua vez, concordou comigo, porém retrucou: "Olha, a consciência a gente tem, só que no momento daquele ato ali, de prazer, momentâneo, a gente esquece essa lei, esquece que é errado, entendeu?".

Não, não entendi. Também não entendi quando ele tentou, ainda que caindo em contradição, responsabilizar uma terceira pessoa, sua ex-esposa, por seu ato criminoso: "Olha, tem pessoas que são frias no casamento, a pessoa não é bem assistida pela sua esposa, então acaba se envolvendo em muitas situações. O que eu quero dizer é que o que aconteceu comigo foi uma coisa momentânea. Eu não sou assim".

É impressionante a capacidade do ser humano de terceirizar a própria maldade, de jogar a responsabilidade por seus atos em outros, nas circunstâncias, ou em qualquer outra coisa, para não assumir integralmente seu erro. Apesar de, quando indagado, ele se considerar como o único culpado pelo crime e afirmar que está arrependido, um discurso considerado padrão entre os estupradores, após já ter passado alguns anos preso e com mais treze a serem cumpridos, em vários momentos da nossa conversa ele deixou transparecer que não se acha tão culpado assim; afinal, momentos antes ele já havia relatado que a esposa o satisfazia e que ele não passava por nenhum tipo de privação sexual. E, mais que tudo, não existe nenhuma explicação plausível para o estupro, com o agravante de que a vítima foi uma criança de sete anos.

Aliás, entre adultos presos e menores de idade apreendidos por estupro que entrevistei, posso dizer que todos os que confessaram se disseram profundamente arrependidos. Todos. E, talvez pelo meu ceticismo, nenhum me convenceu. A cada entrevista, eu saía me sentindo derrotada, com a sensação de que eles estavam rindo por dentro e não tinham a menor noção da gravidade do que fizeram. Repetiam um discurso ensaiado e socialmente aceitável de arrependimento, mas me deixavam com a certeza de que seriam perfeitamente capazes de cometer o mesmo crime assim que fossem soltos. Em primeiro lugar, porque o estupro é um crime difícil de ser comprovado. Quase nunca há testemunhas, a investigação raramente vai adiante, e a falta de provas físicas leva muitos réus à absolvição. Para quem já está inclinado a cometer esse tipo de delito, é fácil pensar que a primeira prisão foi uma falta de sorte e que, da próxima vez, ninguém ficará sabendo. Consigo imaginar também um reincidente dizendo para a polícia ou para o juiz que está sendo perseguido e acusado injustamente por conta de um erro que cometeu no passado, e se tornando pior ao ser preso, pela total falta de políticas públicas para reintegrar os detentos à sociedade. De um modo geral, as cadeias no Brasil estão mais para masmorras, que não ressocializam ninguém. Imagine o tratamento que é oferecido a criminosos que são marginalizados dentro da própria prisão e que cometeram um tipo de crime que exige um acompanhamento psicológico mais elaborado e toda uma orientação para uma mudança de conduta.

Não há uma pesquisa específica sobre estupradores que voltam a cometer o mesmo crime. Entretanto, o Conselho Nacional de Justiça e o Ipea fizeram um levantamento, publicado em 2015, a respeito de presos em geral que acabam de cumprir pena, independentemente do motivo, e, em menos de cinco anos, são novamente condenados. A taxa de reincidência foi de 24,4%, ou seja, de cada quatro condenados que cumprem detenção em regime fechado, um deles volta a ser encarcerado em um espaço curto de tempo. Pelos motivos mencionados no parágrafo anterior, desconfio que, entre os acusados de estupro, essa taxa seja ainda maior.

Não é raro que um estuprador de crianças em ambiente de ensino costume fazer mais de uma vítima. Foi o que ocorreu nos anos de 2012 e 2013 em uma escola municipal do Rio de Janeiro. Os pais de sete crianças de seis anos e de outras cinco meninas de onze anos prestaram queixa à polícia contra um professor que lecionava em ambas as turmas. Em 2012, ele dava aulas para as crianças menores. Uma delas, Lua, passou a pedir para não ir mais para a escola toda quinta-feira. A mãe, Sebastiana, sem desconfiar de nada, a obrigava a ir, como toda mãe faria. Nesse dia da semana, quando Lua chegava em casa, ia direto para o chuveiro. Passou também a pedir para tomar banho sozinha, o que não era usual, já que a mãe sempre a ajudava. Sebastiana, preocupada em saber se a filha estaria fazendo sua higiene da forma correta, um dia entrou no banheiro e encontrou a filha pulando debaixo da água, com as pernas abertas. Quando Sebastiana quis saber o motivo daquele comportamento, Lua disse que estava ardendo e inventou uma clara desculpa: era porque tinha usado o banheiro e estava sem papel higiênico. Ao ver as partes íntimas da menina, a mãe constatou que estavam vermelhas, com assaduras na entrada da vagina e na região anal. Sebastiana levou a filha ao pediatra, que pediu um exame para checar se havia infecção urinária. Como o resultado deu negativo, o médico desconfiou de alguma alergia ou fungo. Prescreveu pomadas, que aliviaram os sintomas. No entanto, toda quinta-feira o problema voltava. Como Lua não contava nada do que acontecia na escola, a mãe seguia com o tratamento.

Certo dia, porém, Lua confessou para uma amiguinha que o professor passava a mão no peito dela. A amiga contou para a própria mãe que, por sua vez, contou para Sebastiana. Quando ela perguntou à filha se aquilo era mesmo verdade, a menina garantiu que havia sido apenas uma brincadeira, uma mentira para provocar a amiga. Ainda em 2012, Lua foi passar férias na casa de uma tia e começou a falar com conhecimento sobre sexo oral e ejaculação masculina. A tia ficou chocada e contou para Sebastiana, que passou a investigar o que a filha estava vendo na internet e o tipo de conversas que andava tendo com as amigas. Em nenhum momento, a família desconfiou da escola. Só na metade do ano seguinte, quando já estudava na turma de outra professora, e assim não tinha mais contato com seu agressor, Lua contou tudo.

Um dia, ela estava deitada no colo da mãe e criou coragem. Disse que era verdade que o professor passava a mão nela e que os abusos eram ainda piores. A menina contou que toda quinta-feira o professor levava a turma para um auditório para assistir a um filme. Esse era o motivo do seu medo desse dia da semana: às quintas, o professor estuprador escolhia uma menina, que ficava proibida de ver o filme com o restante da turma, pois ele afirmava que a aluna havia se comportado mal, ou que suas notas estavam ruins, ou qualquer motivo, que ele inventava, e essa menina era levada para a sala de projeção. Lá, a sós, ele tirava a roupa da garota e pedia para que ela chupasse o pênis dele "como se fosse um pirulito". Também fazia sexo oral nela, dizendo que ela ia gostar. Se esfregava nas suas partes íntimas e mostrava vídeos de mulheres nuas dançando.

Lua mostrou para a mãe como ele a ensinava a masturbá-lo. Ela se lembrava até do detalhe de que ele levava um saco plástico para usar quando ejaculasse, para não deixar vestígios na sala. Assim como acontece com adultos, as crianças também reprimem lembranças de traumas muito fortes pelos quais passam, mas muitas apelam para um mecanismo de proteção, chamado confabulação, especialmente as crianças menores, no qual apagam algumas memórias e preenchem suas lembranças com outras. São detalhes inseridos no meio de uma história que realmente aconteceu. Não é uma mentira com a intenção de enganar ninguém, pois a criança realmente acredita na própria narrativa. Em geral, esses detalhes entram para substituir outros mais traumáticos ou completar as lacunas que surgem na memória, o que ajuda a diminuir a tensão e a ansiedade.

O relato de Lua, por sua vez, era bem consistente, e revelava uma linguagem que ela não deveria conhecer; a menina usava termos chulos no diminutivo, do mesmo jeito que o estuprador fazia. Ela disse que às vezes sentia dor, mas que nunca chegou a sangrar. O exame feito posteriormente no IML constatou que não houve rompimento do hímen, mas não descartou uma penetração vaginal superficial, sexo anal ou penetração com os dedos, todos atos que configuram crime de estupro. Lua contou para a mãe que o professor abusava não apenas dela, mas citou também duas colegas de turma que foram vítimas do homem que deveria ser responsável por protegê-las enquanto estivessem entre os muros da escola.

Depois de confessar tudo o que sofreu, Lua implorou para não voltar mais para aquela escola. Depois de uma noite em claro, Sebastiana por fim decidiu o que fazer. Levou a filha para o colégio e disse à nova professora para ficar de olho nela e não a deixar em contato com o antigo professor em nenhuma hipótese. Em seguida, correu para a sala da diretoria para denunciar o homem. Naquele mesmo dia, depois das aulas, a diretora marcou uma reunião com a diretora-adjunta, Sebastiana e as mães das outras duas meninas citadas por Lua. Uma das mães se recusava a acreditar na história. O professor fazia a política de agradar aos pais, de cultivar a amizade deles para ganhar sua confiança. Em um dado momento, a diretora-adjunta, que também era psicóloga, pediu permissão às mães para conversar com as meninas. Com o aval delas, solicitou que as crianças fossem chamadas na sala de aula, e as três confirmaram toda a história contada por Sebastiana. Em seguida, as coleguinhas de Lua também se abriram para a família. A diretoria da escola fez, então, uma denúncia ao Conselho Regional de Educação.

No dia seguinte, o professor apareceu normalmente para dar aulas, mas logo no início da manhã foi convocado a ir à sede do Conselho, onde foi ouvido sobre o caso, mas negou as acusações e depois desapareceu. As mães das três meninas também prestaram queixa à polícia. Quando a notícia se espalhou na escola, surgiram novas denúncias. Os pais de outras quatro meninas de seis anos, e outros de mais cinco meninas de onze, essas da turma pela qual o professor era responsável naquele ano, também foram à delegacia contar que suas filhas tinham sido abusadas por aquele homem. O número de casos, porém, poderia ser ainda maior. Houve uma mãe que ficou com medo de traumatizar ainda mais as filhas e preferiu simplesmente mudá-las de escola. Teve ainda outra que disse que não iria denunciar o professor porque ele "só" havia passado a mão nos seios de suas filhas (como se isso fosse algo insignificante).

Nas denúncias formalizadas, os relatos eram todos muito parecidos. Além dos estupros na sala de projeção, ele ainda costumava chamar as meninas de duas em duas para se sentarem cada uma de um lado dele na hora de corrigir o dever. Nesse momento, pedia ao restante da turma para ficar de cabeça baixa na carteira. Então, introduzia uma das mãos por dentro da roupa das meninas e alisava o peito e a vagina delas. Uma menina sabia da outra, mas ninguém falava nada, até porque ele ameaçava reprovar as crianças. Um menino que um dia levantou a cabeça e viu o abuso virou testemunha do caso. Até então, ele não havia conversado com ninguém a respeito do que presenciara, mas resolveu falar quando soube que as amigas estavam denunciando o professor. Além de ameaçar com nota baixa e repetência, ele ainda dizia que, se o Conselho Tutelar descobrisse, tiraria as crianças dos pais, que perderiam sua guarda. Ele também se utilizava do expediente de culpar as crianças. Acusou Lua de ter, aos seis anos de idade, lançado a ele um olhar sedutor no pátio da escola, e, em outras ocasiões, chegou ao cúmulo de apelar para a compaixão das crianças, dizendo que, se elas contassem alguma coisa, iriam prejudicá-lo, e ele tinha um filho para criar.

A polícia encontrou e prendeu o professor dois meses depois das primeiras denúncias formais. Entretanto, ele só ficou outros dois meses na cadeia. Contratou um advogado e conseguiu o direito de responder ao processo em liberdade. Depois disso, desapareceu de vez. A primeira audiência do caso só veio a acontecer sete anos mais tarde, em janeiro de 2020. Na ocasião, apenas as vítimas foram ouvidas, e nem todas compareceram. Seis meninas e o menino que foi testemunha foram ouvidos em uma sala por psicólogos, enquanto a juíza do caso assistia a tudo através de um vidro. Os psicólogos atestaram a veracidade dos relatos, a juíza decretou a prisão preventiva do professor, mas ele seguia foragido até a última notícia que obtive para este livro.

Em paralelo ao processo investigativo e legal, houve o processo médico e psicológico. Logo após a denúncia, Lua passou por exames completos e teve que tomar a medicação para evitar infecções sexualmente transmissíveis. Durante um ano e meio, ainda fez exames regulares de HIV. Começou a ter medo da hora de dormir, pois achava que o professor iria invadir a casa da família para se vingar pela denúncia. A mãe botou grades nas janelas e conseguiu que a filha recebesse acompanhamento psicológico pela rede pública de saúde, mas, durante muito tempo, Lua e as outras vítimas ainda cismavam que tinham visto o professor rondando a escola. Sempre que um homem estranho minimamente parecido com o criminoso era avistado, surgia um novo boato. Sebastiana também precisou lidar com a culpa que se autoimpunha, por não ter percebido o que acontecia com sua própria filha e por ter confiado no professor. Anos depois de tudo o que aconteceu, ela ainda tenta conviver com a lembrança de como insistia para que a filha, tão pequena, fosse para a escola, salientando a importância do estudo, quando, na verdade, Lua vivia um inferno no local onde deveria ser acolhida e protegida.

Conversei com Sebastiana uma semana depois da primeira audiência do caso. Lua, hoje com catorze anos, iria falar comigo também, mas desistiu depois de ter que relembrar tudo no tribunal. A mãe disse que ela fez questão de ir até lá prestar seu depoimento para que outras crianças não passassem pelo mesmo pesadelo, independentemente de onde o estuprador estivesse. Entretanto, recontar o abuso foi mais pesado do que a adolescente imaginava que seria, e ela preferiu não voltar a falar sobre o que sofreu. Não nos encontramos, mas, por meio de uma mensagem enviada para a mãe, a menina fez questão de escolher o nome fictício com que a história dela é contada aqui. Ela escreveu que queria ser chamada de Lua porque tem "significado de força contra as trevas. Um bom nome para uma boa causa". A boa notícia é que, dois anos depois do estupro, aos oito, ela teve alta do atendimento psicológico. Sebastiana chorou ao me contar a emoção que sentiu quando ela e o marido foram chamados pela psicóloga, que mostrou um desenho em que aparecia uma bonequinha com uma flor na mão, cheia de coraçõezinhos em volta, e um arco desenhado com flores, só coisas boas. E explicou que era assim que Lua se sentia: protegida, amada, segura.

Desenhos são uma ótima forma de descobrir o que se passa na cabeça de uma criança. Os traços de meninos e meninas abusados sexualmente costumam ter a repetição constante de figuras humanas com as partes genitais em destaque, e geralmente em uma proporção aumentada em relação ao restante do corpo. Quando os desenhos vão ganhando mais leveza, indicam que o trauma está sendo superado. A psicóloga disse ainda que, naquele momento, Lua não apresentava nenhuma sequela, e por isso a menina recebeu alta, com a recomendação de que, se, mais para a frente, durante a adolescência, ressurgisse algum problema, ela deveria retomar o tratamento.

A adolescência é a fase em que o jovem descobre o desejo sexual, e um abuso do passado pode afetá-lo de várias maneiras. O adolescente pode se reprimir por medo, não sentir prazer por relacionar qualquer descoberta sexual à violência sofrida e, ainda, transformar relações de afetividade em relações de abuso. Há ainda os que se tornam abusadores. Muitos psiquiatras recomendam que crianças vítimas de abuso, mesmo sem apresentar esses problemas, retomem o atendimento psicológico de forma preventiva quando chegam à adolescência.

Eu já estava encerrando nosso encontro quando perguntei a Sebastiana de onde veio a coragem para denunciar o caso na escola e na delegacia e seguir firme buscando a punição do culpado até aquele momento, mesmo com toda a lentidão no processo. Para minha surpresa, a mulher diante de mim fez um novo relato dolorido dos abusos em série que sofreu desde que era pequena. O estupro da filha a fez voltar a quando tinha nove anos. Naquela época, ela já sofria abusos graves, embora não fizesse ideia de que era vítima de vários crimes.

Sebastiana vivia no interior do estado do Rio de Janeiro, seus pais eram analfabetos e, como os dois, ela também trabalhava na lavoura. Se contasse para o pai que alguém havia abusado dela, era Sebastiana quem apanhava. Um dos primos de sua mãe, um homem que ela define como "nojento, malcheiroso", cuidava dela e das sete irmãs quando os pais estavam fora, e ele se aproveitava da situação para abusar das meninas. Houve também um fazendeiro, chefe do pai de Sebastiana, que a intimava a almoçar junto com a família e a tocava por baixo da mesa, com a esposa ao lado. Ela contou para a mãe e, em vez de apoio e acolhimento, recebeu uma surra. Mais tarde, aos doze anos, foi mandada para outra cidade, para uma casa de família. Os donos da residência prometeram a Sebastiana e aos pais dela que ela iria estudar, e até a enviaram para a escola, mas a intenção foi, na verdade, que ela trabalhasse como empregada doméstica, apesar da pouca idade. Em uma dessas residências, o filho da patroa invadiu o quarto dela para estuprá-la. Ela gritou, o rapaz se assustou e, em seguida, a mãe dele cruzou a porta aos berros, chamando-a de "negra piolhenta" e "safada", recusando-se a acreditar que o filho fosse "querer alguma coisa com alguém como ela".

A mulher levou Sebastiana de volta para o interior e deu a sua versão dos fatos para o pai da moça. Ela levou uma surra violenta e ficou com o corpo todo marcado. Àquela altura, o pai trabalhava em uma fábrica de papel e levava para casa correias de polias que eram descartadas das máquinas e que ele utilizava para dar surras nas filhas, a ponto de deixar edemas. Após as sessões de espancamento, a mãe passava água com sal nas feridas, para não inflamarem. A ardência era absurda. Essa surra em especial foi tão intensa, que Sebastiana decidiu se manter calada sobre qualquer outro abuso que sofresse no futuro. E foram vários. Já adulta, casada, o então marido fez sexo anal à força e ela sangrou por uma semana. Depois desse abuso, Sebastiana tentou se matar. Atravessou o vidro do basculante do banheiro com o antebraço, no intuito de cortar os pulsos, mas foi socorrida a tempo por vizinhos, que ouviram o barulho e a levaram para o hospital. Anos depois, quando estava grávida de Lua, ao sair do trem enquanto ia para o trabalho, percebeu um líquido branco e viscoso sobre sua bolsa. Alguém havia ejaculado nela dentro do vagão lotado.

Sebastiana conta que só teve seu primeiro orgasmo depois de muito tempo. É difícil associar sexo a uma coisa boa depois de tanta violência. Assim, quando soube de tudo que a filha havia passado, essas cenas aterradoras, muitas das quais ela havia lutado a vida inteira para esquecer, voltaram à mente. Porém, junto com a tristeza, veio a garra para proteger a filha. E teve a mais absoluta certeza de que iria até o fim ao lado de sua menina.

Em 2020, um escândalo afetou uma das escolas particulares mais tradicionais do Rio de Janeiro, que atende à classe média alta, com mensalidades em torno de 3 mil reais, dependendo da série. Fundado em 1903, o Colégio Santo Inácio se orgulha, com razão, de seus alunos ilustres, como Cazuza, Vinicius de Moraes, Paulo Coelho, além de ministros, economistas respeitados, figuras proeminentes em várias áreas da sociedade. Uma história que não merecia o triste capítulo confirmado por várias alunas sobre um professor que assediava sexualmente meninas a partir dos catorze anos de idade. E pior: ao contrário do que aconteceu na escola pública citada anteriormente neste capítulo, as alunas acusam o colégio de ter ignorado as denúncias e, assim, permitido que outras adolescentes passassem pelas mesmas situações.

A história veio a público com a criação de um perfil no Twitter chamado @relatosrj, de autoria anônima, que passou a receber denúncias de estupro, assédio e importunação sexual ocorridas na zona sul do Rio de Janeiro, a região mais abastada da cidade. Em meio a diversas denúncias contra estudantes abusadores de várias escolas, chamaram atenção os relatos denunciando um mesmo professor do Colégio Santo Inácio. O caso foi parar na imprensa.

Conversei com duas jovens que denunciaram o professor Frederico. As duas passaram a vida escolar inteira na instituição, desde os cinco anos de idade. Ao chegarem ao ensino médio, foram alvo das investidas do professor.

"Tem uma coisa nas suas costas, quer que eu tire?", perguntou o professor no meio da aula. Sem saber do que se tratava, a estudante Vanessa disse que não. Mesmo assim, ele botou a mão no pescoço dela, desceu até o meio das costas e puxou a alça do sutiã. A turma toda viu. "O que você faz para ter esse corpo tão bonitinho?" e "Você tem uma irmã mais velha ou uma tia igual a você?" foram outras abordagens que deixaram Vanessa, aos catorze anos, extremamente constrangida. Converso com Vanessa no mesmo momento em que minha filha tem exatamente essa idade e imagino que ela iria querer sumir do colégio se passasse por essa situação. Que tipo de conversa é essa, ainda mais dentro de uma escola? Vanessa passou, ao todo, três anos estudando sendo aluna desse mesmo professor.

Com Maria Beatriz, ele foi ainda mais longe. Primeiro, chamou atenção dela o jeito como o professor respondia sempre que ela agradecia por qualquer dúvida esclarecida: "Nada é de graça", ele falava. O professor ainda dizia para Maria Beatriz que ela era muito inteligente, muito bonita e que deveria saber que ele a amava. Certa vez, Frederico parou a aula um dia para declarar, na frente de todos: "Você está muito magra, tem que ir malhar comigo". Outros alunos perguntaram, então, onde ele malhava. "Na minha casa, tenho uma academia" foi a resposta. Maria Beatriz se espantou: "Então você quer que eu vá pra sua casa?". Imediatamente, o professor confirmou. Isso foi no primeiro ano do ensino médio. A agressividade nas abordagens foi crescendo.

No segundo ano, ela se lembra de um intervalo entre as aulas em que contava para uma amiga que achava que ficaria de recuperação em Educação Física porque estava faltando muito às aulas. O professor Frederico estava passando, ouviu e entrou na conversa de um jeito nada sutil: "Vai ficar de recuperação em Educação Física? Por quê? Você não aguenta? Amanhã estarei sozinho na minha sala, você podia ir até lá e a gente aposta corrida na escada. Vamos ver quem ganha: quem sobe mais vezes ou quem vai mais rápido".

No primeiro dia de aula do terceiro ano, ela foi recebida pelo professor com o pedido de um abraço, porque ele estava com muita saudade. Aos dezesseis anos, com a pressão do último ano de escola, boa parte da turma dormia no intervalo das aulas. Em um desses dias, Maria Beatriz não acordou antes de o professor Frederico entrar na sala. Os colegas contaram que ele se animou ao ver a aluna deitada sobre a carteira e disse: "*Peraí* que vou acordar a Bela Adormecida com um beijo". Maria Beatriz só se lembra de ter acordado com o professor debruçado sobre ela. Os colegas não souberam dizer se ela havia sido beijada na boca ou perto da boca. Qualquer uma das hipóteses é inaceitável. Quando chegou a época dos exames vestibulares, ele também lhe mandava mensagens particulares pelo Facebook dizendo que apostava um almoço como ela se sairia bem. Mas ainda não chegamos ao pior.

Um dia, Frederico começou a dar uma bronca na turma, talvez justificável, dizendo que não havia ninguém realmente dedicado e que nenhum deles seria aprovado em nenhuma universidade. Revoltada, Maria Beatriz saiu da sala. Depois, arrependida e com medo de represálias, voltou ao fim da aula para pedir desculpas. "Só desculpo se você me der um abraço", disse o professor alto e corpulento, com seus cerca de quarenta anos, metido nas calças e na camisa polo justas que costumava usar. Maria Beatriz deu o abraço e se lembra de que ele começou a agarrá-la pelo pescoço: "Gelei, quis sair, mas ele estava me prendendo. Minha sorte foi que uma menina abriu a porta da sala e aí ele me soltou. Eu estava saindo e ele me disse pra eu ficar, porque eu estava muito tensa. Foi quando eu tive certeza de que não era o jeito dele, eu não estava vendo coisas ou botando maldade em tudo. Ele estava realmente me assediando".

E é aí que a história, que já era ruim, fica ainda pior. Maria Beatriz conta que procurou uma professora para denunciar o que estava acontecendo. A professora disse que o assunto não era da alçada dela, que era melhor procurar a orientadora, que, por sua vez, encaminhou Maria Beatriz para a coordenação, que a passou para a direção, naquele famoso jogo de empurra tão comum em casos do tipo. Ao chegar à etapa final, Maria Beatriz conta que simplesmente ouviu da diretora: "E o que você quer que eu faça?". Como se a estudante é que tivesse que responder isso e como se tudo aquilo fosse responsabilidade da adolescente. Ainda assim, algumas medidas foram tomadas, porém estavam muito longe de serem as ideais: Maria Beatriz foi autorizada a não frequentar mais as aulas do professor Frederico. Ela ia para a sala da coordenação no horário em que ele estava na classe. O professor, por sua vez, começou a perguntar sobre ela nas aulas, num forte indício de que nem sequer tinha sido chamado para conversar sobre a denúncia.

Era 2018 e a história começou a ser comentada na escola. Outras alunas foram até Maria Beatriz relatar situações semelhantes, inclusive Vanessa. As meninas reuniram cerca de trinta relatos de assédio verbal, casos em que o professor ficava comentando sobre o corpo das estudantes e fazendo piadas e abordagens de cunho sexual, e houve mais quatro relatos de assédio físico: além de Vanessa e Maria Beatriz, uma aluna contou que Frederico tinha passado a mão na perna dela enquanto tirava uma dúvida e outra declarou que ele a havia abraçado por trás quando ela ia tirar uma *selfie* e tinha posto as mãos em seus seios. As denúncias foram levadas até a direção, que informou que o professor havia sido advertido. Porém, as estudantes contam que o comportamento dele não mudou. As primeiras alunas que denunciaram se formaram e o professor continuou dando aulas na escola até 2020. Só depois que o repórter Lauro Neto publicou a primeira reportagem sobre o caso na revista *Veja Rio*, as denúncias ganharam repercussão e o professor foi afastado. Procurada por vários veículos de comunicação, a escola emitiu a seguinte nota, por meio de sua assessoria de imprensa, em que anunciava providências:

> *O Colégio Santo Inácio repudia todo e qualquer ato de assédio e já abriu procedimento interno para apurar todas as informações e denúncias que recebeu. Foi criado, ainda, um canal de ouvidoria pelo qual membros da comunidade escolar podem fazer denúncias de forma sigilosa.*

A demora da escola em agir permitiu que mais meninas fossem afetadas e teve ainda outro péssimo efeito. A atitude do professor ao longo de anos, além de traumatizar as vítimas, criou uma cultura dentro da escola em que o assédio era tolerado e até admirado por uma parte dos estudantes. As alunas com quem conversei me disseram que o professor em questão era adorado, especialmente pelos meninos, que ele contava para a turma como traía a esposa, e a maioria dos garotos achava o máximo. Muitas meninas também acreditavam que essas abordagens inadequadas não eram nada demais, eram só elogios, que não era para levar tão a sério. E, assim, o estrago foi feito para as vítimas e para a formação de muitos outros adolescentes que não sentiram o menor constrangimento ao presenciar absurdos como esses.

São poucos os estados que têm dados sobre o número de casos de estupro que acontecem dentro de escolas. No Rio de Janeiro, foram 63 registrados no ano de 2019, o que compreende 1,5% do total de 4.074 estupros registrados no estado naquele ano. A maioria, 2.831, aconteceu dentro da própria residência da vítima. Em São Paulo, a proporção foi maior: dos 12.940 estupros registrados no estado em 2019, 3,35% ocorreram dentro de escolas, o que resulta em 434 casos. Uma informação mais chocante levantada por essas pesquisas é que mais da metade dos abusos sexuais ocorridos dentro de escolas foram contra crianças de apenas quatro anos de idade.

Apesar de não existirem estatísticas semelhantes para o restante do Brasil, não é difícil imaginar que a situação não é muito diferente, sem contar, ainda, os casos que nem chegam a ser notificados. Centenas de vidas de meninos e meninas são afetadas todos os anos no lugar onde deveriam aprender, entre outras lições, sobre respeito e regras de convivência social. E os casos de abuso acontecem não só em creches e escolas de educação regular, mas também em outros tipos de instituições de ensino.

Também no Rio de Janeiro, um professor de uma escolinha de futebol na Zona Norte da cidade foi preso por abusar sexualmente de pelo menos dois alunos. Um deles, de onze anos, estava na escolinha havia apenas dois meses, no começo de 2019, quando o professor o chamou para uma sala que ficava no segundo andar do clube, a pretexto de fazer uma sessão de alongamento. O menino conta que, chegando lá, o professor mandou que ele ficasse de bruços e apertou as nádegas dele. Depois, o mandou virar de barriga para cima, esticar pernas e braços, e começou a acariciar a região do pênis, até que arriou as calças do menino e fez sexo oral. O garoto, assustado, disse que pensou em correr, mas ficou com medo de ser agredido pelo professor. Segundo seu depoimento, foi tudo muito rápido, o abuso teria durado de cinco a dez minutos. Depois disso, os dois desceram para a quadra e o professor deu aula como se nada tivesse acontecido.

Confuso, o menino foi pesquisar na internet e descobriu que tinha sido vítima de um crime. Só aí contou para os pais, que deram queixa na delegacia. Nesse caso, o menino conseguiu uma informação que o ajudou a entender o que tinha acontecido, mas nem sempre é assim. A internet em geral costuma mais confundir e desinformar as crianças em questões ligadas à sexualidade do que ajudar. Por isso a importância de os pais monitorarem sempre e bem de perto o que os filhos estão vendo online. De qualquer forma, pais que controlam o que os filhos estão vendo na internet acabam descobrindo se a criança está fazendo busca por assuntos ligados a sexo e, a partir daí, podem iniciar uma conversa e ficar atentos a outros sinais para entender se houve algum abuso ou exposição inadequada do menor a qualquer conteúdo sexual.

A denúncia desses pais acendeu o alerta para outra mãe que tinha o filho matriculado na mesma escolinha. Além de frequentar as aulas de futebol, na época, esse mesmo professor ainda era preparador físico do menino. Tudo corria bem até que, de repente, o garoto passou a não querer mais ir ao clube. Inventava desculpas, dizia que estava cansado, dormia na hora do treino. A mãe tentava obrigar o menino a não faltar, porém, um dia, quando foi levar o filho à escolinha, soube que o treinador havia sido afastado. Primeiro, acharam que era porque ele estava doente, mas quando o caso de abuso sexual foi comunicado aos pais dos alunos, ela chamou o filho e disse que já sabia o que tinha acontecido com ele. O menino começou a chorar compulsivamente e contou que o professor também havia colocado a mão dentro de sua cueca. A mãe perguntou se ele também fazia sexo oral, o menino negou, mas passou a chorar ainda mais. Com pena do filho, parou de pressioná-lo em busca de mais detalhes, mas não deixou de registrar a queixa na delegacia.

A investigação da polícia descobriu, ainda, o que pode ser um terceiro menor abusado. No telefone do estuprador, foram encontradas mensagens de texto trocadas com um menino que pedia a indicação do treinador para uma vaga na equipe juvenil de um grande time de futebol, sonho almejado pela maioria dos garotos Brasil afora. O professor, por sua vez, exigia que, em troca da suposta indicação, o garoto permitisse que ele lhe fizesse sexo oral. Apesar de o menino ainda não ter sido identificado, as mensagens trocadas eram bastante explícitas, o que mostra que o abusador não acreditava — ou simplesmente não se importava — com a possibilidade de ser pego. O caso ainda estava sendo investigado pela polícia quando encerrei as pesquisas para este livro, mas, para alívio dos pais dos alunos da escolinha de futebol, o professor já estava preso preventivamente.

Seja em escolas regulares ou em cursos, os casos de abuso cometidos por uns respingam em todos os homens que são professores de crianças. Um estudo feito em conjunto pela Faculdade de Psicologia e Ciências da Educação da Universidade de Coimbra, em Portugal, e pela Universidade Federal Fluminense (UFF), no estado do Rio de Janeiro, entrevistou 209 professores do ensino público, sendo sessenta deles na cidade portuguesa de Aveiro e 149 no Rio de Janeiro. Entre os portugueses, 15% disseram já ter se sentido discriminados por serem homens em um ofício considerado feminino pela sociedade. No Rio, esse percentual salta para 43%. Os preconceitos que esses homens disseram sentir são ligados à homofobia, à concepção de que um homem é incapaz de lidar com crianças pequenas, e também ao medo da pedofilia e do assédio sexual. Alguns relataram que já deixaram de ser contratados por serem vistos com desconfiança; outros, que são empurrados para cargos de chefia ou postos em que lidem mais com adultos e crianças maiores. Há ainda os que se sentem tão desconfortáveis que pensam em deixar a profissão.

Um professor do Rio de Janeiro relatou aos pesquisadores que uma professora da mesma escola tirou a filha da turma dele por medo do que ele poderia fazer com ela. Outro professor, morador da mesma cidade, disse que ouviu da diretora a advertência de que não queria vê-lo com crianças no colo, algo que jamais seria dito a uma professora mulher. Os homens acabam mudando a relação com os alunos e sendo menos carinhosos por medo de serem vistos como pedófilos, o que reafirma o preconceito de que as mulheres são mais afetuosas que os homens e, por isso, mais adequadas para ensinar crianças pequenas.

Um dos professores relata ainda que nem pensa em lecionar em outra escola, prefere se manter na que está porque ali, depois de muitos embates, tanto abertos quanto mais sutis, já conseguiu se afirmar como um profissional capacitado, e provou que é incapaz de realizar qualquer tipo de ato abusivo contra as crianças. Essa é uma das raras situações em que são os homens que sofrem preconceito apenas por serem homens.

Quando falamos de abusos dentro de creches e escolas, não estamos nos referindo apenas aos abusadores. É importante também mencionar que a maioria esmagadora dos homens que trabalham no sistema de ensino, seja ele público ou privado, está de fato comprometida com seu dever de levar educação e cultura para os alunos. Além deles, não podemos nos esquecer das possíveis testemunhas e dos demais profissionais da educação, que têm como dever combater a violência sexual não só por uma questão de ética, mas por determinação legal. O artigo 13 do Estatuto da Criança e do Adolescente diz que "os casos de suspeita ou confirmação de castigo físico, de tratamento cruel ou degradante e de maus-tratos contra criança ou adolescente serão obrigatoriamente comunicados ao Conselho Tutelar da respectiva localidade". O artigo 245 é ainda mais específico ao afirmar que "deixar o médico, professor ou responsável por estabelecimento de atenção à saúde e de ensino fundamental, pré-escola ou creche, de comunicar à autoridade competente os casos de que tenha conhecimento, envolvendo suspeita ou confirmação de maus-tratos contra criança ou adolescente" é crime com pena de multa de três a vinte salários de referência, aplicando-se o dobro em caso de reincidência. É uma multa pequena para o tamanho da monstruosidade, eu sei, mas não deixa de ser uma condenação e, mais que isso, uma convocação a médicos, professores, funcionários e proprietários de escolas para que se sintam na obrigação de ajudar crianças indefesas.

Claro que denunciar um crime tão grave não é algo trivial, nem mesmo para profissionais de educação. Muitos têm medo de se envolver, de sofrer represálias, de estar exagerando na avaliação do caso e, assim, cometer um erro com consequências drásticas para todos os envolvidos. A maioria não sabe como identificar as evidências do abuso sexual. Há também os que foram abusados na infância e relutam em acompanhar qualquer história parecida para não relembrar o próprio trauma.

Por tudo isso, o Ministério da Educação lançou, em 2011, um guia escolar voltado para profissionais de educação, com dicas preciosas que, em última instância, servem para todos. Diz o guia que é preciso buscar um ambiente apropriado para ouvir a criança com atenção exclusiva e sem interrupções, para não quebrar a fluidez do relato e a confiança. É possível conseguir da criança alguma precisão de tempo relacionando o fato a datas marcantes para ela, como Natal, Páscoa, seu aniversário ou as férias. Deve-se sempre ser sincero com a criança e nunca prometer guardar segredo sobre aquilo que ela está contando, mas sim esclarecer que todo tipo de violência precisa ser denunciado, e informar para quem contará e os motivos pelos quais essas pessoas em questão precisam saber do que aconteceu. É importante ressaltar que a história só será repassada para quem for realmente necessário.

É fundamental também nunca pressionar a criança para que dê mais informações. Esse é um assunto difícil, e o melhor é deixá-la à vontade para falar. Aliás, isso se aplica igualmente a adultos. Também não se deve desconsiderar o que uma menina ou um menino está dizendo ao proferir frases como "isso não foi nada" ou "não precisa chorar", inclusive porque é claro que o choro é uma reação não apenas comum, como muito necessária. Ajuda usar as mesmas palavras da criança, por exemplo, para descrever partes do corpo. É possível usar livros e desenhos que possam servir como exemplos e, assim, entender melhor a história. Após ouvir todo o relato, o profissional deve anotar o que ouviu o mais cedo que puder, para não se esquecer de detalhes, inclusive sobre o comportamento da criança ao contar o fato.

Toda essa responsabilidade pode e deve ser dividida entre o profissional de educação e a direção do estabelecimento de ensino, seja público ou particular. A escola pode até mesmo fazer uma denúncia anônima e pedir proteção à polícia para seus funcionários e suas dependências. A responsabilidade dos profissionais de educação, que já enfrentam tantos desafios, é, também nesses casos, intransferível e pode ser legalmente cobrada.

CAPÍTULO 9

ONDE ESTÃO AS MENTES ABERTAS
E EVOLUÍDAS DA UNIVERSIDADE?

FREQUENTAR UM CURSO SUPERIOR costuma ser um divisor de águas na vida de homens e mulheres. Significa ter maiores perspectivas profissionais e estar em um ambiente de estudos profundos, de pensamento e evolução. Mesmo que as perspectivas profissionais não se concretizem depois, ainda defendo que a universidade é uma experiência capaz de "abrir a cabeça" das pessoas.

Conseguir um lugar em uma faculdade não é fácil, ainda mais se for pública. Para se ter uma ideia, no vestibular da Fuvest de 2019, que seleciona para a Universidade de São Paulo, a USP, foram 129,46 candidatos inscritos por vaga para o curso de Medicina da instituição. É uma barreira a ser ultrapassada por poucos, e para isso são necessárias horas de estudo, abdicação do lazer e muita dedicação para se preparar. Por vezes, os candidatos passam anos a fio tentando a tão sonhada aprovação, uma vitória comemorada como uma das maiores conquistas na vida de quem alcança sua vaga.

As mulheres podem se orgulhar de serem, hoje, maioria no ensino superior. O relatório *Education at Glance* ["Educação à primeira vista"], de 2019, divulgado pela Organização para a Cooperação e Desenvolvimento Econômico (OCDE), formada pelos chamados países mais ricos do mundo, da qual o Brasil não é membro, apesar de manter boas relações com o grupo, aponta que, em nosso país, 18% dos homens entre 24 e 34 anos têm curso superior. Entre as mulheres, esse índice salta para 25%. Mesmo nos 36 países ricos que fazem parte da OCDE, a maioria localizada no continente europeu, as mulheres se mantêm na liderança: no total, 38% dos homens têm ensino superior contra 51% das mulheres. Mas, se a balança pende a favor das mulheres nos números, é o oposto quando se trata de respeito, igualdade e segurança dentro das universidades.

"Quando a gente é aprovada na universidade, imagina um mundo muito diferente. Tem todas as expectativas de um universo protegido, mais desconstruído, onde todo mundo é engajado e tudo o mais. Só que, quando começam as aulas, você percebe que o mundo dentro dos muros da universidade não passa de uma reprodução do que você vê lá fora. Assim, o machismo é o mesmo, o patriarcado é o mesmo, é tudo a mesma coisa. As meninas chegam e acham que os universitários que elas vão encontrar aqui são garotos muito inteligentes e diferentes do resto. Só que não. Elas acabam descobrindo que é a mesma coisa." O depoimento é de Ana Carolina, aluna da USP, a universidade mais prestigiada do país, e, ela mesma, uma universitária que se decepcionou ao se deparar com o machismo, o assédio e a cultura do estupro entre estudantes e, pior, entre professores universitários.

Em 2016, Ana assistiu com colegas de curso a um documentário sobre violência sexual dentro de universidades americanas. Após o filme, elas conversaram sobre o assunto e descobriram que quase todas ali tinham relatos de abusos físicos, sexuais ou psicológicos ocorridos dentro da universidade. Foi então que decidiram criar, no Facebook, a página chamada "Ele é da USP". A comunidade se tornou um espaço no qual as estudantes podem contar casos de abuso e assédio dentro da universidade sem se identificar, e sem identificar o agressor, já que a maioria das jovens teme sofrer represálias, uma prática comum dentro da instituição, onde há relatos de casos de alunos abusadores que foram protegidos pela própria reitoria.

Os testemunhos chegaram aos montes. Foram quinhentos em um único mês, vindos dos *campi* da capital e de outras unidades, como de Ribeirão Preto e de São Carlos. Havia quem publicasse na página, para todos verem, e quem não tivesse essa coragem, mesmo sem dar nomes, mas que não queria perder a oportunidade de desabafar. Assim, enviava sua história para as administradoras do grupo via mensagem privada. A página teve 8 mil curtidas em uma semana, e foi aí que, mesmo com o anonimato de vítimas e algozes, apareceram relatos muito semelhantes, nos quais as circunstâncias, situações e a época eram as mesmas, assim como a forma como o abusador agia. Até mesmo as descrições dos personagens envolvidos eram idênticas, indicando a presença de abusadores contumazes na comunidade universitária, estudantes criminosos que faziam vítimas em série e seguiam protegidos pelo machismo reinante no ambiente acadêmico.

Ao ler os depoimentos, o primeiro que me chamou atenção foi o que envolvia um estudante chamado Carlos (aqui todos os nomes são fictícios, como no restante do livro), aluno da Faculdade de Biologia. Descolado, engajado em causas sociais, meio hippie, costumava andar descalço pelo *campus*. As meninas adoravam conversar com ele, que tinha o perfil confiável, daquele cara alternativo, que está acima das pequenas bobagens do dia a dia. Mas, nas festas, ele se transformava.

Carlos é um estuprador delatado por várias colegas da faculdade e a lista de suas vítimas é longa. Costuma agir sempre da mesma forma. Depois de um tempo de festa, fica pelado. Quem está ao redor, em geral, finge naturalidade, achando que é uma atitude libertária, parte de um clima de não repressão que se deve ter dentro da faculdade. Mas Carlos não para por aí: "Ele fica se masturbando na frente das meninas. Em um churrasco, fingiu que estava passando mal, me pediu ajuda, me levou para um lugar afastado e me violentou sem camisinha", conta uma colega de universidade. "Ele me forçou a fazer sexo oral em uma festa da Faculdade de Filosofia", denuncia outra.

Como as descrições deixaram clara a identidade de vários alunos, a página do Facebook funcionou como um alerta para prevenir outros casos. Tive acesso a dezenas de depoimentos, e ler esses relatos foi muito desanimador. É triste constatar que, em um ambiente universitário, onde se pressupõe encontrar mentes mais evoluídas e esclarecidas, reina a cultura machista em seu estágio mais primitivo. Pelos relatos das estudantes que foram agredidas, fico sabendo de um estudante de música que declarou abertamente que mulher que não se dá ao respeito merece ser estuprada. Já um futuro biólogo afirmou achar normal se aproveitar de colegas bêbadas para forçar o sexo sem camisinha. As estudantes também citam um aluno de Matemática que justifica passar a mão na bunda das meninas dizendo que a culpa é dos "instintos". E há futuros psicólogos que se referem ao estupro como "sexo-surpresa". Quando passa uma menina bonita, perguntam em voz alta: "Será que já legalizaram o estupro?". Fiquei imaginando como esses psicólogos, depois de formados, cuidarão do trauma de alguma vítima de abuso.

Não há o menor constrangimento dos abusadores, segundo o que se conta. Um estudante chegou a perguntar a uma amiga próxima se ele poderia tentar "algo a mais" caso ela exagerasse na bebida em alguma festa, e ocasiões para isso não faltam. Nessas celebrações, que acontecem quase todo dia, os estupradores estão sempre por perto, e muitos deles são insuspeitos. Celina estava em uma festa com um amigo de turma, daqueles que são inseparáveis, com quem ela compartilhava trabalhos e conversas. De repente, ele se sentiu no direito de apertar os seios dela, do nada, na frente de todos. Quando Celina reagiu, ele disse que não era nada demais e que estava bêbado.

Há também os que ficam agressivos. Patrícia beijou um estudante e ele tentou enfiar a mão dentro da calcinha dela, que impediu o movimento e, por isso, foi jogada por ele contra a parede. No *campus* da USP de São Carlos, é forte a cultura das repúblicas, as moradias compartilhadas por diversos universitários, e muitos crimes sexuais acontecem nesse ambiente, onde alunos se sentem os donos de tudo, inclusive das mulheres. Solange conta que ficou com um menino do curso de Administração de Empresas em uma festa e ele foi levá-la em casa. "Dormi e acordei sem roupa, com ele tentando me penetrar. Tentei expulsá-lo da minha casa, mas não consegui. E ele foi até o fim."

As alunas tentam se proteger de alguma maneira e várias contam que já foram salvas por amigas quando estavam sendo levadas para algum lugar afastado. Mesmo quando o sexo é consentido, o respeito nem sempre existe: descobriram que uma das repúblicas tinha um quarto com câmeras escondidas, onde as transas eram filmadas sem que as meninas soubessem. Os vídeos eram compartilhados entre os amigos, e as jovens recebiam notas pelo desempenho.

É sempre bom lembrar que é crime filmar ou compartilhar vídeos ou fotos de nudez, estupro ou mesmo sexo consensual sem a permissão dos que aparecem nas imagens. A pena é de um a cinco anos de prisão. Mesmo antes dessa lei, que data de setembro de 2018, esse comportamento já poderia ser enquadrado como crime de difamação, com pena de três meses a um ano de encarceramento, ou com o pagamento de uma multa em dinheiro na esfera cível, por danos morais. Hoje, o artigo 218-C do Código Penal deixa bem claro que quem expõe outra pessoa a esse tipo de constrangimento é considerado um criminoso. Mesmo assim, tanto na universidade como nos casos de estupro coletivo em favelas relatados neste livro, o exibicionismo fala mais alto. É para se pensar se quem divulga esse tipo de imagem acha que há algum motivo para se vangloriar em forçar sexo com uma mulher ou filmar o ato sem que ela saiba. Esses homens realmente acham que há alguma vantagem em expor uma mulher sexualmente? No entanto, essa cultura ignorante atravessa diferentes faixas etárias e classes sociais.

Como se não bastasse a sucessão de histórias absurdas entre estudantes, também não são poucos os relatos que envolvem professores. Foi o que aconteceu com Sandra. Ela foi à sala de um professor para conversar sobre uma indicação para uma bolsa de estudos de pós-graduação. Sandra cursava Medicina e o docente era um homem casado, pai de quatro filhos. Pouco depois que ela entrou em sua sala, o professor começou a mudar o rumo da conversa, e, em determinado momento, trancou a porta e estabeleceu uma moeda de troca para a sonhada indicação: sexo. Declarou que sentia tesão por ela e foi se insinuando. Sandra disse não e tentou ir embora, mas ele não recuou e a forçou a fazer sexo oral. O que esperar quando quem deveria ensinar comete um crime?

Poucos desses casos chegam ao conhecimento da direção da USP. Em 2015, a Universidade de São Paulo foi convidada pela UN Women, órgão das Nações Unidas, a participar do projeto *He for She* ("Ele por Ela"), de combate às desigualdades de gênero. Foram escolhidas dez universidades pelo mundo, de acordo com sua relevância e capacidade de influenciar, comandar e inspirar mudanças no ensino superior que enfrentem a violência e a discriminação contra a mulher. A partir desse convite, a universidade criou o Escritório USP Mulheres, um braço da reitoria, inicialmente coordenado por uma professora da faculdade de Medicina, com a missão de promover discussões e campanhas educativas para combater a violência contra a mulher. Desde que foi inaugurado, o escritório recebe, inclusive, mulheres que buscam orientação para formalizar denúncias de casos acontecidos no passado, meses ou mesmo anos antes. O escritório ajuda com informações e encaminha os casos para serem investigados na unidade de ensino onde aconteceram. A apuração desses casos, entretanto, é descentralizada, e não há um número de quantas denúncias foram feitas e de quantas, de fato, resultaram em alguma punição.

Entre dezembro de 2017 e fevereiro de 2018, o Escritório USP Mulheres fez uma pesquisa chamada "Interações na USP" para conhecer a percepção dos alunos sobre a universidade e ter informações sobre a frequência de casos de violência e discriminação no ambiente universitário. Foram enviados questionários online para os então 78 mil alunos de graduação e pós-graduação matriculados em todos os cursos, nas oito cidades paulistas em que a USP está presente. Apenas 17% do total, ou seja, 13.377 estudantes, responderam. A pesquisa perguntava sobre casos de violência em geral, humilhações dentro de sala de aula e racismo. Sete por cento dos entrevistados relataram ter sofrido violência sexual, em um total de 936 casos. Os relatos iam desde beijos forçados até estupro. Foram encontrados 93 casos de estupro com penetração e outros oitenta relatos de sexo oral realizado à força. O número de vítimas do sexo feminino era cinco vezes maior do que o de homens. As mulheres também são duas vezes mais expostas que os homens a assédios, ameaças, coações e perseguições em geral. De todos esses casos levantados pela pesquisa, só 13% dos entrevistados declararam ter contado sobre o que aconteceu para amigos ou parentes, e um número ainda menor, de apenas 12%, procurou algum professor ou funcionário da universidade para denunciar ou mesmo pedir ajuda ou orientação. O Escritório USP Mulheres informou que, ao longo de 2019, se dedicou à análise dos dados e a discussões com a comunidade para então elaborar, a partir delas, ações efetivas. A página do Escritório no Facebook costuma fazer algumas publicações, especialmente no começo dos semestres letivos, para alertar calouros sobre assédio em festas da universidade e para deixar claro para os veteranos que sexo sem consentimento é estupro.

Os abusos na universidade já começam nos equivocados trotes, um ritual de entrada nas faculdades que, na maioria das vezes, descamba para um festival absurdo de constrangimento e atos violentos contra os estudantes novatos. Em dezembro de 2014, a Assembleia Legislativa de São Paulo instaurou uma comissão parlamentar de inquérito que ficou conhecida como a CPI dos Trotes, depois que duas estudantes da USP denunciaram que foram vítimas de estupro durante um desses "rituais". A partir daí, abriram-se as portas para mais de cem depoimentos em que outras mulheres relataram violações de direitos humanos também em outras universidades paulistas, como Universidade Estadual de Campinas (Unicamp), Universidade Estadual Paulista (Unesp), Universidade Federal de São Paulo (Unifesp), Pontifícia Universidade Católica de São Paulo (PUC-SP) e de Campinas (PUC-Campinas) e Faculdades Adamantinenses Integradas (FAI). As denúncias mencionavam abuso sexual, mas também racismo, homofobia e aberrações, como chibatadas e veteranos que obrigavam calouros a comerem fezes e vômito.

Sobre os estupros propriamente ditos, dez casos foram denunciados. Os deputados encaminharam as denúncias ao Ministério Público, pedindo a abertura de um inquérito policial para apurar os crimes denunciados e de um inquérito civil contra dirigentes de universidades e faculdades suspeitos de omissão na apuração e punição dos casos. No inquérito policial, o resultado da investigação do delegado e dos agentes pode levar a abertura de uma ação penal, com todas as punições previstas em lei, ou seja, cadeia, no caso de estupro. Já o inquérito civil, conduzido pelo Ministério Público, apura responsabilidades por danos causados e não resulta em cadeia, mas pode ocasionar multas, algum tipo de compensação ou afastamento de cargos no caso de funcionários públicos. Já dentro das universidades, apenas três sindicâncias foram abertas, todas elas na USP, e um único aluno foi punido, ainda que não tenha chegado nem mesmo a ser expulso, sendo condenado a apenas um ano e meio de suspensão. A pena foi cumprida, o rapaz voltou a cursar Medicina na USP, se formou, conseguiu seu registro profissional e hoje está atuando por aí, em algum hospital, aparentemente como uma pessoa acima de qualquer suspeita, assim como os outros acusados, todos também estudantes de Medicina, que nem mesmo uma suspensão sofreram, tendo, assim, a certeza de que a sociedade não pune crimes como esse e que, para eles, a vida sempre seguirá sem grandes perturbações.

Todos, na formatura, fizeram o juramento de Hipócrates. Em 1771, o célebre médico grego escreveu: "Em todas as casas em que entrar, fá-lo-ei apenas para benefício dos doentes, evitando todo o mal voluntário e a corrupção, especialmente a sedução das mulheres, dos homens, das crianças e dos servos". A linguagem foi sendo modernizada ao longo dos anos, sem perder a essência. Na versão atualizada em 2017, os estudantes juraram: "Não usarei os meus conhecimentos médicos para violar direitos humanos e liberdades civis".

Ao ler os relatos das alunas da maior universidade do país, vejo que a cultura do abuso e da dominação sobre as mulheres também é escancarada dentro da sala de aula. Ela surge, por exemplo, quando um professor de Química abusa da autoridade e passa a aula inteira de laboratório acariciando os ombros e as costas das alunas. Ou quando, durante uma aula de Direito, um professor diz para todos ouvirem que, se uma menina de treze anos assiste à *Malhação*, ela sabe o que é sexo, e, por isso, se ela mantivesse relações sexuais de qualquer tipo, mesmo que obrigada, o caso não poderia ser configurado como estupro de vulnerável.

É absurdo notar um professor de Direito que vai contra a própria lei, que, conforme já mencionado, determina que sexo com menores de catorze anos é sempre estupro. Não há nenhum atenuante ligado àquilo a que a vítima assiste na televisão, nem se for filme pornográfico. Se a intenção desse professor era fazer graça, não conseguiu. Muitas vezes, as salas das universidades representam um ambiente em que os homens não se constrangem, não disfarçam a postura de abuso, e também não se consideram criminosos, pois acham que esse tipo de comportamento faz parte do jogo. Mesmo outros professores que não agem dessa forma costumam proteger os colegas.

Quando os casos começam a ser comentados e se tornam assunto nos corredores da universidade ou ganham as redes sociais, como os divulgados no "Ele é da USP", as meninas redobram os cuidados e se afastam dos abusadores. Já os meninos, em geral, tentam culpar a vítima. A afirmação mais comum é de que o sexo foi consensual, ou simplesmente eles chamam a garota de louca e seguem a vida normalmente. Cecilia foi convidada por um hoje advogado para jantar e ver um filme. "Ele colocou bebida alcoólica no meu refrigerante e transou comigo à força, apesar de eu ter dito não diversas vezes. Saí da casa dele toda roxa. Depois, o cara me encontrou em uma festa e quis saber por que nunca mais falei com ele." Muitos desses estupradores chegam a ter orgulho de contar como transaram com alunas bêbadas e desacordadas. Contam como se fosse uma piada, sendo que, na verdade, estão confessando um crime, ainda que seus relatos, infelizmente, sejam recebidos pelos colegas com entusiasmo, e até com uma pontada de inveja, como se o abusador houvesse realizado um grande feito, pelo qual deve ser parabenizado. Ninguém nem pensa nos traumas e marcas dolorosas deixados na vítima.

Outro estuprador apontado por várias vítimas dá uma demonstração clara de como a capacidade intelectual não necessariamente significa uma mente evoluída. Gustavo era um aluno exemplar. De origem humilde, se destacava na universidade pelo desempenho acadêmico. Repetia sempre que tinha conseguido tudo pela meritocracia. Ele havia participado do Projeto Rondon, do Governo Federal, criado em 1967. Por meio desse projeto, estudantes e professores de universidades do estado do Rio de Janeiro, com o apoio das Forças Armadas, foram a Rondônia para participar de iniciativas para ajudar em sua formação universitária e, ao mesmo tempo, fomentar o desenvolvimento e a capacitação de comunidades carentes em locais de difícil acesso, em especial no norte do Brasil. Ainda hoje, estudantes das mais variadas áreas atuam para melhorar a qualidade de vida nas localidades atendidas. A ideia é usar o conhecimento universitário para ensinar sobre saúde, educação, saneamento, agricultura e outros temas de extrema necessidade nessas comunidades. Duas vezes por ano, é lançado um convite que especifica as áreas de atuação a serem recrutadas naquela etapa do projeto e as necessidades específicas dos municípios. A partir daí, instituições de ensino apresentam projetos elaborados pelos alunos sob a coordenação de um professor. Os alunos podem ensinar os moradores atendidos desde a como usar as mídias sociais até como fomentar o turismo, técnicas para a agricultura familiar e sustentável, o combate ao trabalho infantil e a boa gestão da água.

Os universitários que participam do Projeto Rondon também formam agentes multiplicadores, cidadãos desses municípios que vão implementar e difundir o que foi aprendido. É um trabalho totalmente voluntário, sem remuneração, e as prefeituras das cidades bancam a alimentação, o alojamento e o transporte das equipes envolvidas no projeto.

Esse estudante também fazia uma série de trabalhos voluntários, passou para um intercâmbio na prestigiada Universidade Harvard, nos Estados Unidos, e namorava uma jovem bonita e apaixonada. Tinha muitas amigas, a quem chamava de irmãs, e dava a elas apelidos carinhosos. Uma dessas melhores amigas, Julia, conta: "Achei que podia confiar nele. Até que, depois de uma festa, dormimos na casa de uma amiga em comum e ele começou a passar a mão em mim. Eu pedia para ele parar, até que o Gustavo forçou um dedo dentro de mim. Fiquei sem reação. Quando consegui confrontá-lo, ele assumiu ser um estuprador". E não faltaram vítimas para confirmar isso. Outra estudante conta: "Eu bebi e ele me agarrou à força. Quando pedi ajuda, as pessoas que estavam ali por perto disseram que era óbvio que eu estava a fim". "Ele finge que ama crianças e animais e que é um bom moço", mais uma aluna denuncia, "porém já embebedou e estuprou duas calouras na moradia estudantil. Eu só não fui estuprada porque um menino que estava passando pelo quarto onde ele me trancou ouviu meus gritos e mandou ele abrir a porta. Quando as *minas* se recusam a ficar com ele, o bonito agride todo mundo e ainda se faz de inocente."

Durante a participação de Gustavo no Projeto Rondon, uma colega conta que o denunciou para o professor de Química que acompanhava o grupo por abusar de adolescentes da comunidade na Amazônia que eles deveriam atender. Ela também comentou sobre o ocorrido com outros alunos dos cursos de Química e Pedagogia que participavam da expedição, e tudo que ouviu, de ambos os lados, é que era normal fazer isso com as meninas locais.

O Ministério da Defesa, responsável pelo Projeto Rondon desde 2005, quando o programa saiu da abrangência do Ministério do Interior, afirma que não tem em seus registros nenhum caso de violência sexual, nem uma única ocorrência. Segundo o porta-voz do Ministério, os universitários que se candidatam para participar do Projeto Rondon são avaliados psicologicamente e recebem orientações contra a violência sexual. Essas afirmações, porém, contradizem diversos relatos de participantes. O Projeto Rondon tem uma importância e uma capilaridade inegáveis, e, de 2005 para cá, foram realizadas diversas operações junto à população mais pobre de 1.237 munícipios brasileiros em 24 estados. É, sem dúvida, uma experiência importante para um grande número de universitários, uma oportunidade de conhecer a dimensão, a diversidade, as mazelas e as necessidades mais urgentes do nosso país, enquanto aplicam na prática o que aprenderam em sala de aula. Pelo menos em teoria, esses estudantes podem desenvolver um senso apurado de responsabilidade social. A iniciativa também é de extremo valor para as comunidades, já que grande parte delas não conta nem mesmo com unidades básicas de atendimento de saúde, escolas ou centros de atendimento social. Nenhum projeto, entretanto, pode ser grande quando ignora uma única denúncia que seja contra a dignidade humana. Fico sem saber se os casos de que professores e alunos tanto falam chegaram à direção do projeto e foram ignorados ou se nem chegaram porque ninguém achou que eram graves o suficiente para denunciar ou se as pessoas duvidaram se seriam de fato investigados. Qualquer das respostas é péssima.

Os relatos de estupros praticados por estudantes universitários apresentam vários elementos em comum e são, sem exceção, chocantes. Mesmo assim, os abusadores não se intimidam. Quando os casos narrados neste capítulo vieram à tona por meio da página do Facebook, os homens, ainda que citados de forma anônima, vestiram a carapuça. Porém, em vez de se desculpar, passaram a fazer ameaças às garotas. Carlos, o estudante de Biologia, mandou fotos do seu pênis para uma das meninas, acompanhadas por uma mensagem curta que dizia para que ela "ficasse esperta quando saísse da USP". Outra menina começou a ser perseguida pelos amigos de Carlos, que diziam que o ato nudista do rapaz é político, que ele é um bom moço e que ela foi digna de ter levado "rolada". Uma terceira foi cercada pelo abusador em pessoa, que mostrou o pênis e disse que ela "nunca mais teria aquilo na vida". E ainda foi embora chamando-a de puta. Bem, é de conhecimento público que ser puta não é crime, mas ser estuprador, sim.

Cito aqui relatos das alunas da USP, mas casos de abuso sexual estão presentes em universidades de todos os cantos do país. Em Minas Gerais, 660 estudantes mulheres da Universidade Federal de Viçosa responderam a uma pesquisa sobre violência sexual no ambiente universitário e 14% delas disseram que já haviam sofrido abuso no próprio *campus* ou em repúblicas, trotes ou festas. Em outra cidade mineira, Itajubá, a pergunta feita a 450 estudantes foi se já haviam sido tocadas sem consentimento. A maioria, 86%, respondeu que sim.

No sul do país, o diretório acadêmico da Universidade Estadual de Santa Catarina pendurou um cartaz com um pedido: "Se você já foi assediada por ele, contorne sua mão aqui". "Ele", nesse caso, era um professor de história acusado de estuprar uma aluna. Esse homem, depois que o caso veio a público, foi denunciado oficialmente por nove estudantes, que registraram boletim de ocorrência na polícia. Os relatos dizem que os abusos aconteciam durante encontros de pesquisa e orientações acadêmicas, em que o docente deixava uma sinalização na porta da sala na faculdade informando que estava em atendimento e que ninguém deveria entrar. Uma aluna conta que ele botou a mão por dentro da blusa dela, e outra teve o pescoço imobilizado pelas pernas do sujeito. Houve uma que tinha uma relação de amizade com a esposa e os filhos desse professor, de forma que aceitou ir à casa dele para receber orientação acadêmica sem ver nenhum tipo de segunda intenção no convite. Porém, quando chegou lá, ele estava sozinho. A estudante conta que foi induzida a beber e a ter relações sexuais, e é claro que ele fez tudo de caso pensado, em uma atitude que só reforça os outros relatos de investidas contra alunas. Ele era do tipo que chamava para sair, mandava mensagens para as jovens no fim de semana e dizia que facilitaria a entrada delas no curso de mestrado se elas se submetessem a seus desejos. Apesar de as denúncias oficiais terem sido apenas nove, as do tal cartaz que pedia para que todas as alunas que tinham sido atacadas por ele deixassem ali o desenho da própria palma da mão, chegaram a mais de trinta em duas semanas.

Uma pesquisa de 2015 realizada pelo Instituto Avon trouxe um panorama mais geral desses casos. Esse instituto, ligado à grande marca de cosméticos, se dedica desde 2003 ao combate ao câncer de mama e ao enfrentamento da violência contra mulheres e meninas e já apoiou 350 projetos e ações beneficiando quase seis milhões de pessoas. Patrocina também pesquisas valiosas sobre as diferenças de gênero, em temas que muitas vezes são ignorados pelo próprio governo. Essa pesquisa realizada em 2015 com 1.823

universitários de todo o país mostrou que 28% das mulheres sofreram abuso sexual no ambiente universitário, seja estupro com penetração, seja ser tocada sem consentimento ou forçada a beijar um aluno veterano, seja sexo sem consentimento quando estava sob efeito de álcool. Aliás, na mesma pesquisa, 27% dos homens acham que não é abuso se a mulher estiver alcoolizada, e 13% deles confessaram que cometeram algum desses tipos de violência.

Ana Carolina, a aluna da USP com quem conversei, me contou que, enquanto as vítimas têm pouco apoio, os abusadores contam com uma verdadeira rede de proteção: "Quando algum menino é acusado de violência sexual, os amigos sempre saem em defesa dele. Os meninos acusados de estupro seguem circulando normalmente pela faculdade e pelas festas. Eles acham que, se a menina está bêbada, está tudo bem. Só que, às vezes, a menina não consegue falar, está desmaiada. E, às vezes, mesmo falar que 'não', com todas as letras, não significa nada. Por exemplo, se você sai com um cara uma vez e, nessa vez, você diz sim, eles acham que dali para a frente será sempre sim. Essa questão do consentimento é difícil de eles entenderem, por algum motivo".

Mais triste ainda é ver que esse conceito também é de difícil compreensão para muitas meninas. Na página "Ele é da USP", há diversos comentários de universitárias mulheres, potenciais vítimas, que culpam as estudantes pelos abusos, dizendo que foram elas que não "se cuidaram".

A falta de sororidade causa um dano ainda maior àquelas que sofreram violência sexual e faz com que elas desconfiem de si mesmas e se sintam ainda mais desamparadas, já que recebem o ceticismo até mesmo de outras mulheres. A pesquisa "Interações da USP" mostrou que o abuso sexual tem impacto na saúde física e mental, nas relações interpessoais e também na vida acadêmica das vítimas. As estudantes que sofreram violência sexual relatam o dobro de pensamentos suicidas e cometem até três vezes mais tentativas de suicídio. Imagine o que se passa com essas vítimas, então, quando não há apoio nem de outras mulheres.

Em nota, a USP declarou que "assim como na sociedade em geral, a violência de gênero lamentavelmente está presente na realidade da Universidade de São Paulo". A USP informa, ainda, que faz treinamentos constantes com a guarda universitária de todos os *campi* para que os agentes de segurança saibam ouvir e encaminhar denúncias de abuso sexual para as autoridades responsáveis. Esse esforço da reitoria da Universidade de São Paulo me parece real e muito válido no combate à violência sexual dentro da instituição, mas ainda se mostra insuficiente para atender uma comunidade composta de mais de cem mil pessoas, entre alunos, professores e funcionários, e que reflete, como todas as outras, tantos pensamentos machistas presentes na sociedade.

Um vídeo divulgado pela usp Mulheres em 2017 traz relatos de alunas contando episódios de abusos e de machismo explícito ocorridos nos corredores e salas de aula dos mais variados cursos oferecidos pela universidade. Algumas estudantes mostraram o rosto, outras, preferindo manter anonimato, foram representadas por colegas que leram os depoimentos. Uma delas conta que um aluno pediu a quatro colegas que a segurassem para que ele a beijasse à força. Outra relata que um aluno tentou estuprar uma colega após uma "cervejada" e, quando contestado, disse que era livre para fazer o que quisesse, expressando um bizarro — e totalmente ilegal — conceito de liberdade. Uma universitária leu o seguinte depoimento: "Um cara da minha faculdade se forçou para dentro de mim enquanto eu me debatia e gritava para que ele parasse. Mesmo assim, ele acha que isso não é estupro".

Para piorar, os depoimentos no vídeo também falam de professores que disseminam o machismo e têm comportamento abusivo durante as aulas. Uma estudante denunciou um professor que ficava olhando as pernas das meninas e escolhia a de saia mais curta para fazer anotações no quadro. Outro era apontado por "encoxar" as meninas nas aulas no laboratório. E havia também os que tentavam diminuir a capacidade das mulheres, afirmando, por exemplo, que não gostavam de dar aula para mulheres porque elas "falam demais e isso dá dor de cabeça". A própria vice-diretora da Escola Politécnica, Liedi Bernucci, dá um depoimento no qual conta que, quando estava no segundo ano do curso de Engenharia Civil, ouviu de um professor: "Não sei por que as mulheres querem entrar na Poli, já que em pouco tempo vão largar a carreira para casar e, no fim das contas, terão apenas roubado a vaga de um homem". Quase quarenta anos se passaram e o preconceito continua o mesmo. O vídeo foi produzido pelo Escritório usp Mulheres em parceria com a Escola Politécnica e com o coletivo de alunas Politécnicas R.existem.

Esses coletivos de alunas, e também de professoras e funcionárias, têm um papel importante no combate à violência sexual. São grupos que estão presentes no dia a dia universitário, promovendo rodas de conversa e debates a partir de filmes, palestras e manifestações e trocando experiências. Muitas estudantes vítimas de abuso sexual não prestam queixa pelos canais oficiais da universidade, mas se sentem à vontade ao buscar apoio em um coletivo que reúne outras alunas, muitas das quais também passaram por experiências semelhantes. A USP tem cerca de trinta coletivos feministas espalhados por seus oito *campi*, localizados, além da capital, nas cidades de São Carlos, Bauru, Ribeirão Preto, Piracicaba, Pirassununga, Lorena e Santos.

Um ponto que mais chama atenção, entretanto, é a falta de compromisso das universidades pelo Brasil em banir a cultura do estupro. Existem projetos institucionais ainda tímidos, grupos de apoio e fóruns de debate, uma palestra ali, um vídeo educativo aqui. Quando os abusos acontecem, as universidades só costumam se pronunciar se a história ganha notoriedade. Sempre que podem, costumam abafar as denúncias para não abalar a própria reputação. E, ainda pior: costumam proteger aqueles a quem enxergam como garotos, e não como os criminosos que são, só por terem um ensino médio completo, algum status e mil possibilidades pela frente, as universidades agem como se não tivessem a obrigação de proteger o futuro de jovens mulheres que, elas sim, não fizeram mal a ninguém.

O ambiente machista que favorece ataques sexuais não é exclusividade dos meios universitários do Brasil. Nos Estados Unidos, as Academias Nacionais de Ciências, Engenharia e Medicina publicaram, em 2018, o resultado de dois anos de entrevistas e análises de estudos e estatísticas sobre o assédio nas universidades norte-americanas nessas três áreas. Entre professoras e alunas, mais da metade havia sofrido algum tipo de assédio, como coerção sexual, ou seja, quando avanços sexuais são feitos com promessa de recompensas ou com ameaça de prejudicar a mulher; atenção sexual inadequada, como toques indesejados; insistência para ter relacionamento íntimo e até estupro propriamente dito; e assédio de gênero, o mais comum, caracterizado por piadas machistas, exclusão e desvalorização da mulher, tudo o que também encontramos por aqui. O relatório cita que os dois primeiros tipos podem até parecer casos de homens que sentem atração por mulheres, porém, mais frequentemente, são mesmo tentativas de dominação, o que, no fim das contas, está na raiz de todo estupro.

O estudo também conclui que os ambientes acadêmicos são permissivos à violência contra a mulher porque, quando os casos são denunciados, nada acontece, e a vítima ainda pode sofrer alguma retaliação. Há vários relatos que mostram que os assediadores são conhecidos de todos, e as mulheres que chegam àquele ambiente recebem sempre o aviso para se afastar desses homens e também o alerta de que não adianta denunciar, porque outras já tentaram e nenhuma providência foi tomada. Mais uma vez, nada diferente do que observamos todos os dias nas instituições de ensino superior do Brasil. Não apenas aqui, como em praticamente todos os lugares do mundo, as vítimas sofrem impactos como baixa produtividade na vida acadêmica e até mesmo o abandono de carreiras promissoras. O cenário é desolador e mostra que há muito a ser feito. Ainda assim, sou otimista e acredito que a luta de jovens estudantes ainda fará com que as universidades se tornem o que as escolas como um todo deveriam ser: locais de mudança, pontos de inflexão, nos quais costumes e culturas são expostos, questionados e modificados para melhor.

## Capítulo 10

## Mas será que não posso nem pegar um ônibus?

Seja na ida para a escola ou para o trabalho, seja na volta para casa após uma rotina exaustiva, ou até mesmo quando está em momentos de lazer, não há trégua para a mulher no transporte público na sua eterna tentativa de se defender contra o assédio. Em ônibus e vagões de trens e metrôs apertados, quem é mulher precisa ficar alerta o tempo todo para a possibilidade de alguém se aproveitar da situação para passar a mão nos seus seios, se esfregar nas suas nádegas e fazer coisas ainda piores.

Já aconteceu comigo. Eu tinha dezoito anos e morava na casa de uma tia querida na Vila da Penha, no subúrbio do Rio de Janeiro, enquanto fazia estágio na Rádio Globo, no bairro da Glória, entre o Centro e a Zona Sul da cidade, e estudava na Universidade Federal Fluminense, em Niterói, na região metropolitana do Rio. Traduzindo: metade da minha vida, nessa época, era passada dentro do transporte público, entre ônibus e barca. E eu saía tão tarde da faculdade, tendo de atravessar a Praça Quinze quase deserta, na região central da cidade, que tinha certeza de que seria assassinada em algum assalto até o fim da minha graduação. Por muito tempo, tive medo dessa situação, que, felizmente, não se concretizou, mas não escapei do assédio no transporte coletivo.

Normalmente, eu saía da faculdade às dez horas da noite, pegava a barca em Niterói, descia na Praça Quinze, cruzava a pé a avenida Rio Branco e ia até o Passeio Público, onde eu tomava meu ônibus para a casa da minha tia, no subúrbio. Aquele era o ponto final e inicial do itinerário do coletivo, o que me permitia, depois de esperar em uma fila minimamente organizada, conseguir um lugar sentada, e viajar com um mínimo de conforto por cerca de uma hora no último trecho daquela minha jornada cotidiana. E isso era muito importante, pois eu tinha que estar sempre, no dia seguinte, às sete horas da manhã na rádio para o estágio, o que significava acordar às cinco da madrugada na Vila da Penha para poder chegar a tempo ao centro da cidade. Àquela hora da noite, portanto, eu já estava exausta.

Certo dia, perdi o primeiro ônibus que passou, porque a fila estava enorme, e preferi esperar pelo veículo seguinte para garantir meu lugar sentada. Mesmo assim, só consegui assento na última fila, no banco final, encostadinha na janela. Pensei: "Que sorte! Hoje vou encostar a cabeça na janela e dormir um pouquinho!". Já no meio do trajeto, na famosa avenida Brasil, acordei de repente sentindo uma mão na minha coxa. Ainda meio sonolenta, olhei para aquela mão, acompanhei o braço e encontrei um rosto quase colado ao meu, que me disse: "Boa noite". Do alto dos meus dezoito anos, tomada pela raiva e com pouca noção do perigo, com a voz baixa, mas cheia de ódio, xinguei o sujeito, mandando o homem viajar em pé. E ele foi! Provavelmente, para se esfregar em outra mulher. Os passageiros em volta, sonolentos, ficaram quietos. Nesse dia, com medo de ser seguida, desci um ponto antes do meu, porque era mais movimentado, e enfrentei riscos talvez até maiores em ruas escuras, tarde da noite, andando por quatro quarteirões até chegar em casa.

Fico pensando: o que aquele homem e tantos outros têm em mente ao fazer isso? O que leva um indivíduo a tocar, de forma sexual, o corpo de uma mulher desconhecida, em público, sem permissão, sem consentimento, sem nenhum sinal de que ela queira aquele contato? No meu caso, inclusive, eu estava inconsciente, dormindo.

Durante as pesquisas que fiz para este livro, entrevistei um homem com o mesmo *modus operandi* daquele que me assediou no ônibus. Com 37 anos, separado, pai de uma menina, trabalhava como porteiro noturno. Em uma certa quinta-feira, ele estava indo para casa de metrô, em São Paulo, às oito horas da manhã. Segundo o que me relatou, não tinha nada em mente naquele momento, não planejava atacar ninguém, apenas pensava em descansar depois de uma jornada de trabalho.

Ao entrar no vagão, viu que o único lugar vazio era ao lado de uma mulher, e lá ele se sentou, com sua mochila no colo. O metrô foi andando e ele foi deslizando para o lado da companheira de banco, e me disse que ficou excitado. Até que botou a mão na coxa dela, e sentiu que a mulher ficou paralisada.

Ele me relatou que achava que ela estava gostando. No entanto, assim que chegou na estação seguinte, onde poderia pedir ajuda aos seguranças, a mulher levantou-se nervosa e gritou: "Você está louco?!". Os passageiros chamaram os guardas e foram todos para a delegacia. Como foi pego em flagrante, o porteiro se disse arrependido. Suas palavras para mim sobre isso foram: "Na hora que está acontecendo, a gente pensa que a outra pessoa está gostando, mas tem vezes que isso acontece e outras vezes que não é bem assim".

A generalização me fez concluir que não havia sido a primeira vez que ele tinha assediado uma mulher no transporte público, embora ele diga o contrário. De qualquer forma, ele foi honesto quando admitiu que, se não houvesse sido pego, provavelmente faria aquilo de novo.

Não encontrei a vítima desse abusador em questão, mas conheci outra: Pilar, uma universitária que estava indo para um curso, também de metrô, igualmente na cidade de São Paulo e no mesmo horário, por volta de oito horas da manhã. Era um sábado e ela já estava prestes a descer quando sentiu um esbarrão mais agressivo e demorado que o normal no vagão lotado em que se encontrava. Já na plataforma, foi chamada por outra passageira, que lhe informou: "Está sujo atrás de você".

Ela não entendeu, mas a mulher lhe explicou que havia uma mancha esbranquiçada no casaco dela. Pilar passou a mão na região indicada pela passageira e sentiu um líquido quente. Pensou: "Não pode ser". Cheirou. Foi então que teve certeza. Haviam ejaculado nas costas dela, na altura da cintura. Ela me disse que não achou que aquilo tivesse sido algo direcionado especificamente para ela, porém, em meio ao aperto do metrô, o abusador deveria simplesmente ter se masturbado, sem ter um alvo em especial para a sua ejaculação. Pilar, assim como eu, ainda se impressiona: "Essas coisas não são para acontecer, muito menos às oito horas da manhã em um sábado!".

Pilar é baixinha, tem 1,55 metro de altura, e naquele dia usava uma bata de veludo, que, naquele momento, queria o quanto antes jogar no lixo. Ligou chorando para uma amiga, que foi encontrá-la levando uma outra blusa. "Joguei a roupa no lixo e lavei tanto a minha mão que chegou a machucar", ela me contou. "Senti uma vergonha… Estava me sentindo tão suja!"

Naquele dia, a amiga não pôde ir com ela até sua casa. Pilar respondeu que "tudo bem, que já estava mais calma, e que voltaria sozinha", mas a verdade é que ela não conseguiu entrar de novo no metrô. Teve uma crise de choro e entrou em uma lanchonete, onde esperou outra amiga chegar para acompanhá-la.

O episódio a fez mudar de comportamento dali em diante. Perdeu aulas na faculdade por medo de ir até o *campus*, passou a usar mais roupas escuras e, quando ia a alguma festa e queria usar uma roupa mais atraente, levava a peça de roupa na bolsa e trocava no banheiro da estação de metrô próxima ao seu destino. Todas essas mudanças foram provocadas pelo medo, mas racionalmente nem faziam sentido, pois ela não vestia uma roupa sensual quando foi atacada: estava frio e ela usava um casaco pesado. Mesmo assim, sentiu vergonha e culpa, e demorou um bom tempo para se livrar desses sentimentos.


Abusadores de transporte público existem aos montes e não é de hoje que as mulheres sabem disso, em geral por já terem passado por algum tipo de experiência similar às que eu descrevi. Uma pesquisa feita pelos institutos Patrícia Galvão e Locomotiva, em fevereiro de 2019, entrevistou 1.081 mulheres com dezoito anos ou mais, em todas as regiões do país, que usaram transporte público ou privado nos três meses anteriores à pesquisa. Os entrevistadores apresentaram a elas uma lista de situações constrangedoras, abusivas ou criminosas, desde olhares insistentes até as recorrentes "encoxadas" e os estupros.

O resultado foi que simplesmente 97% das mulheres afirmaram ter passado, pelo menos uma vez, por uma situação dessas, seja em ônibus, trens, metrôs ou em táxis e carros de aplicativos de transporte particular. Quarenta e um por cento delas relataram já ter trocado de lugar no transporte coletivo por medo, depois de serem encaradas sem trégua por algum homem. Outras 35% dizem que já foram "encoxadas". Há ainda as cantadas indesejadas, os comentários de cunho sexual, os homens que passam a mão pelo corpo das passageiras, os que se masturbam, os que fazem gestos obscenos ou mostram as partes íntimas, os que fotografam mulheres sem autorização e até os que as beijam à força.

Um por cento das entrevistadas contou ter sido vítima de estupro com penetração no transporte por aplicativo. Essa foi uma pesquisa realizada apenas com um percentual pequeno de mulheres brasileiras que usam transporte público ou privado. Para se ter uma ideia, entre homens e mulheres, cinco milhões de pessoas utilizam o metrô todos os dias na cidade de São Paulo. Ainda que restrita, essa pesquisa traz dez casos concretos de mulheres estupradas dentro do transporte por aplicativo. Para cada uma delas, o dano que lhe foi causado não pode ser mensurado por nenhum tipo de estatística.

Na contramão do alto índice de mulheres que contam ter sido vítimas de abuso no transporte, as queixas registradas pela polícia vêm em número bem menor. O site G1, com base na Lei de Acesso à Informação, fez um levantamento desde que a Lei de Importunação Sexual foi implantada, em 24 de setembro de 2018, até o fim daquele ano. Foram 239 queixas realizadas na capital de São Paulo, sendo 130 relacionadas a delitos ocorridos dentro do transporte público.

O Anuário da Violência, do Fórum de Segurança Pública, levantou 3.096 registros de ocorrência relacionados à importunação sexual realizados pelo país no mesmo ano. Oito estados (Acre, Alagoas, Bahia, Espírito Santo, Maranhão, Minas Gerais, Paraíba e Rio Grande do Norte) nem sequer apresentaram dados sobre esse tipo de crime, e entre os demais estados que apresentaram números de casos de importunação sexual, não se sabe quantos aconteceram dentro do transporte público. Essa é uma lei recente, que precisa ainda se tornar mais conhecida para ser plenamente aplicada. Quando digo conhecida, me refiro não somente a agentes da polícia e da Justiça, mas a muitas mulheres, que não denunciam porque não sabem que uma "encoxada" dentro do ônibus lotado é um crime previsto agora com detalhes no nosso Código Penal. Por isso, as campanhas de esclarecimento são tão importantes, e inclusive, quanto mais gente conhecer a lei e denunciar, maior será o conhecimento que os próprios abusadores terão de que estão cometendo um crime e que de fato podem ser punidos. Isso pode fazer muitos deles pensarem duas vezes antes de abusar de alguém.

Existe um transtorno psiquiátrico que leva homens a se esfregarem em mulheres no transporte público. É chamado de *frotteurismo*, termo derivado da palavra francesa *frotter*, que significa esfregar, ou *frotteur*, no caso de quem se esfrega. Os portadores desse distúrbio dependem exclusivamente de estar em aglomerações para satisfazer sua necessidade sexual, se esfregando no corpo de alguém sem autorização, até finalizar o ato, o que no caso dos homens significa ejacular. É um tipo de parafilia que exige psicoterapia e medicação, mas, assim como no caso da pedofilia, é um transtorno raro, que atinge poucas pessoas, o que também não justifica nenhum abuso, que continua a ser um caso de polícia. Na maioria das ocorrências de violência sexual acontecidas dentro do transporte público, os abusadores não sofrem de qualquer tipo de distúrbio psíquico, e são simplesmente pessoas sem ética e desprovidas de qualquer tipo de respeito pela mulher, que se aproveitam da proximidade física para cometer abusos criminosos.

Dentro da minoria que é flagrada, há ainda outra minoria: a dos que são punidos. É quase como procurar uma agulha em um palheiro. Em São Paulo, esse grupo reduzidíssimo pôde participar, por algum tempo, de uma experiência diferente. O Tribunal de Justiça implantou um curso para a conscientização desses homens em relação ao que estavam fazendo. O programa funcionou entre agosto e novembro de 2017 e, nesse período, 33 homens autuados ao praticar abusos sexuais no transporte público puderam optar por fazer um curso reflexivo como condição para não serem processados. Eram oito horas de palestras e debates sobre masculinidade, diferença de gênero e violência, nas quais eram levados a se colocar no lugar da vítima.

Acompanhei uma dessas sessões, em um domingo de manhã. Assim como as vítimas não têm um perfil único, os abusadores também são dos mais variados tipos. Na sala, sentados em círculo em carteiras daquelas de escola, havia jovens que mais pareciam adolescentes, idosos, desempregados, profissionais com anos de experiência em suas áreas de atuação, homens de terno e gravata e outros que apresentavam um visual mais descontraído, usando casaco de moletom e cabelo colorido.

Um senhor com traços orientais olhava o tempo todo para baixo. Em uma conversa após a sessão, soube que trabalhava na área de informática, era pai de família, casado havia 27 anos, e que havia sido flagrado na escada rolante do metrô filmando com o celular por baixo da saia de uma passageira. Não sabe dizer por que fez isso, jura que não tinha a intenção de compartilhar o vídeo, e que só queria ver. Sua esposa soube de toda a história, ficou chocada, e afirmou que jamais esperaria uma atitude como aquela do homem com quem havia se casado. Ele, porém, lhe pediu perdão. Segundo o que me contou, a mulher aceitou seu pedido, mas "aí é que entra a história da confiança. Uma coisa assim abala a credibilidade. E é isso que eu preciso resgatar na minha família", me disse.

É impressionante como, para os abusadores, a lembrança da família só aparece quando convém. A algumas cadeiras dele, estava um rapaz bem mais jovem, que preferiu mentir em casa a contar a verdade sobre o que fazia ali. Disse para a mulher que precisava ir a um curso no domingo de manhã por ordem da Justiça, porque se envolveu em uma briga no metrô. Foi covarde até na hora de assumir para a família o que fez. Garçom, estava indo trabalhar quando avistou na estação de metrô uma mulher que achou interessante, e entrou logo atrás dela no vagão. Nas palavras dele, ela era baixa, "fortinha", vestia saia e blusa, mas nada curto nem decotado. "Ela não estava como se fosse uma periguete [sic]. Eu entrei no vagão e fiquei por perto. Quando eu tive oportunidade, encoxei. Pronto!", relata ele, com frieza.

A moça não fez escândalo e, com muito custo, no metrô lotado, conseguiu se afastar e chamou os seguranças. Diante deles, o abusador, cheio de atitude até então, simplesmente começou a... chorar! Sua consciência pareceu ter voltado, pois lembrou-se da mulher e dos filhos, ficou mostrando fotos deles no celular, informou que era evangélico havia doze anos e culpou um amigo que o instigou a fazer aquilo, dizendo que nunca dava problemas. Enfim, um teatro completo.

O marido da vítima chegou um tempo depois, e apenas nesse momento o abusador chorão finalmente pediu perdão. Porém, o fez para o marido, como se a mulher fosse propriedade dele, e como se o abusador a tivesse usado sem permissão... do marido, é claro.

Está desenhado aí o menosprezo pela mulher. É o retrato de uma cultura machista, na qual as mulheres só recebem algum respeito por intermédio do homem que está com elas. É impressionante como esse conceito está entranhado no nosso dia a dia, seja em uma briga de trânsito, ao lidar com um prestador de serviços ou dentro de uma boate, as mulheres são mais respeitadas quando estão acompanhadas de um homem. E pior: é assim que muitas mulheres se sentem, pois ficam mais seguras quando estão ao lado de um homem. É o que também acontece, por exemplo, quando uma mãe ameaça o filho que não se comporta, dizendo que vai contar a malcriação para o pai, como se a bronca da mãe não fosse válida ou suficiente por si só, como se só um homem pudesse resolver a questão e o pai fosse a única figura a ser respeitada na família.

Os 33 homens que participaram do curso reflexivo do Tribunal de Justiça de São Paulo não voltaram a ser flagrados cometendo abusos no transporte público. É claro que há a possibilidade de que tenham voltado a abusar de mulheres, mas não tenham sido pegos novamente. Ainda assim, a reincidência oficial zero é um bom e esperançoso resultado para um programa que buscou ir à raiz do problema e mudar a mentalidade de homens abusadores.

Infelizmente, a experiência não continuou por falta de recursos para contratar quem aplicasse o curso. Segundo o porta-voz do TJ-SP, no momento em que conversei com ele, o tribunal estava em busca de parcerias para retomar o programa, a exemplo de cursos semelhantes. Atualmente o TJ-SP oferece cursos do mesmo tipo voltados para acusados de violência doméstica, ministrados por voluntários que atuam por meio de convênios com instituições como o Ministério Público, a Ordem dos Advogados do Brasil, a Defensoria Pública e outros órgãos ligados às áreas de justiça ou, ainda, às áreas de educação e saúde. Na cidade de Santo André, por exemplo, há um desses cursos ministrados por psicólogos especializados em questões relacionadas à masculinidade.

Já faz tempo que convivemos com homens que se aproveitam da aglomeração no transporte coletivo para se esfregar, se masturbar ou apalpar mulheres. A novidade é que agora, cada vez mais, as vítimas gritam, reagem, chamam a polícia, ou então outros passageiros se unem para ajudar. Assim foi no caso que ficou famoso em São Paulo, do homem que ejaculou no pescoço de uma passageira em um ônibus. Quando ela percebeu e gritou, outros passageiros a apoiaram, o motorista trancou a porta para que o abusador não fugisse, e as pessoas na rua cercaram o veículo. O abusador, Diego de Novais, de 27 anos, ajudante de serviços gerais, foi preso e, inacreditavelmente, liberado pouco tempo depois, por um juiz que não enquadrou o caso como estupro, alegando, de maneira totalmente descabida, não ter havido violência nem constrangimento. Além disso, pouco tempo depois de solto, ele voltou a fazer a mesma coisa! Foi novamente detido por esfregar o pênis no ombro de uma passageira dentro de outro ônibus.

Descobriu-se que Diego tinha dezessete passagens pela polícia por estupro e por atos obscenos, que era como a lei enquadrava muitos casos de abuso em transporte público antes da mudança na lei que criou o crime de importunação sexual, em 2018. O crime de ato obsceno ainda existe, sendo caracterizado quando alguém mostra suas partes íntimas ou se masturba em público, em geral para se exibir, mas sem contato físico com ninguém, e, algumas vezes, até mesmo sem intenção sexual. Já houve, por exemplo, casos de mulheres condenadas por ato obsceno porque mostraram os seios durante protestos de rua. A pena para esse crime é de detenção de três meses a um ano ou uma multa. Já a pena para importunação sexual é maior, de um até cinco anos de cadeia e sem possibilidade de trocar a detenção por pagamento da multa. A partir de toda a ficha corrida de Diego, a polícia pediu ao juiz a prisão preventiva e também um exame psiquiátrico do agressor.

O senso comum nos diz que alguém que abusa sistematicamente de mulheres dentro do transporte público deve ter mesmo algum distúrbio mental. Mas será que de fato é assim? Diego chegava a ejacular nas mulheres e, por isso, foi denunciado à polícia diversas vezes. O fato de insistir nesse crime, mesmo depois de ter sido preso, parece um indício de falta patológica de controle. No entanto, aqueles que se esfregam, "encoxam" e apalpam as mulheres costumam escapar ilesos. Será que alguém acha que um abusador desses, que está todos os dias nos ônibus, trens e metrôs das cidades, faz isso menos que dezessete vezes ao longo de anos? Será que são todos doentes?

A alegação de insanidade é recorrente e conveniente. É melhor cumprir a pena em um hospital psiquiátrico que na cadeia, sempre um local insalubre e com risco de morte extremo para estupradores. É praticamente certo que esses abusadores não sabem, ou preferem ignorar, que, pela lei atual, todos são considerados criminosos. Tanto é assim que muitos se vangloriam e contam sobre os abusos para os amigos, com riqueza de detalhes, como se fosse uma grande aventura e um grande feito. Já as vítimas, quando vão a público, sofrem ataques inacreditáveis, mesmo depois de todo o trauma pelo qual já passaram.

Voltemos ao caso da universitária e do homem que ejaculou nas costas dela no metrô. Cheguei até Pilar porque ela fez um relato completo do acontecido em sua página no Facebook. A intenção era fazer um alerta para outras mulheres sobre o que pode acontecer na Linha Amarela, que é uma das mais novas de São Paulo. O primeiro trecho foi inaugurado em 2010. A linha atravessa pontos famosos da capital, como a avenida Paulista, e áreas nobres, como a rua Oscar Freire e avenida Faria Lima, e por isso suas estações costumam ter mais policiamento que outras da cidade. Mas nem isso impediu o abuso relatado por Pilar na rede social. A postagem teve uma enorme repercussão, com novecentos comentários. Porém, apenas cem deles eram solidários, e esses, em geral, vinham de pessoas próximas. Os demais oitocentos eram textos contra a vítima.

"Também... sai com roupa apertada", dizia um desses comentários. Não, Pilar não usava uma roupa apertada. E, mesmo que usasse, é direito dela de vestir o que quiser. É incompreensível esse raciocínio de achar que uma mulher com uma simples roupa consegue induzir um homem a virar um bandido. Por acaso alguém com noções mínimas de respeito pelo próximo se transforma imediatamente em um abusador porque acha que a outra pessoa "está pedindo"?

"Você está mentindo, está querendo aparecer", dizia outro internauta. Não me parece razoável que uma pessoa planeje aparecer se expondo a um constrangimento enorme como esse. Mas a compulsão em culpar a vítima nos casos de abuso sexual produz esses comentários cruéis, que algumas pessoas fazem questão de jogar nas redes sociais. E o mais triste é ver que centenas de mulheres também participaram desse linchamento virtual.

"Um monte de gente que eu não conhecia me xingou, me ofendeu", contou Pilar. "Falaram que eu merecia muito mais. Merecia ser estuprada. Teve gente duvidando, perguntando: 'Como é que você não sentiu na hora?'. Mas eu estava com uma bata de veludo, não tinha como eu sentir, porque o tecido é grosso. Minha amiga que encontrou comigo foi nos comentários e confirmou que era tudo verdade, mas não adiantou. E aí eu apaguei o post e não quis mais ler comentários. Cara, como é que se chega em um ponto em que a pessoa nem te conhece e começa a falar que você merece ser estuprada, que você merece morrer, que você merece não sei o quê...?"

Enquanto escrevo, me deparo com outro relato que viralizou na internet. Uma universitária de 23 anos contou a *via crucis* pela qual passou para registrar uma queixa de abuso em transporte público. Um homem ejaculou no pé dela no metrô no Rio de Janeiro. Ela conseguiu dar um chute nele, que tentou fugir, mas foi contido por outros passageiros até a chegada da segurança, um ato de solidariedade realizado por homens e mulheres que se mostra cada vez mais crucial para deter esse tipo de criminoso. Em seguida, eles foram para a delegacia, onde ela ficou durante quatro horas, tomando um verdadeiro "chá de cadeira", segurando o chinelo sujo, e nada foi feito. O agressor, com um arranhão na testa, resultado da luta com os passageiros que o seguraram, foi levado para o hospital e depois foi liberado, porque a estudante cansou de esperar. Deu ouvidos aos que diziam que "não ia dar em nada" e foi embora, e tudo ficou por isso mesmo, uma conclusão desoladora.

Ainda temos muito que caminhar. Algumas cidades, como Rio de Janeiro, Brasília, Recife e Belo Horizonte, chegaram a criar vagões exclusivos para mulheres nos trens e no metrô, na tentativa de diminuir os abusos. Em geral, funcionam em dias úteis e nos horários de pico, no começo da manhã e no fim da tarde. A ideia surgiu na Índia, em 1992, e foi ampliada na esteira da repercussão mundial de ataques sexuais a mulheres no transporte público de lá. Entendo o alívio que essa alternativa traz para mulheres cansadas de uma rotina diária de tentar driblar os tarados de plantão, mas me parece aquela história das casas cercadas de grades, onde os moradores ficam presos enquanto os bandidos estão à solta. Em São Paulo, deputados chegaram a aprovar a criação desses vagões femininos nos trens e metrô, mas movimentos feministas protestaram, afirmando que as mulheres seriam segregadas com o suposto intuito de proteção. A lei acabou não sendo sancionada pelo governo do estado.

Também em São Paulo, a Associação das Advogadas, Estagiárias e Acadêmicas de Direito lançou uma iniciativa para combater os abusos no transporte público e criou a campanha "Não hesite, apite". Foram distribuídos milhares de apitos para serem usados pelas mulheres quando importunadas. A iniciativa também pegou no Rio de Janeiro, onde passageiras do vagão feminino começaram a usar apitos para constranger até expulsar qualquer homem invasor, o que às vezes produz cenas cômicas. Muitos homens se fazem de desentendidos para entrar no vagão feminino — nem com o intuito de abusar sexualmente de ninguém, mas simplesmente porque esse tipo de vagão costuma ser mais vazio. Mas o alívio, em geral, não dura mais que uma estação. Nesse curto trajeto, o sujeito ouve repreensões e merecidos desaforos das mulheres, e algumas delas chegam a levar os apitos na bolsa e não pensam duas vezes antes de utilizá-los para avisar sobre o invasor às demais passageiras e aos guardas que cuidam das estações. Essa estratégia, documentada pela primeira vez também na Índia, ajudou a constranger os homens que não acreditavam que seriam expulsos dos vagões exclusivos para mulheres. Há vídeos na internet de homens cercados pelas passageiras ouvindo sermão dentro dos vagões cor-de-rosa do metrô brasileiro. Desconfio que a lição tenha sido suficiente para que se arrependessem.

Estamos nos habituando a essas "soluções" que não resolvem e, mesmo aceitando a necessidade dos vagões como uma saída de curto prazo, é impossível ter espaço para todas as passageiras, ainda mais no horário do *rush*. O vagão exclusivo escancara a nossa impossibilidade de construir um ambiente de respeito às mulheres, em que os abusos parem de existir, ou pelo menos sejam uma exceção, e não aquilo que toda mulher espera e teme quando anda no transporte público.

Em todo o país, as vítimas de abusos sexuais ocorridos não apenas em meios de transporte, mas em qualquer outra circunstância, podem denunciar ligando para o 180, número da Central de Atendimento à Mulher, serviço mantido pela Ouvidoria Nacional do Ministério dos Direitos Humanos.

A ligação é gratuita e sigilosa. Instituído por uma lei federal em 2005, o 180 funciona como um disque-denúncia para todos os tipos de violência contra a mulher. Funciona 24 horas todos os dias, inclusive nos fins de semana e feriados, em todo o Brasil, e também pode ser acessado de outros dezesseis países. Do outro lado da linha estão atendentes treinadas para receber a denúncia e acolher a mulher que sofreu o abuso. As atendentes orientam sobre o que diz a lei e, caso seja a vontade da mulher, a encaminham para outros serviços públicos, como a polícia, abrigos e a defensoria pública.

As denúncias recebidas pelo 180 também ajudam a traçar um panorama da violência contra a mulher. A base de dados tem informações importantes, que o governo federal pode usar para a formulação de políticas públicas voltadas para a erradicação da violência sexual. No caso específico do transporte público, essas denúncias podem contribuir para alertar as autoridades e as administrações de transportes urbanos sobre os locais, as linhas de ônibus ou as estações e rotas de trem e metrô em que os abusos são mais constantes, e criar um banco de dados a respeito da gravidade dos crimes.

Para ajudar na hora de levar adiante uma queixa na polícia, é importante tentar, na hora da ocorrência, pegar o contato de testemunhas e pedir ajuda de funcionários, como o motorista ou o cobrador, no caso dos ônibus. Os funcionários têm obrigação de ajudar e, caso se recusem, podem ser denunciados pela ouvidoria das empresas. A vítima, impactada pelo abuso, muitas vezes tem dificuldade em tomar essas atitudes objetivas, e por isso é de extrema importância que os funcionários do transporte público recebam um treinamento adequado para atendê-la. Por isso também é tão importante que os outros passageiros façam seu papel de cidadãos e se ofereçam para depor como testemunhas.

O ponto-chave aqui, entretanto, é que, em vez de as mulheres serem encarregadas do fardo de denunciar e se proteger, os homens é que devem mudar de atitude. Esse foi o lema da juíza Tatiane Moreira Lima, que coordenou o curso reflexivo para abusadores que acompanhei em 2017, na cidade de São Paulo. Segundo as palavras dela, é preciso conversar com os homens para desconstruir essa cultura. São os homens que têm de parar de propagar esse tipo de atitude, e não as mulheres que têm de evitar usar saias, calças jeans e decotes e sair apenas com roupas largas — como se isso adiantasse. Os homens é que precisam parar de assediar as mulheres. É preciso que eles se conscientizem a respeito da necessidade de uma total mudança de conduta social. Não podemos mais aceitar o machismo estrutural enraizado na cultura e considerar essas atitudes comuns. Esse não é um comportamento aceitável, normal e não pode mais ser tolerado.

Como não concordar?

# Capítulo 11

## Eu depositei a minha esperança nele

Foi uma avalanche. Centenas de mulheres por todo o Brasil, e até no exterior, procuraram a polícia, o Ministério Público e a imprensa para denunciar que foram estupradas pelo médium João de Deus.

Os primeiros casos vieram à tona no programa *Conversa com Bial*, na tv Globo. Dez mulheres deram entrevista contando que foram estupradas quando procuraram atendimento na casa em que o médium fazia suas consultas na cidade de Abadiânia, em Goiás. Depois, outros três casos foram denunciados pelo jornal *O Globo*, o que fez mais e mais mulheres se encorajarem para contar que também haviam sido abusadas por esse homem. O Ministério Público de Goiás divulgou então um e-mail para o envio de denúncias e recebeu mensagens de mais de duzentas mulheres, que afirmavam terem sofrido abusos. A Polícia Civil e os Ministérios Públicos de Goiás e de São Paulo chegaram a criar uma força-tarefa para dar conta de atender a tantas vítimas. Chegou-se ao impressionante número de cerca de quinhentas queixas de abusos realizados por João de Deus, contra meninas e mulheres de 9 a 67 anos.

A violência sexual praticada por líderes espirituais não é novidade. Desde os padres católicos abusadores de crianças até o guru Sri Prem Baba, praticamente todas as religiões têm um histórico de escândalos desse tipo, mas o caso de João de Deus teve uma repercussão gigantesca, e não só pelo número altíssimo de vítimas.

João Teixeira de Farias ficou famoso no mundo todo. Em 1976, fundou a Casa Dom Inácio de Loyola, em Abadiânia, afirmando que lá recebia bons espíritos que realizavam curas por meio de suas mãos. Milhões de pessoas passaram por lá, vindas de todas as partes do Brasil e do exterior. Ele próprio chegou a atender em excursões realizadas por países como Alemanha, Estados Unidos e Austrália. Ganhou uma biografia e um documentário sobre as curas promovidas em Abadiânia e, em 2012, a mais famosa apresentadora de TV do mundo, a americana Oprah Winfrey, foi até Goiás gravar um programa com ele. Artistas famosos, políticos, presidentes e ricos empresários faziam parte da sua clientela regular.

Eu mesma cheguei a buscar atendimento com João de Deus para a minha irmã, que sofria de um câncer. A energia do lugar impressiona, mas a aura de João de Deus em si sempre me pareceu pesada. Quando os casos vieram à tona, fiquei aliviada ao lembrar que minha irmã nunca ficou sozinha com o médium. Segundo as acusações, era assim que ele sempre agia: a vítima escolhida era informada de que precisava fazer um atendimento individual, era levada para a sala de João e lá era estuprada.

E foi assim também que Dora foi abusada pela primeira vez.

Dora é o pseudônimo de uma vítima que aceitou conversar comigo, mas não quis revelar seu nome real, por medo desse homem que se dizia médium e das pessoas que o cercavam. Ela foi até Abadiânia acompanhando a irmã, que sofria de uma doença rara e fatal. Nessa mesma ocasião, as duas foram convidadas pelo homem para morar em Abadiânia, e assim ficar mais perto dele, o que facilitaria o "tratamento". Aos 20 e 24 anos de idade, e com parcas esperanças, pouco tempo depois as irmãs se mudaram para a cidade.

Quando Dora chegou, até ouviu notícias sobre o envolvimento de João de Deus com assassinatos e roubos de carga nas estradas, mas achou que eram mentiras inventadas por católicos e evangélicos que viviam em Abadiânia e não aceitavam o crescimento do espiritismo na cidade. Era o que se dizia por lá. Ainda não se falava sobre estupros.

"Na época", relembra Dora, "o João fazia um tratamento alternativo, que eram as tais garrafadas. Ele dava um chá para as pessoas, uma coisa bem rústica, bem rural. Então, foi contratando pessoas com mais estudo que vinham de cidades maiores para ajudar a administrar o negócio. Minha irmã e eu acabamos nos tornando funcionárias e, assim, fomos ficando e construindo nossa vida na cidade. Em quatro anos lá, montei um comércio que atendia às milhares de pessoas que passavam pela Casa de Dom Inácio todos os meses, mas também trabalhei como voluntária nas curas espirituais."

Foi nessa época que João disse que ela precisava de um trabalho espiritual.

"Foi como aconteceu com todas as vítimas, é o *modus operandi* dele. Um dia ele me levou até sua sala particular e dali a um corredor, que ia até um outro cômodo, onde ele 'recebia' a entidade espiritual. Eu estava com uma calça presa na cintura por um cordão branco e ele disse que eu tinha que desatar o nó, porque aquilo estava 'amarrando a energia'. Achei que ele ia me levar até a sala de atendimento, mas tinha um colchonete no meio do corredor. Ele então pediu que eu fechasse os olhos e me deitasse de costas, que ele ia jogar energias em mim, e que eu tinha que me entregar para esses poderes. Eu não queria atrapalhar, vamos dizer assim, o trabalho em relação à saúde da minha irmã, e concordei. Ele começou a me tocar e achei que eu estava interpretando errado o que estava acontecendo, levando para um outro lado, que eu que estava tendo impressões equivocadas a respeito daquilo. Até que, em um determinado momento, não aguentei e falei que eu não gostava que tocassem em mim. Ele parou e disse: 'Eu não estou te tocando como homem, eu não tenho interesse em você como homem, isso aqui é um trabalho espiritual'. Ele levantou a minha blusa, encostou o pênis na minha pele e ficou se esfregando no meu dorso, enquanto apertava minha cabeça com uma das mãos contra o colchão. Até que ejaculou nas minhas costas."

Em seguida, ele fez questão de repetir que aquele era um trabalho de energia, que ele não sentia desejo sexual por Dora, e que o que havia acabado de acontecer deveria ser mantido em sigilo. Olhando de fora, parece um abuso óbvio, mas muitas vítimas de líderes espirituais relatam que, após os episódios, sentiram a mesma confusão mencionada por Dora. No caso de João de Deus, eram sempre mulheres que estavam doentes ou com alguém próximo desenganado pelos médicos, e que viam naquele homem uma chance de salvação.

É difícil conseguir acreditar que alguém conhecido como um médium famoso é, na verdade, um criminoso comum. Era ainda mais difícil fazer outras pessoas acreditarem que ele era um abusador. Por sua importância e rede de relacionamentos, João de Deus havia se tornado um homem influente e poderoso. Por isso, os casos denunciados antes, de forma isolada, não tiveram maiores repercussões. Não chegaram nem mesmo a ser investigados.

Por tudo isso, Dora ficou confusa, pensando se aquilo pelo que havia passado não poderia ser mesmo um trabalho espiritual, e decidiu não contar para ninguém: "Depois daquele dia, fiquei muito em dúvida se aquele homem era realmente bom e se ele de fato realizava curas. Eu não acreditava mais em tudo que pregavam sobre ele, mas as pessoas ali em volta eram completamente fanáticas, e eu acabei não contando nem para a minha irmã. No período em que ela estava fazendo apenas o tratamento espiritual, a saúde dela piorou, inclusive. Já na época em que fui vítima desse primeiro abuso, ela havia começado o tratamento convencional, com um médico, e estava melhor, mas seguia acreditando no João. Minha irmã se casou, ela e o marido estavam comprando terras para permanecer na comunidade, e eu não quis estragar os planos deles, ainda mais porque João insistiu muito que aquilo que ele tinha feito comigo era parte de um trabalho espiritual, que eu não tinha entendido direito". Dora acabou se sentindo culpada pela violência que sofreu, causada pelo médium, e resolveu ficar calada.

Um ano depois, ela presenciou uma briga feia entre João de Deus e uma das filhas dele. Dalva chegou alterada, aparentemente alcoolizada, e, naquele ano de 2001, ela registrou em uma delegacia uma queixa contra o pai por estupro. A investigação não foi adiante, e João deu dinheiro para Dalva se mudar para Portugal.

"Então descobri que tudo era mesmo muito perigoso ali", Dora me conta, "e comecei a me afastar dele. Só que o João tinha uma obsessão, ele frequentava muito a casa da minha irmã e me perseguia. Acho que ele via que eu não era fanática como as outras mulheres da comunidade, então insistia em me convencer de que era realmente um homem santo. E eu não conseguia me afastar completamente, porque meu comércio tinha crescido muito e era ligado aos turistas que iam a Abadiânia por causa dele. Eu já tinha até comprado um ponto comercial e uma casa na cidade."

Passaram-se mais cinco anos, e Dora conseguiu superar o abuso. Casou-se em Abadiânia, teve seu primeiro filho, mas não poderia imaginar que os estupros seguiam acontecendo contra centenas de outras mulheres. Um dia, o centro de João de Deus organizou uma caravana de atendimento que iria até uma região próxima à cidade natal de Dora. A irmã dela resolveu ir, e Dora achou que não haveria problema em se unir ao grupo como voluntária. O médium nessa época estava casado, e a esposa dele também viajou junto com a caravana. Lá chegando, ficaram todos no mesmo hotel e se dividiram pelos quartos. Dora ficou hospedada com mais três mulheres. O médium ficou em um quarto com a esposa.

"Chegamos do atendimento no fim da tarde e o pessoal ia sair para jantar. Eu estava muito cansada e não quis ir, pedi para a minha irmã trazer alguma coisa para eu comer. Quando ele soube que eu não iria, também resolveu ficar. Só que eu não sabia que ele estava no hotel. Foi uma coisa meio de estrategista, sabe? Depois que todo mundo saiu, ele bateu na porta do meu quarto e pediu que eu fosse direto para o quarto dele, porque ele não estava se sentindo bem, estava com pressão alta, e todos tinham saído para jantar e deixaram ele lá. Como ele realmente tomava vários medicamentos para o coração, eu acreditei e fui."

Dora entrou no quarto de João e se sentou em uma cadeira. O médium, que estava assistindo a uma novela, aumentou o som da TV, se levantou da cama, trancou a porta do quarto e foi para cima dela. Dora é uma mulher baixa, e na época pesava apenas cinquenta quilos. Usando da força, dessa vez ele não lançou mão de nenhum tipo de subterfúgio. Apenas a estuprou com penetração.

Quando acabou, ela saiu do quarto, esperou que todos retornassem ao hotel e informou às pessoas mais próximas que não estava passando bem e iria voltar imediatamente para Goiás. Ninguém entendeu nada, pois faltava só um dia para o fim dos trabalhos. "Fiquei calada porque a gente trabalhava ali com delegados, juízes, promotores, todo esse pessoal importante. O João tinha muitos amigos importantes, o Ministro da Justiça, desembargadores, chefes de polícia, tenentes do Exército... Contei só para a minha irmã, que ficou desesperada, porque ninguém iria acreditar. Ela voltou para Goiás comigo e se afastou dos trabalhos espirituais."

João, entretanto, insistia em se aproximar de Dora e continuou frequentando o estabelecimento que ela mantinha com o marido. "Quando eu estava presente, ele fingia que estava incorporado e dizia: 'Essa filha não acredita em mim. Essa filha precisa de provas dos milagres de Deus'. Nesses momentos, eu me sentia ainda pior, porque ele se tornava ainda mais cretino para mim. Era um tipo de ameaça."

Ela queria vender a casa e a loja e sumir dali, mas, como não conseguiu contar do estupro para o marido, acabou ficando ainda mais enraizada na comunidade. Os negócios iam bem e ele não via motivos para se mudar da cidade, apesar da insistência dela. Os dois começaram a brigar muito por esse motivo e acabaram se separando. Por ser também uma vítima, ela ficou atenta a outros casos que começaram a surgir: "Apareceu um escândalo de uma menina que foi abusada mesmo com o pai dentro da sala. Na época, não teve grande repercussão, mas depois várias pessoas delataram que aquela era uma técnica dele, de botar o marido ou o pai de costas para rezar para uma imagem. Enquanto isso, a mulher podia gritar, espernear, que não era para olhar, que ele estaria tirando o 'espírito' dela. As mulheres gritavam, implorando para que aquilo parasse, para que deixassem que elas saíssem dali, e o João dizia para o homem que estava na sala, acompanhando a vítima, que não se virasse, caso contrário estragaria todo o trabalho. Eu tenho amigos que moravam na comunidade e que presenciaram cenas como essa: o marido ficou de costas, depois a mulher saiu e contou, e eles venderam tudo que tinham, sem comentar nada com ninguém, e foram embora de Abadiânia. Na época, ninguém achava que podia fazer nada. Três vítimas me contaram outros casos e eu aconselhei que procurassem delegacias fora de Goiás para prestarem queixa. Ali é muito perigoso, o João tem capangas e é acusado de diversos crimes, incluindo homicídio".

Na enxurrada de acusações que surgiram em 2018, Dora denunciou os abusos que sofreu, mas ambos já estavam prescritos. Ela perdeu o direito de mover uma ação na Justiça contra João Teixeira graças ao tempo passado entre a agressão e a denúncia.

A prescrição do crime de estupro segue as regras gerais do Código Penal para todos os tipos de delito: se a pena máxima para aquele crime é de mais de doze anos, como em casos mais graves de estupro, o crime prescreve em vinte anos. Caso a vítima seja menor de idade, esse prazo de prescrição começa a contar a partir do momento em que ela completa dezoito anos. Entretanto, quando o réu tem mais de setenta anos, o prazo cai pela metade. De acordo com essa regra, João Teixeira já se livrou logo de saída de vários processos, pois as primeiras acusações contra ele datam de 1980. Isso não significa que crimes antigos não devam ser denunciados às autoridades, pelo contrário. O somatório dos depoimentos é importante para traçar o comportamento do réu e isso influencia os casos pelos quais ele será de fato julgado. Dora, por exemplo, virou testemunha da força-tarefa que investigou o dito médium.

Outro dispositivo da lei que pode beneficiar João Teixeira é que somente em setembro de 2018 os casos de estupro se tornaram, todos eles, eventos de ação pública incondicionada. Isso significa que o Ministério Público pode e deve formalizar uma denúncia de estupro por iniciativa própria, mesmo sem a autorização da vítima. Antes, isso se aplicava apenas aos crimes de estupro com uso de violência física. Já os casos sem a chamada violência real eram de ação pública condicionada à representação, ou seja, quando o MP só pode denunciar se houver autorização da vítima. Estão incluídos aqui os casos de estupro sob coação, ameaça ou mediante fraude, ou seja, quando o agressor engana a vítima, dizendo que o ato sexual é necessário para algum outro fim, como a cura espiritual, exatamente o ocorrido na esmagadora maioria dos casos relatados contra João de Deus. E é nesse aspecto que mais uma vez o tempo se volta contra as vítimas do pretenso médium: nos casos de ação pública condicionada à representação, a vítima tem um prazo de seis meses para autorizar a ação do Ministério Público, o chamado prazo de decadência. Portanto, crimes acontecidos antes dos seis meses que antecederam a alteração na lei, em setembro de 2018, sem que o MP houvesse iniciado a ação, podem cair no limbo. Por outro lado, muitos desses crimes, pela norma geral do Código Penal, ainda não prescreveram, e há casos que envolvem não apenas a fraude espiritual, mas também a violência física. Essa é uma discussão que já começou na Justiça com os advogados de João Teixeira, que tentam anular casos acontecidos mais de seis meses antes da data da denúncia.

Depois de dar seu depoimento, Dora saiu de Abadiânia, após mais de duas décadas morando na cidade. Conseguiu vender sua parte no comércio para um conhecido, mas não a casa, em mais uma demonstração do poder de seu agressor na região: "Quando alguém vai comprar uma casa na comunidade, tem que falar com o João. É ele quem autoriza ou não que aquela família se instale ali. Muitas pessoas tiveram interesse na minha casa, mas ele sempre dizia para os possíveis compradores: 'Não, não é o momento de você vir para Goiás. Aqui, nesse momento, não é bom para a sua família. Sua filha precisa fazer faculdade...'. Então ele sempre atrapalhava a venda. Eu não vendi a casa até hoje, ela está lá fechada, abandonada".

Hoje, ela vive escondida com os filhos, poucas pessoas da família sabem seu endereço. Tem medo de ser achada por funcionários coniventes com o criminoso. Parte deles, segundo ela, mantém-se em silêncio por temerem João. Outros, por sua vez, simplesmente não se importam. Há ainda os mais cruéis, os quais Dora, em seus dias em Abadiânia, via constantemente debochando das vítimas. "Enquanto eu ainda ia à casa de Dom Inácio, onde João recebia seus 'pacientes', para atender os doentes, ouvia alguns outros voluntários dizerem: 'Passa essa filha para a sala particular que ela vai ter um atendimento especial com o médium'. E aí ficavam observando como essas mulheres iam sair lá de dentro, se elas iam sair chorando, sorrindo, se elas iam gostar, sabe, tipo fazendo chacota."

Faz pouco tempo que Dora contou tudo para os filhos, que ficaram com pena por ela ter sofrido por tanto tempo em silêncio, e entenderam alguns episódios de depressão da mãe, que acompanharam de perto. "Uma vez, fiquei três meses sem querer ver meus filhos. Ficaram com o pai, e meu plano era me suicidar. Fui pra Abadiânia buscar cura para minha irmã e saí completamente doente, perturbada, mais triste do que feliz. Chamei meus filhos e contei tudo. Não dei muitos detalhes, mas, mesmo assim, foi muito pesado. Só pedi que confiassem em mim e que, se alguém tentasse abusar deles, não se calassem. Eu me senti aliviada porque, quando tem algo que precisamos falar, colocar para fora, e não conseguimos, aquilo nos machuca durante anos, nos cala, silencia, e não conseguimos mais fazer projetos, planos. O silêncio é a pior coisa nessa hora."


Sabrina Bittencourt não se calou. De família mórmon, foi abusada a partir dos quatro anos de idade por integrantes da Igreja dos Santos dos Últimos Dias, que os pais e avós frequentavam. Aos dezesseis, ficou grávida de um dos estupradores e fez um aborto. Já adulta, dedicou a vida a denunciar casos de abuso praticados por líderes espirituais. Em relato em primeira pessoa escrito para a revista *Marie Claire* e publicado em dezembro de 2018, a ativista resumia assim a sua motivação: "Acredito numa justiça social em que toda a sociedade possa proteger a vida das pessoas, diminuir o poder daquelas que se utilizam da fé para abusar, expondo-as publicamente de forma responsável". Ela dedicou sua vida a esse trabalho e foi uma das criadoras da plataforma "Coame — Combate ao Abuso no Meio Espiritual", uma página no Facebook que concentra denúncias de violações sexuais e dá orientações e apoio às vítimas. Um dos casos em que atuou foi a investigação sobre Prem Baba, o guru espiritual acusado de estupro por três seguidoras. Sabrina também fazia parte do grupo que divulgou as acusações contra João de Deus, e, entre as mulheres que compunham esse coletivo, foi a que mais se expôs, fazendo denúncias para a imprensa, dando entrevistas, cobrando apuração. A partir da divulgação das acusações, o Ministério Público instaurou uma força-tarefa para investigar o suposto médium. Mesmo sofrendo ameaças de morte, Sabrina seguiu seu trabalho e foi a ativista que mais apoiou as vítimas, trabalhando na causa mesmo durante um tratamento contra um câncer linfático. Dora teve contato com ela:

"O meu contato com a Sabrina foi emocionante. No dia em que nos falamos, por Skype, ela estava muito mal em um hospital. Tinha um linfoma e estava em tratamento nesse dia, mas me atendeu porque eu estava bem desesperada, pois havia recebido uma ameaça do João. Ele tinha sido denunciado na sexta e, na terça seguinte, recebi um telefonema. Uma pessoa ligada a ele dizia que o João estava me oferecendo uma casa para eu não denunciar nada, nem ser testemunha. Era uma coação. Eu já estava escondida fora de Goiás e comecei a sentir muito medo, porque pensei que ele poderia me achar em dois minutos se quisesse. Ele conhece muita gente influente em todos os cantos do Brasil, então procurei a Sabrina, que já estava ajudando as vítimas. Ficamos muito amigas, de conversar várias vezes por dia. Ela, assim como eu, estava bem desesperada, com medo de ser morta, de ser encontrada ou de fazerem algo com a família dela, com os filhos."

Sabrina vivia mudando de moradia por causa das ameaças que recebia. Em fevereiro de 2019, estava escondida na Espanha trabalhando para a ONG

Vítimas Unidas, que apoia mulheres que sofreram abuso sexual e outros tipos de violência. Foi a ONG a responsável pelo comunicado que informou que Sabrina havia se suicidado. Ela deixou uma carta dizendo que fez o que pôde, até onde pôde, e pedindo perdão aos filhos por não aguentar mais. Deixou ainda uma mensagem importante para as vítimas de João de Deus e de tantos outros estupradores: "Usem a sua própria voz. A sua própria vontade. Tomem as rédeas de suas próprias vidas e abram a boca, não tenham vergonha! Eles é que precisam ter vergonha".

Quando as denúncias começaram a se espalhar e tomar as manchetes, João de Deus deu algumas poucas declarações nas quais afirmou ser inocente. Em 13 de dezembro de 2018, voluntários da Casa de Dom Inácio fizeram uma procissão em sua defesa. No dia seguinte, a Justiça de Goiás decretou sua prisão em decorrência da comprovação de dois casos de estupro de vulnerável, já que várias das suas vítimas tinham menos de catorze anos de idade, e em sua maioria foram levadas até o "médium" pelas próprias mães em busca de curas milagrosas. Ambos os casos foram enquadrados como violação sexual mediante fraude, ou seja, quando o estuprador não utiliza da violência física para realizar o abuso, mas se vale de meios que podem confundir a vítima ou induzi-la a realizar atos que não faria em seu estado normal de consciência, seja por via de drogas, hipnose ou, como no caso do suposto médium, por acreditar que a relação sexual fazia parte de um ritual religioso.

A Polícia Civil fez buscas em mais de trinta endereços de João e de pessoas ligadas a ele. No dia 16 de dezembro de 2018, ele se entregou. Durante essas buscas, a investigação tomou novos rumos. A polícia encontrou armas e 400 mil reais em dinheiro nacional e estrangeiro na casa dele, que estavam escondidos no fundo falso de um armário. Em outro endereço, foram encontradas esmeraldas e uma mala com 1 milhão de reais. Os diversos pedidos de soltura expedidos por seus advogados foram todos negados. A Justiça determinou o bloqueio de 50 milhões de reais em dinheiro e imóveis.

Em 2019, aos 78 anos, João Teixeira recebeu a primeira condenação por crimes sexuais. A pena foi de dezenove anos e quatro meses de cadeia em regime fechado, graças à conclusão das investigações dos quatro primeiros abusos sexuais cometidos durante atendimentos espirituais em Abadiânia. Em janeiro de 2020, ele recebeu outra condenação, dessa vez com pena mais alta: quarenta anos de prisão pelo estupro de cinco mulheres. As punições poderiam ser ainda mais severas, mas idosos com mais de setenta anos têm direito a uma redução na pena a ser definida pelo juiz. Geralmente, a condenação é reduzida em um sexto do tempo. No início de 2020, ele ainda era réu em outras dez ações criminais, e o Ministério Público analisava outros casos para decidir se prosseguiria com mais alguma denúncia. Entretanto, em decorrência da pandemia de coronavírus, no dia 31 de março de 2020 foi decretado que o réu fosse transferido para o regime de prisão domiciliar, já que, por sua idade avançada, faz parte do grupo de risco da doença.

O tempo máximo de cadeia que um detento pode cumprir no Brasil é de trinta anos, para qualquer pessoa envolvida em qualquer tipo de crime, mas as condenações mais longas que isso têm um papel importante na hora de definir benefícios para o réu, como a progressão de regime. No caso de estupro, por ser considerado um crime hediondo, a progressão só pode ser concedida após o cumprimento de dois quintos da pena, no caso de réu primário, calculados em cima da pena total.

Dora se impressiona que, mesmo depois de tudo isso, ainda haja gente que apoie João Teixeira, o que é mais uma demonstração de como foi difícil romper com o silêncio em torno da violência sexual que vitimou centenas de mulheres na Casa de Dom Inácio: "Eu vi fotos, e se eu te mostrar, você não acredita: fanáticos em Abadiânia ajoelhados rezando, chorando, pedindo a volta desse criminoso. E isso inclui mulheres, senhoras. Acho que as pessoas desenvolvem uma espécie de síndrome de Estocolmo (quando a vítima passa a ter simpatia ou até amor pelo agressor) com relação a ele, só pode ser. Inclusive, conheço quatro mulheres que sofreram abusos e continuam defendendo-o com unhas e dentes, declarando que aquele comportamento era parte do trabalho espiritual. Eu queria que as pessoas ficassem mais alertas sobre essa questão dos líderes religiosos. Seu fanatismo pode fazer com que eles se tornem famosos, como aconteceu com o João. Esses líderes são, sem dúvida, estelionatários, criminosos da pior espécie, que se aproveitam da fé de gente vulnerável, mas também existem as pessoas que querem se iludir, que enganam a si mesmas para terem a impressão de que presenciaram um milagre".

Dora parou de acreditar em João de Deus e em homens que se dizem dotados de poderes incríveis, mas não perdeu a fé: "O trabalho dos voluntários é muito bonito. As curas são inquestionáveis, mas não têm a ver com o João. Ele não tem nenhum perfil espiritualista. Só gosta de dinheiro, de pessoas ricas e influentes. Os mais pobres, em geral, eram ignorados. Aquilo virou um comércio imenso. Ele é um charlatão, um ilusionista que percebeu que alguma coisa sobrenatural acontece ali naquele lugar e se aproveitou. Eu não acredito no João, mas eu vi muitas curas, e isso não consigo questionar".

Escândalos de abuso sexual também não faltam na Igreja Católica. Os casos de homens que denunciaram ter sido abusados quando crianças por padres em igrejas e seminários começaram a ganhar notoriedade em 2001, quando o jornal *The Boston Globe* revelou dezenas de abusos sexuais cometidos por padres e acobertados pela Arquidiocese Católica de Boston, nos Estados Unidos. Os bastidores desse que é considerado um dos maiores furos de reportagem da história do jornalismo são retratados no filme vencedor do Oscar denominado *Spotlight: segredos revelados*. A investigação levou à prisão de religiosos, ao pagamento de indenizações e à renúncia do arcebispo local, além de abrir portas para uma série de novas denúncias em vários países do mundo.

No Brasil, em 2018, um escândalo levou à renúncia do arcebispo de Limeira, no interior de São Paulo. Dom Vilson Dias de Oliveira foi acusado de fazer vista grossa para os abusos sexuais cometidos durante mais de uma década por padres que ofereciam dinheiro a menores de idade em troca de favores sexuais. Um deles, o padre Pedro Leandro Ricardo, foi afastado da basílica de Santo Antônio, na cidade paulista de Americana, depois de ser acusado de estupro e assédio sexual por seis adolescentes, cinco deles ex-coroinhas.

Outro padre, Carlos Alberto Rocha, foi acusado de molestar e torturar um coroinha por um ano. Segundo um depoimento da vítima publicado em reportagem especial da revista *Veja*, o padre tocava as partes íntimas do menino, e o molestou e torturou psicologicamente durante um ano, todos os fins de semana. Ele ainda o ameaçava de ser expulso da Igreja, caso contasse algo: "O padre dizia que eu me tornaria um bandido por ser pobre e não ter pai", ele afirmou. Aliás, características bastante comuns entre as vítimas de padres são a pobreza e famílias desestruturadas. Muitos dependem da ajuda da Igreja.

Houve ainda um terceiro sacerdote católico envolvido no escândalo, o padre Felipe Negro, acusado de assediar um coroinha e de pagar para ter relações sexuais com um ex-seminarista, ato este que não é considerado crime pelo Código Penal Brasileiro, já que o rapaz era maior de idade, mas vai obviamente contra as normas da Igreja.

O padre Leandro Ricardo foi o primeiro a ser acusado. Muitos abusos poderiam ter sido evitados se a Igreja tivesse investigado uma denúncia realizada dez anos antes, em 2008, por uma moradora da cidade de Araras, onde o padre atuava antes de ir para Americana. Ela escreveu uma carta contando que o padre tinha um relacionamento com um rapaz desde que o jovem tinha treze anos de idade, que os dois eram namorados e moravam juntos. A carta foi entregue a outros padres da Diocese de Limeira que, por sua vez, levaram-na ao arcebispo, mas nada aconteceu. Mais tarde, em 2013, quando o padre foi transferido para Americana, cópias dessa correspondência apareceram misteriosamente espalhadas pela cidade, nas caixas de correio das casas e até em pontos de táxi. Mais uma vez, a Igreja agiu como se não houvesse tomado conhecimento dos fatos e o caso ficou por isso mesmo, de forma que a população acabou concluindo que tudo não passava de alguma intriga caluniosa contra o padre recém-chegado.

A investigação só começou para valer em 2015, graças a um paroquiano que frequentava a Basílica de Santo Antônio, em Americana, e que a iniciou por causa de um desentendimento que nada tinha a ver com os abusos sexuais. José Eduardo Milani, fotógrafo profissional, era voluntário na Pastoral da Comunicação e fazia fotos das missas para postar no site da igreja e nas redes sociais. Católico praticante, acabou rompendo com o padre Pedro Leandro pela maneira como ele conduzia algumas obras que estavam sendo realizadas na basílica, alterando cores, aplicando verniz sobre pinturas assinadas por artistas italianos e mudando a fachada de uma construção que estava em processo de tombamento pelo Instituto do Patrimônio Histórico e Artístico Nacional, o Iphan. José Eduardo era integrante do Conselho de Defesa do Patrimônio Histórico de Americana, mantido pela prefeitura, e começou a questionar a basílica com vários ofícios. Também expôs o caso nas suas redes sociais, e a obra acabou sendo embargada pelo Tribunal de Justiça de São Paulo, após uma denúncia feita por um morador da cidade ao Ministério Público.

Ao se expor para toda a cidade como um desafeto do padre, o fotógrafo acabou recebendo, por meio de comentários e mensagens privadas em suas redes sociais, histórias de pessoas que se diziam perseguidas e humilhadas por Leandro Ricardo das mais variadas formas. Havia até mesmo casos de noivas que afirmavam ter saído chorando da igreja porque se atrasaram e o padre, por vingança, estragou o casamento, pulando rituais e proibindo músicas, e notícias de algumas cerimônias que foram realizadas em menos de dez minutos.

No ano seguinte, em 2016, chegou a primeira denúncia de abuso sexual. José Eduardo recebeu o nome de um coroinha da cidade de Araras que havia sido agredido sexualmente pelo padre. O fotógrafo, então, entrou em contato com o rapaz pelo Facebook, e foram meses de conversas até que o ex-coroinha vencesse o medo e concordasse em contar tudo o que tinha acontecido.

Ele relatou, então, que, aos dezessete anos, foi convidado pelo padre para dormir na casa paroquial, com a desculpa de que precisaria estar a postos para a missa no dia seguinte bem cedo. O padre abriu um vinho e ofereceu ao adolescente. Depois, foi tomar banho e voltou para a sala apenas de cueca e com uma visível ereção. Sentou-se no sofá e começou a se masturbar, e pediu para que o rapaz fizesse sexo oral nele. O garoto se recusou, mas, mesmo assim, o padre começou a acariciar o pênis do adolescente, que conta que ficou em choque, mas se levantou e interrompeu o ataque. No dia seguinte, o padre celebrou a missa normalmente, como se nada houvesse acontecido. O ex-coroinha, que hoje mora no sul do país, disse que aquele foi o primeiro contato sexual da vida dele.

Em 2017, uma frequentadora da igreja procurou José Eduardo para dizer que sabia de casos de assédio ocorridos já na Paróquia de Americana contra dois coroinhas de catorze anos. Em uma das histórias, mãe e filho negaram o assédio, mas abandonaram de repente a igreja, sem dar maiores explicações. No outro caso, pai e filho confirmaram a denúncia. Novamente, levou alguns meses para que eles se sentissem confortáveis em contar tudo o que havia acontecido.

A essa altura, também pelo Facebook, a advogada Talitha Camargo da Fonseca, de Americana, já havia visto os posts que denunciavam o padre e se apresentou como voluntária para auxiliar José Eduardo. Ela ajudou a elaborar um dossiê de 75 páginas com as acusações contra o religioso e também contra o arcebispo, sobre o qual pesavam ainda denúncias de extorsão contra padres. Ele cobrava propina para que os sacerdotes fossem mantidos em suas paróquias ou, ao contrário, transferidos quando consideravam que sua situação ali havia se tornado incômoda. Alguns padres admitiram que deram dinheiro ao arcebispo por medo de sofrer retaliações, dinheiro esse que era desviado do caixa da igreja.

A investigação descobriu que dom Vilson tinha dez imóveis em nome dele, cinco na praia de Itanhaém, litoral norte de São Paulo, e outros cinco em Guaíra, sua cidade natal, localizada no mesmo estado. À polícia, mais tarde, dom Vilson declarou que recebia cerca de 12 mil reais de côngrua, a pensão eclesiástica paga pela Santa Sé aos religiosos.

José Eduardo e Talitha enviaram o dossiê para o Vaticano e, anonimamente, para o gabinete da deputada estadual de São Paulo Leci Brandão, para que ela denunciasse ao Ministério Público. Como o bispo demonstrava poder e intimidade com políticos da cidade, ambos acharam mais prudente que a denúncia partisse de uma autoridade. Para realizar o envio para o Vaticano, José Eduardo e Talitha se juntaram a um grupo de leigos católicos para assumir a denúncia e retiraram os nomes e endereços das vítimas e testemunhas, com medo de que as autoridades eclesiásticas encaminhassem o caso de volta ao Brasil e o processo chegasse às mãos do arcebispo. Já para a deputada, como enviaram o dossiê sem identificação da origem, incluíram todos os detalhes para lhe dar credibilidade. Ironicamente, a história chegou à imprensa quando o processo foi publicado no site do Tribunal de Justiça de São Paulo, em 24 de janeiro de 2019, sem nenhum tipo de segredo de Justiça, expondo nomes e endereços de vítimas, testemunhas e da advogada, imediatamente encontrada pelos jornalistas.

Depois que o escândalo explodiu, outras pessoas que haviam sofrido abusos do religioso procuraram a advogada para denunciar o padre Leandro e também os padres Carlos Alberto Rocha e Felipe Negro. Exposto, Leandro pediu afastamento de sua paróquia, alegando motivos de saúde. O arcebispo ainda ficou um mês no cargo, defendendo-se das acusações, até que o Vaticano abriu um processo canônico contra ele a partir do dossiê enviado. Por fim, em 17 de maio de 2019, dom Vilson pediu sua renúncia, que foi aceita pelo papa Francisco, e fez com que o processo contra o arcebispo fosse arquivado. Ele, entretanto, não foi banido da Igreja. Tornou-se bispo emérito da diocese de Limeira, o que, na carreira eclesiástica, pode ser considerado como uma espécie de aposentadoria. Depois de dez anos à frente da diocese, não administra mais nada, mas segue frequentando eventos da Igreja sempre que é convidado — o que não é raro — e recebendo sua côngrua mensal, ainda que de menor valor. Padre Leandro seguiu afastado por tempo indeterminado, também recebendo pagamento, e o processo eclesiástico contra ele, um ano depois, ainda não havia sido concluído.

Na esfera criminal, a denúncia do Ministério Público gerou três inquéritos: um em Americana, por abuso contra um menino de catorze anos e desvios de dinheiro da Igreja; outro em Limeira, que apura a atuação do bispo ao acobertar os casos e exigir vantagens financeiras; e um terceiro, em Araras, a partir de primeira denúncia de abuso sexual contra o então coroinha. Desses, apenas o de Araras foi finalizado em dezembro de 2019. A promotoria então denunciou o padre Leandro e aguarda a resposta sobre se a Justiça vai aceitar ou não o processo na esfera criminal. Como em toda investigação, o MP recolhe provas, em um trabalho coordenado com a polícia, e monta o caso, mas cabe ao juiz examinar as provas apresentadas e avaliar se há indícios de crime. As vítimas ainda estudam se, no futuro, entrarão com uma ação cível para cobrar uma indenização à Igreja Católica.

A história ainda não teve seu capítulo final, mas já deixou uma conclusão amarga para José Eduardo. Quando ele saiu em defesa das vítimas, procurou apoio de outras pessoas que tinham cargos na Igreja, mas ninguém quis se envolver. "O que me incomodou", diz ele, "e me fez sofrer muito foi ver que as pessoas não querem se engajar por um problema que não é delas. Procurei ministros da eucaristia, leitores de trechos bíblicos e músicos que atuavam nas missas, paroquianos. Entendo o medo que muitos têm de se envolver, mas, às vezes, sinto que chega a ser uma mera conivência.

A postura da Igreja também me decepcionou. Houve muita demora em tomar uma atitude, e, quando o Vaticano aceitou a renúncia de dom Vilson, isso simplesmente significou o fim do processo, sem que ninguém fosse de fato punido." O bispo "aposentado" ainda pode receber sanções no âmbito eclesiástico se houver uma condenação na Justiça comum. Porém, sabe-se lá quando, e se isso vai realmente acontecer.

Escândalos como esse surgiram em vários países e levaram a Igreja Católica a realizar um encontro que reuniu presidentes de conferências episcopais, como a Conferência Nacional dos Bispos do Brasil (CNBB), cardeais e embaixadores eclesiásticos para discutir a proteção de menores na Igreja. Vítimas de abusos sexuais perpetrados por sacerdotes também foram chamadas para dar sua versão alarmante dos fatos. O resultado foi uma mudança nas leis eclesiásticas determinada pelo papa Francisco. Antes, membros da Igreja que tomassem conhecimento de casos de abuso sexual não eram obrigados a denunciar, a decisão de levar o caso adiante ou não era tomada de acordo com a consciência pessoal de cada um.

Hoje, porém, padres e religiosos são obrigados a denunciar os casos para seus superiores na hierarquia da Igreja, e a autoridade superior que recebeu a denúncia é quem ouve o acusado e passa a cuidar do caso. A única exceção é quando a descoberta sobre o abuso sexual for feita por meio de confissão eclesiástica, que é quando um religioso se confessa com outro. A nova lei também determina que um condenado por abuso de menor ou vulnerável seja removido de seu cargo e institui prazo de vinte anos para a prescrição do crime perante a Igreja. Se a vítima for menor de idade, o prazo começa a contar a partir dos seus dezoito anos. O decreto papal também diz que as investigações devem ser rápidas, durando no máximo noventa dias. Entretanto, não há nenhuma determinação ou orientação de que os casos devam ser denunciados à polícia.


Os crimes sexuais infelizmente se repetem em todas as religiões. A Igreja Evangélica também apresenta uma longa lista de casos ultrajantes que envolvem abuso sexual. Entre eles, um dos que se tornaram mais conhecidos aconteceu no Rio de Janeiro.

Nos anos 1990, o pastor Marcos Pereira da Silva, da Assembleia de Deus dos Últimos Dias, começou a se tornar famoso pelos trabalhos sociais que desenvolvia em presídios e pela influência que tinha entre os bandidos. Em 2004, chegou a ser convocado pelo governo do estado para negociar o fim de uma rebelião na Casa de Custódia de Benfica. Ao longo de anos, as ações do pastor foram filmadas e as imagens se espalharam pelas emissoras de TV e pela internet. Cenas impressionantes mostravam a conversão de traficantes, que desmaiavam aos pés do pastor ao terem o demônio expulso do corpo. Há registros que mostram o líder religioso entrando em bailes funk em meio a bandidos fortemente armados para evangelizar os frequentadores. E, ainda, existem gravações chocantes em que o pastor aparece para resgatar homens que estariam prestes a ser assassinados em favelas do Rio de Janeiro. Alguns deles aparecem com o corpo e o rosto enrolados em fita adesiva, indefesos, até que o pastor surge para salvá-los da morte, em histórias de fé e de forte apelo midiático. Porém, vinte anos depois de ter dado início ao seu ministério, em 2013, Marcos foi preso por estupro.

Inicialmente, a desconfiança contra o pastor era outra. A Delegacia de Combate às Drogas recebeu a denúncia de que a proximidade com traficantes estava mais para cumplicidade, e o pastor passou a ser suspeito de usar a igreja para lavar dinheiro do tráfico, como se fosse proveniente do dízimo e de outros tipos de doação. Em troca, além de dinheiro, ele receberia ajuda para montar as situações que mais pareciam peças de teatros, onde o pastor aparecia como o salvador de bandidos. Por causa dessa suspeita, a polícia grampeou os telefones do pastor, e as gravações telefônicas, divulgadas pela própria polícia, mostraram muitas conversas entre o pastor e fiéis, todas mulheres, com conteúdo sexual. Uma delas ficou famosa. Sem primar pela sutileza, ele dizia para uma seguidora: "Saudade do seu rabo".

A partir daí, as queixas de mulheres começaram a surgir. Não se tratava só de adultério com sexo consensual, condenável aos olhos de Deus, porém sem nenhum crime na lei dos homens. Depoimentos dados à polícia contaram que o pastor promovia orgias e abusava sexualmente das fiéis, afirmando que estava salvando-as de espíritos do mal. Os abusos aconteciam no gabinete dele, na sede da Igreja, no município de São João de Meriti, na Baixada Fluminense. As orgias em que mulheres eram estupradas com a participação de outros integrantes da Igreja se davam em um apartamento que ele mantinha na cara avenida Atlântica, em frente ao mar de Copacabana, na capital do estado.

O apartamento foi descoberto a partir do depoimento de um antigo colaborador do pastor. Ex-dependente de drogas, esse homem encontrou amparo na igreja, onde recebia alimentação e moradia em troca de ajudar nos trabalhos religiosos. Até o dia em que começou a ser convocado a participar das orgias. Como ex-colaborador próximo, foi intimado a depor na delegacia e revelou a existência do tal apartamento "perto do hotel Copacabana Palace". Ele não deu o endereço exato e, depois desse depoimento, não quis mais falar com a polícia. Coube a um detetive, em um dia de verão típico do Rio de Janeiro, ir a Copacabana vestido à semelhança de muitos evangélicos, com calça de tergal, camisa de manga longa toda abotoada e uma Bíblia debaixo do braço. De diferente, trazia apenas uma arma na cintura, escondida nas costas. Com esse figurino, o policial bateu de porta em porta nos edifícios da avenida Atlântica próximos ao famoso hotel carioca, dizendo aos porteiros que era o pastor Paulo Sérgio, da Igreja Imaculada Bastião de Jacó, de São Paulo, e que tinha um encontro com o pastor Marcos. Foi enxotado por alguns, xingado por outros, até que um deles respondeu: "A paz, irmão. O pastor não chegou ainda não". O apartamento ocupava um andar inteiro do prédio.

As mulheres e os homens que eram levados até lá tinham uma relação de submissão à Igreja. Muitos, como o homem do depoimento que deu origem a essa investigação, dependiam do pastor inclusive para ter casa e comida. Mulheres e homens solteiros que decidiam se devotar ao serviço religioso recebiam a oportunidade de viver em alojamentos, um masculino e outro feminino, em anexos na própria igreja. Os homens usavam sempre a tal indumentária copiada pelo policial durante a investigação e as mulheres vestiam uma espécie de túnica larga, de uma única cor, que ia do pescoço aos pés e cobria os braços por completo. Até quando iam à praia, entravam no mar com essas roupas. Casais devotados ao trabalho religioso muitas vezes tinham o aluguel pago pela Igreja, e essa dependência tornava qualquer acusação mais difícil.

Uma vítima casada contou à polícia que o marido era enviado em viagens para participar de trabalhos de evangelização, e era nessas ocasiões que o pastor se aproveitava para estuprar a mulher. Ela relatou que o religioso chegou a cortar o fornecimento dos alimentos com os quais sustentava os filhos, até que ela cedesse. E ameaçava tirar toda a família da casa onde vivia se ela contasse ao marido.

Outra vítima contou que o pastor dizia ver nela um espírito lésbico. No início, os estupros eram praticados apenas por Marcos, mas logo ele começou a levá-la para o apartamento de Copacabana, onde outros homens integrantes da Igreja também participavam dos atos sexuais. Uma das mulheres contou que era forçada a praticar sexo oral e a tocar nas partes íntimas de vários homens, mas que sentia tanto medo que não era capaz de reagir.

Outra mulher que depôs disse que Marcos Pereira afirmou que ela precisava de um "conserto espiritual". Esse era um artifício bastante usado, comum também em outras religiões: alegar que não é estupro, e sim um ato necessário e ordenado por inspiração divina. No depoimento prestado à polícia, essa mulher lembra que o pastor a encurralava, pegava em sua mão e a passava em seu pênis. Ela disse, ainda, que viu Marcos Pereira fazendo sexo com outras fiéis. Com o tempo, ela passou a permitir os abusos porque "entendeu" que tinha de deixar o pastor fazer aquilo para que ele "não pecasse com mulheres do mundo exterior". Quando a fiel se casou, achou que tinha saído da esfera de influência daquele homem, mas o marido também era frequentador da igreja e, certo dia, foi enviado pelo pastor Marcos para evangelizar os moradores de uma favela nos arredores. Nessa ocasião, enquanto o marido estava fora de casa, duas fiéis bateram à sua porta e a convenceram a ir para a sede da Igreja, e lá ela foi mais uma vez violentada pelo pastor.

As vítimas disseram que ele não usava preservativos, e que, ao fim das orgias, sem o consentimento de todos os envolvidos, ele exigia que todos pedissem desculpas uns aos outros, em mais uma cena absurda e constrangedora. Até mesmo a então esposa do pastor declarou que foi estuprada por ele. Ela era considerada uma pedra no sapato de Marcos Pereira e não costumava frequentar as celebrações da igreja, dizendo saber de muitas transações envolvendo traficantes.

Convocada a depor, apareceu na delegacia com o advogado do pastor. Ainda assim, contou as desavenças com o marido e disse que os dois já não mantinham relações sexuais havia algum tempo. Ela falou sobre como, certo dia, ele a trancou no quarto, fechou as cortinas e a estuprou, e declarou repetidas vezes que não queria, mas que ele a tinha forçado. Dias depois, a mulher registrou um documento em cartório no qual desmentia o que havia dito, mas o processo ainda assim foi adiante. Outra delatora também retirou a queixa.

O Ministério Público acredita que elas tenham sido coagidas pelo pastor a fazer a isso. Cerca de trinta mulheres foram ouvidas, o pastor Marcos Pereira foi indiciado em sete processos e condenado em primeira instância a quinze anos de prisão por dois casos de estupro. Chegou a ir para a cadeia em setembro de 2013, mas ficou pouco mais de um ano preso. Os advogados recorreram em todas as instâncias e o caso chegou ao Supremo Tribunal Federal. Em dezembro de 2014, ele saiu da cadeia graças a uma liminar do STF. Depois, em 2018, ministros do próprio Supremo cassaram a liminar, mas a defesa do pastor novamente recorreu. Em maio de 2020, o pastor estava solto, aguardando o resultado dos recursos. Não há previsão de quando será preso novamente, nem mesmo se isso de fato irá acontecer. Nenhuma vítima quis mais tocar no assunto.

Seja qual for a crença, a dinâmica é sempre a mesma: o líder religioso se aproveita da sua posição de superioridade para cometer os abusos, e as vítimas ficam confusas e acabam se submetendo. Foi o que aconteceu com a psicóloga Renata, quando se tornou devota de uma religião diferente daquelas consideradas "convencionais".

A busca espiritual de Renata começou cedo. Ela sempre teve interesse em ioga, meditação, Santo Daime e outros temas semelhantes, e chegou a ser discípula de Prem Baba, o guru acusado, em agosto de 2018, de abusar sexualmente de seguidoras. Renata nunca foi molestada por ele e, por isso, se achava mais preparada para evitar esse tipo de abuso.

Aos 22 anos, a psicóloga morava no Canadá e começou a namorar um inglês que estava escrevendo um livro sobre uma comunidade indígena no meio da Amazônia. Era uma tribo pequena, composta de cerca de cinquenta pessoas, a maioria com laços de sangue entre si. O grupo era liderado por um xamã, um homem de cerca de oitenta anos, responsável pela administração do local e por ministrar as cerimônias religiosas baseadas no consumo de ayahuasca — uma bebida constantemente envolvida em polêmicas, feita a partir de uma combinação de plantas, que alguns acreditam ter o poder de expandir a mente e a alma. Para outros, entretanto, a beberagem não passa de um alucinógeno como qualquer outro. Muitas pessoas visitavam a comunidade para participar de rituais de cura e de limpeza energética.

Empenhado em contar aquela história e em ajudar na preservação da área, o namorado de Renata reuniu um grupo composto de canadenses e ingleses para realizar um retiro de três semanas na comunidade. Renata foi junto, como ajudante e intérprete, e se propôs a participar de todos os rituais para conhecer mais a fundo a espiritualidade indígena. O trabalho de limpeza energética começava com uma dieta muito intensa. Depois de dez dias comendo apenas mandioca, arroz, ovo sem sal e algumas verduras, tudo em pouca quantidade, Renata se sentia debilitada e com o estado de consciência alterado. E foi assim que participou com o grupo de estrangeiros de uma estranha cerimônia de ayahuasca conduzida pelo xamã.

Ela conta que o homem começou chamando, um por um, as três mulheres e os cinco homens que faziam parte do grupo. Cada um tinha que se deitar diante do xamã para dar início à limpeza. Era noite alta e a selva estava escura. Quando chegou a vez de Renata, ela se assustou: "Ele colocou a mão por dentro da minha roupa, tocando meus seios e minha vagina. Eu me assustei, mas, depois, como eu precisava ficar por perto para fazer a tradução, vi que ele fazia a mesma coisa com as outras pessoas e achei que aquilo era parte da prática dele, que eu estava diante de uma cultura muito diferente da minha". Entretanto, ele só realizava esses toques mais íntimos nas mulheres do grupo. Os homens eram tocados no tórax apenas, e não nos genitais.

Na manhã seguinte, o xamã procurou Renata e disse que, na cerimônia da noite, espíritos lhe falaram que ela precisava de mais uma limpeza. Assim, ele levou a moça para um quartinho e insistiu para que ela tirasse toda a roupa. Em seguida, jogou sobre o corpo dela uma tintura de plantas misturada com vodca, e passou as mãos por todo o corpo da psicóloga e, por algumas vezes, a penetrou com os dedos. A exemplo da maioria das vítimas de abusos realizados por líderes religiosos, Renata dizia para si mesma que ela é que estava interpretando mal a cena: "Eu realmente estava querendo acreditar que aquilo era normal, que era o que faziam naquela comunidade. Ele era o líder, todo mundo confiava nele".

Logo que ela saiu do quarto, seu abusador chamou uma das canadenses e não deixou que Renata os acompanhasse para traduzir o que ele dizia. Depois, passou o resto do dia com as mulheres indígenas fazendo uma espécie de sauna improvisada com plantas medicinais, como se nada tivesse acontecido.

Depois de três semanas, o retiro chegava ao fim. A psicóloga arrumava suas coisas para viajar de volta no dia seguinte, quando o namorado trouxe um recado do xamã, que dizia que ela precisava de uma última limpeza antes de ir embora. "Na mesma hora, todo o meu corpo ficou tenso, mas, na tribo, era um tabu gigante dizer não para ele", ela lembra. "Tudo o que aquele homem mandava tinha que ser feito."

Renata rumou mais uma vez para o quartinho, e a cena de dias antes se repetiu, e de uma forma ainda mais agressiva. Dessa vez, ela ainda lhe perguntou por que ele tinha de agir daquela maneira, mas ele não respondeu. Ela reparou que, sempre que se ouvia algum barulho, o xamã ia olhar por um buraco na porta para conferir se havia alguém chegando. Quando ouviu a voz do namorado de Renata, ele declarou que a limpeza estava terminada e que ela podia sair. A moça voltou para a casa onde estava hospedada com o namorado e começou a chorar. Contou o que havia acontecido e perguntou se aquilo era normal, já que o rapaz conhecia todos os rituais, mas ele ficou chocado. Falou com um dos filhos do xamã, que foi até Renata pedir desculpas, dizendo que o pai estava bêbado quando fez a "limpeza".

"Quando ele falou isso", conta Renata, "ficou claro para mim que eu tinha sofrido um abuso, que um curandeiro não faria aquele tipo de trabalho bêbado. Demorou um tempo para que eu aceitasse o que realmente aconteceu comigo."

A notícia se espalhou rápido na pequena comunidade liderada pelo xamã e logo Renata estava sendo questionada pelo próprio estuprador, que a abordou na frente de todos, aos gritos, dizendo que gente como ela ia até lá para pedir por uma cura e depois ainda saía reclamando. Por fim, ele lhe fez uma ameaça: "Você precisa tomar cuidado quando critica pessoas como eu, porque coisas ruins podem acontecer com quem vai contra mim. Se eu fosse você, ficaria com medo".

Tudo isso aconteceu em 2018 e Renata decidiu voltar para casa sem contar nada à polícia. Mas hoje, após repensar sobre o que aconteceu, está inclinada a fazer uma queixa. O namorado, que frequentava a comunidade havia anos, parou de escrever o livro em que trabalhava, mas não se desligou totalmente e segue defendendo a preservação da fauna e da flora da região. Ainda mantém um site sobre a comunidade, mas botou um aviso para que mulheres não fossem até lá, porque houve acusações de abuso sexual. Tempos depois, eles souberam que outras duas mulheres estrangeiras que foram participar dos rituais também reclamaram com pessoas da comunidade que haviam sido tocadas na vagina pelo xamã, mas foram convencidas de que essa era uma prática tradicional necessária para a cura.

Renata ainda se recupera do que aconteceu. Não conseguiu até hoje contar para os pais, e talvez nunca conte. Teve muitas crises no relacionamento porque passou a culpar o namorado que a levou até lá, mas os dois continuam juntos. Depois de muita terapia, entendeu que o namorado nunca poderia perceber os sinais de abuso porque ele romantizava a cultura indígena, achando que todo indígena era intrinsecamente puro. Além do mau-caratismo de estupradores que abusam da fé alheia, esse é um dos motivos que deixam as vítimas ainda mais vulneráveis e as testemunhas descrentes do que se passa diante de seus olhos em casos como os narrados neste capítulo: a tendência humana a romantizar o líder religioso a ponto de endeusá-lo, de forma que pareça impossível perceber que ali há apenas uma pessoa como qualquer um de nós.

Claro que há padres, pastores, xamãs, médiuns e pessoas de todas as religiões comprometidas com o bem do próximo e que são fundamentais na vida dos fiéis, mas isso não põe ninguém acima do bem e do mal. E, se alguém se sente desconfortável com uma figura religiosa, que deveria fazer exatamente o oposto, trazendo conforto para as pessoas, esse é um grande sinal de alerta.

## Capítulo 12

## Aqui na cadeia, estuprador não tem vez

Parecia cena de filme. Uma rebelião estourou em Teresina, no Piauí, em um centro de ressocialização de menores infratores — nome e filosofia definidos por lei para o que, na prática, quase sempre funciona como uma cadeia. E, de fato, às vezes, é até pior que uma prisão.

Jarbas era um dos agentes socioeducativos encarregados da segurança. Por volta das seis da tarde, horário em que era servido o jantar dos funcionários, ele largou a comida, botou um capacete, correu para atravessar o pátio debaixo de pedradas e conseguiu chegar até o pavilhão onde ficavam isolados os menores mais visados pelos outros internos. Sozinho, salvou cinco estupradores. A rebelião começou no momento em que os menores iam ser trancados de volta em suas celas. O centro contava com poucos funcionários: para os sessenta internos, havia apenas seis pessoas: um policial e um socioeducador em cada uma das três alas.

Os meninos tentaram fazer um educador como refém, mas ele conseguiu escapar e passou por Jarbas correndo, enquanto gritava "Rebe, rebe, rebe", a gíria comum para rebelião utilizada em centros de detenção. O policial estava armado, mas não tinha autorização para atirar, e os menores sabiam disso. Sem reagir, ele ouviu os mesmos gritos que o socioeducador tinha escutado, e também recuou. Foi quando os meninos berraram: "Pega os estupradores". Eles arrebentaram a grade e passaram para o outro pavilhão, quebrando tudo o que encontravam pela frente. Estavam botando fogo nos pavilhões e tentavam chegar à ala dos estupradores. Enquanto isso, arremessavam pedras nos funcionários para que eles não conseguissem chegar lá antes deles cortando caminho pelo pátio.

Como estava usando capacete, Jarbas estava protegido das pedradas mais perigosas e conseguiu chegar antes dos internos, levando consigo as chaves dos cadeados que trancavam a ala dos estupradores. Ali, encontrou cinco jovens apavorados, que sabiam ser o primeiro alvo da revolta dos companheiros. Jarbas soltou os rapazes, que foram para o lado de fora da cadeia e ficaram junto da polícia, que já estava na porta.

Nesse centro para menores, os estupradores são presos em um pavilhão que tem dois portões de acesso e fica mais afastado dos demais e mais próximo da saída, exatamente para os encarcerados terem uma chance maior de serem retirados em caso de rebelião. Outro agente explica o motivo dessa configuração: "Quando acontece rebelião dentro da unidade, o primeiro lugar que eles vão é no pavilhão dos estupradores. Depois, vão atrás dos que estão separados por serem considerados delatores. Mas os primeiros alvos são sempre os acusados de estupro. Eles são os que despertam mais raiva".

E é assim pelo país afora, entre menores e maiores de idade. Em todas as penitenciárias e centros de internação de menores que visitei, os estupradores precisam ficar separados dos outros para sua própria segurança. Os agentes evitam dizer quando um acusado de estupro vai chegar à unidade. As fichas, na maioria dos presídios, são preenchidas só com o número do crime de acordo com o Código Penal: 213 ou 217-A, no caso de estupro de vulnerável. Sempre que um estuprador, menor de idade ou adulto, é identificado em uma unidade do sistema penitenciário, os demais detentos se agitam, xingam e ameaçam. Os horários de banho de sol e as visitas são separados. Em poucos lugares em que estive, encontrei momentos da rotina em que todos se misturam. Na maioria das vezes, isso acontece apenas quando há partidas de futebol, mas o jogo só pode acontecer em dia de segurança reforçada, e o clima é de tensão máxima. Criminosos de todos os outros "tipos" simplesmente abominam estupradores, e até assassinos cruéis se consideram menos bandidos que aqueles que estupram. No centro de menores do Piauí, um dos agentes chegou a ter uma discussão com um interno por causa disso:

"Um adolescente que matou um taxista, um pai de família, estava xingando um outro interno que tinha estuprado uma criança, dizendo que ele tinha que morrer e tal. Aí eu entrei na discussão e falei: 'Cara, com sinceridade, eu acho que o teu crime é maior que o dele. Sei que era uma criança indefesa, mas ela continua viva. E o que vai acontecer com os filhos desse cara de quem você tirou a vida? Quantas violências eles não vão sofrer porque o pai não está mais por perto para proteger?'. Mas ele não concordou comigo."

Essa é uma das muitas lógicas que existem dentro da cadeia, e é bem difícil de ser compreendida por quem está de fora. Eu mesma tive uma discussão com um detento no presídio de Charqueadas, no Rio Grande do Sul. "O que eu vou falar para a senhora? Estupro, para nós, não se enquadra no nosso perfil, *né*? Porque estuprar uma mulher, uma criança, uma pessoa que não sabe se defender... Esse é o único crime com que nós não concordamos." Eu lhe perguntei, então, se quem assassinava uma mulher em um assalto não causava a mesma revolta. E a resposta que recebi foi: "É ruim também, mas não desperta a mesma revolta. Estuprador, quando chega aqui, se não impedirem, a gente mata, sem dó nem piedade. Estuprador não tem moral nenhuma dentro da prisão. Por isso eles ficam na galeria do 'seguro', separados".

Aquele homem cumpria duas penas, uma por homicídio e outra por tráfico de drogas. Apesar de já ter matado uma pessoa e contribuído para que outras se destruíssem aos poucos, consumindo substâncias tóxicas, insistia que o crime de estupro era muito mais grave que qualquer um dos delitos que havia cometido. Segundo o presidiário, ele havia começado a traficar em busca de dinheiro e, em meio à vida sem lei do comércio ilegal de drogas, acabou matando uma pessoa. "Já o estupro", ele conclui, "pelo pensamento da bandidagem, não tem explicação." Só aí concordamos: é difícil explicar mesmo.

De volta ao Piauí, encontrei o caso de um menor que virou estuprador dentro do centro de ressocialização. Ele havia sido condenado por latrocínio — roubo seguido morte — e me contou, quase com orgulho, que cumpria pena havia dois anos e quatro meses sem nunca ter fugido, e que compreendia que precisava pagar pelos seus atos.

Porém, quando menciono o estupro — um agente o flagrou penetrando outro menor à força —, ele se sobressalta: "Não, eu não forcei nada, ele que é gay. Ele me seduziu, pediu para ver minhas partes íntimas, aí eu deixei. Nunca eu ia fazer uma coisa dessas. Pegar uma pessoa à força sem o outro querer, isso aí me revolta. Só o que eu cometi foi esse latrocínio".

"Só" um latrocínio.

Mesmo negando o abuso sexual, o adolescente corre o risco de ter outra medida socioeducativa a cumprir por causa do estupro. Ele ainda aguarda a decisão da justiça. Ainda sem a decisão legal, esse menor continuava convivendo com os demais — que acreditaram na versão de sexo consensual — quando conversei com ele.

Falei também com o menor violentado, ele próprio apreendido depois de uma tentativa de estupro. Quando se tornou vítima na cadeia, ele passou a falar mais abertamente sobre o crime que cometeu: "Eu entrei em uma loja armado com um 38. Cheguei lá e disse 'Isso é um assalto', e levei a atendente para o fundo da loja. Ela pediu até pelo amor de Deus. Não sei o que me deu na hora e aí eu falei: 'Deus não está aqui nesse momento, então cala a boca'. Bem nessa hora, o pai dela entrou e conseguiu enfiar a mão na minha cara. Ele me deu um murro e eu caí no chão. Consegui fugir, cheguei lá na frente, só que os polícias me pegaram".

Esse menor de idade chegou no Centro de Ressocialização e já foi tachado de "Jack", o apelido dado aos estupradores nas unidades prisionais do Norte e do Nordeste do país, uma alusão inusitada a Jack, o Estripador, o famoso assassino em série, suspeito de matar prostitutas nos bairros pobres de Londres no fim do século XIX. Ainda que sua história seja repleta de incongruências e mistérios, o Jack original era acusado de cortar a garganta e a barriga das vítimas, daí seu apelido. A ligação entre o famigerado estripador, cuja identidade jamais foi revelada, e os estupradores dos recônditos do Brasil, se dá pela violência contra as mulheres. E quem chega como "Jack" nas cadeias corre sério risco, como o rapaz continuou a me contar: "Esse garoto cismou comigo, me chamava de Rei do Jack. Eu só via esse cara atrás das grades, mas um dia ele foi servir café na minha cela e me forçou a transar com ele. Nessa hora, eu senti a mesma coisa que a menina que eu peguei deve ter sentido. Senti revolta, mas também fiquei com mais medo ainda. É muito ruim".

O estupro de estupradores está presente na literatura, nos cinemas, faz parte do imaginário popular, e também do desejo de vingança de muitos, ao estilo olho por olho, dente por dente. Mas é impossível saber a real frequência com que ocorre. Nas minhas conversas com estupradores, dezenas deles, esse rapaz foi o único a relatar que foi vítima de abuso durante a detenção. E, ainda assim, ele só me confessou isso porque um agente socioeducativo já havia mencionado para mim o caso. A lei do silêncio que ronda o crime de estupro parece ainda mais forte nas cadeias que na sociedade em geral. Por medo de retaliação, e com a certeza de que nenhuma atitude será tomada pelas autoridades responsáveis pelo sistema prisional, ou até por acharem, como grande parte da sociedade, que eles merecem sofrer do mesmo mal que cometeram, os estupradores simplesmente não denunciam os casos de violência — inclusive a sexual — que sofrem na prisão.

De acordo com a base de dados do Fórum de Segurança Pública, no estado de São Paulo, de 12.940 estupros registrados em 2019, treze foram cometidos dentro de cadeias. No estado do Rio de Janeiro, de 4.074 estupros no mesmo ano, três ocorreram em presídios, ou seja, um percentual de 0,1% dos casos em São Paulo, e nem mesmo isso no Rio de Janeiro. As vítimas não são só estupradores, mas também gays e transexuais. Suspeito que esses poucos casos sejam registrados apenas porque as vítimas tiveram alguma necessidade de atendimento médico após a violência, mas a realidade não está nos números. O médico e escritor Drauzio Varella, conhecido pelo trabalho voluntário realizado por décadas em penitenciárias de São Paulo, disse em entrevista ao jornal *El País*, em 2017: "Estuprador morre. As maiores barbaridades que eu vi na cadeia foram contra estupradores. É inesquecível, nos momentos mais inesperados, me volta a imagem daqueles corpos mutilados".

Em seu livro *Estação Carandiru*, que conta sua vivência no famoso e já extinto presídio masculino, dr. Drauzio se lembra de um representante de vendas preso pelo estupro de uma adolescente de quinze anos. Casado e com um filho pequeno, ele deu carona a uma adolescente de quinze anos e insistiu em levá-la a um motel. Como ela resistiu, o homem botou uma arma na cabeça da jovem e a violentou. Ao chegar ao presídio, disse que era um assaltante, e assim já estava conseguindo se enturmar com os outros presos, até que foi dedurado por um agente penitenciário, que ainda instigou os detentos contra ele. O homem foi barbaramente torturado e espancado até perder os sentidos. Ao fim, um preso abaixou as calças dele e anunciou: "Agora você vai sentir que nem a *mina* que você estuprou". O homem sobreviveu e conta em detalhes a tortura, mas insiste em negar o estupro, apesar de testemunhos em contrário.

Nas penitenciárias femininas, curiosamente, a situação da mulher se inverte. Enquanto são muito vulneráveis a sofrer um estupro fora da cadeia, são bem mais raros os casos de detentas estupradas por outras mais fortes, ou mesmo por agentes penitenciários. Esses crimes acontecem, claro, mas, em geral, as presas mantêm relações sexuais na cadeia por vontade própria, seja por carência, para conseguir favores ou mesmo por status. Segundo o dr. Drauzio: "O único lugar em que a mulher tem liberdade sexual é na cadeia. Não existe nenhum outro local na sociedade onde ela é livre assim. As mulheres são reprimidas desde que nascem. O que a cadeia faz é criar condições que dão liberdade para que a mulher se comporte do jeito que ela achar melhor, sem repressão". E, quando acontece, o estupro de uma mulher presa não tem o mesmo caráter de "justiça com as próprias mãos", como acontece quando o ato é cometido contra um homem estuprador.

A pobreza de dados sobre estupros de presidiários reflete bem o desprezo da sociedade pelo que acontece dentro das cadeias e dos centros de internação de menores. É como se não bastasse a punição aplicada pela justiça, ainda existindo uma sede de vingança que pede agressões e humilhações contra criminosos. Eu me lembro de uma conversa que tive com um casal de amigos sobre um estupro bárbaro cometido contra uma criança. O homem disse esperar que o bandido fosse "arrombado" na cadeia, ou algo do gênero. Por mais revolta e indignação que eu sinta contra estupradores, tanto que foi por esse exato motivo que surgiu o desejo de escrever este livro, não comemoro nenhum crime bárbaro contra quem quer que seja. O pensamento de que um criminoso merece ser estuprado segue o mesmo raciocínio da indignação seletiva com o estupro, que varia de acordo com quem é a vítima, de forma que muita gente condena mulheres que bebem, usam roupa curta ou ficam sozinhas com um homem. O que tem que ser condenado é o crime e o criminoso, sempre, em qualquer circunstância. Ainda mais quando a vítima está sob a tutela do Estado.

Entre os homens vítimas de estupro, dentro ou fora da prisão, as sequelas parecem ser ainda mais graves. Essa é uma faceta do crime sexual da qual ainda pouco se fala, mas um estudo bem interessante realizado pela doutora em psicologia e neuroquímica Rachel Yehuda, publicado no *New England Journal of Medicine*, analisa as possibilidades de homens e mulheres desenvolverem transtorno de estresse pós-traumático (TEPT) depois dos mais variados eventos. De um modo geral, as mulheres têm mais chance de sofrer de TEPT que os homens após acidentes, desastres naturais e mortes na família. No caso de agressão física, a proporção é de 21,3% das mulheres que sofrem com o estresse pós-traumático contra 1,8% dos homens. Mas, nos casos de estupro, a relação se inverte. Enquanto 45% das mulheres podem desenvolver os sintomas, 65% dos homens violentados sexualmente desenvolvem TEPT. O estudo não cita os motivos, mas fica claro que, para os homens, não há nenhuma experiência tão traumatizante quanto ser violentado. É maior que o percentual de 38,8% dos que sofrem de estresse pós-traumático após lutarem em uma guerra.

Os estupradores que já foram vítimas de abuso, antes ou depois de também se tornarem abusadores, confessam com mais facilidade seus crimes. É como se vissem ali um atenuante para seus atos ou uma explicação.

No Rio de Janeiro, conversei com um homem que estuprou e matou uma menina de nove anos na favela da Rocinha. Após uma discussão com a esposa, ele saiu de casa enraivecido e foi até uma das muitas "biroscas" da comunidade para beber. Misturou vários tipos de bebidas e usou drogas. A certa altura, decidiu procurar por mais cocaína. Segundo ele, naquele ponto ele já não tinha a menor noção dos seus atos, mas, como poderemos ver adiante, lembra-se totalmente do que fez.

Ele mesmo me conta que a menina passou por ele em uma das vielas do morro. Sem pensar duas vezes, o homem a segurou pelo pescoço, a levou para um terreno baldio e a violentou. O criminoso diz que perdeu a noção de suas atitudes, mas consegue dar detalhes. Também não se esqueceu de que apertou tanto o pescoço da menina que ela morreu asfixiada. Aos nove anos.

Antes desse crime, quando ele tinha dezessete anos e morava no Ceará, também teve uma briga com uma namorada na época e estuprou outra menina só porque estava com raiva. Em seguida, também a matou por asfixia. Como era menor de idade na ocasião, passou três anos em um centro de ressocialização e foi solto, para repetir o mesmo crime absurdo contra essa outra criança na Rocinha.

Quando foi encarcerado pela primeira vez, prometeu para a mãe que jamais faria aquilo de novo, e que não faria mais nada de errado, como a maioria declara. Ainda assim, acabou cometendo o mesmíssimo crime. "Acho que tem alguma coisa na minha mente", ele me disse. "Sei lá, não tem como não ter alguma coisa errada comigo."

Em seguida, ele conta que foi estuprado na infância. Tinha doze anos quando foi violentado por um vizinho. Não contou nada para a família, e, depois que ele mesmo cometeu o primeiro abuso, quis vingança. Quando saiu da internação no centro para menores infratores, conseguiu uma arma emprestada e tentou matar seu estuprador, mas ele fugiu.

Nas cadeias que visitei, encontrei estupradores com histórico de terem sofrido abuso sexual e outros não. Nem todo estuprador sofreu violência na infância, nem toda criança violentada se transforma em um estuprador. Não há um padrão. E nem há, na realidade, um estudo abrangente que avalie amplamente essa questão. O que posso dizer é que, embora muitos estupradores sejam um reflexo da nossa cultura machista, a violência sexual é um fator que pode, sim, levar alguém a cometer o mesmo crime, seja pela revolta, por querer compensar o que sofreu ou, como se fosse possível, transferir para outra pessoa aquela dor. Ou então, porque vive em um ambiente em que os estupros são tão recorrentes, a vítima passa a entender de forma deturpada que aquilo faz parte da vida sexual de todos, ou que é algo pelo qual todos acabam passando. A pessoa violentada, muitas vezes, vê a repetição do crime que sofreu como um efeito colateral inevitável. Já os estupradores acreditam piamente que simplesmente acompanham uma cultura enraizada nas profundezas de sua criação e não se sentem tão culpados assim.

***

No Centro Educacional Masculino (CEM), instituição destinada a menores infratores no Piauí, encontrei outro caso de uma vítima de estupro que se tornou um estuprador. O jovem é conhecido na instituição por gostar de música: toca bem violão e sempre teve o sonho de ser DJ. Ele se lembra de que, quando era mais novo, costumava frequentar as festas realizadas em um clube em Parnaíba, a segunda cidade mais populosa do estado. Aos doze anos, dançava em uma quadrilha de festa junina, e, certo dia, em um ensaio, o zelador do clube o chamou até um quarto mais escondido e o violentou. A partir daí, ele ficou revoltado. Órfão, morava com uma tia e começou a ter brigas feias com ela. Acabou indo parar em uma casa de acolhimento, e lá cometeu o mesmo crime de que foi vítima: estuprou um menino de apenas cinco anos de idade. O adolescente, que até então só tinha cabeça para música, virou um monstro.

O abuso na infância, claro, não explica tudo, e jamais vai justificar um estupro, mas demonstra que, às vezes, os caminhos que levam à violência são um tanto óbvios. Hoje, no centro de internação, como em geral acontece com os estupradores que são encarcerados, esse menor de idade é constantemente ameaçado e já foi espancado pelos outros garotos.

E não há saída para os estupradores que vão para a cadeia. Além das ameaças e dos riscos de se tornarem vítimas de violência quando presos, sair da carceragem também é perigoso. Mesmo depois de cumprir a pena, eles sabem que, se forem identificados nas ruas por outros bandidos, serão torturados e mortos. Quem sai da prisão com uma anotação por assassinato costuma ganhar o respeito da bandidagem, mas quem tem o crime de estupro na ficha precisa ir para longe de todos que possam saber disso ou descobrir o que aconteceu. Até por isso, é difícil encontrar quem confesse que cometeu um estupro, mesmo com várias condenações nas costas.

Na penitenciária de Bangu, no Rio de Janeiro, conversei com um homem que já estava preso havia 23 anos e, caso a lei brasileira não tivesse um limite de trinta anos de cadeia para qualquer crime, ele nunca conseguiria cumprir toda a pena. Suas condenações somavam nada menos que 1.116 anos de prisão por roubo e estupro. Sim, *mil cento e dezesseis anos*. Na maioria dos casos, ele entrava nas casas para assaltar e estuprava as mulheres que encontrasse. Quando lhe perguntei sobre como ele havia sido capaz de cometer tantos estupros, ele simplesmente me disse: "Nunca estuprei ninguém. Foi tudo forjado contra mim".

Tive acesso a todos os processos que resultaram em sua condenação, compostos de pilhas e mais pilhas de papel. Ele tinha dezesseis condenações por estupro, todas elas ocorridas de forma muito semelhante. É impossível que alguém tenha conseguido forjar um plano tão meticuloso contra ele. Mesmo assim, por mais que eu usasse todos os meus argumentos e os dados extraídos dos processos e garantisse que manteria o anonimato e que nada do que me falasse ali teria valor legal, já que a minha única intenção era entender o que se passa na cabeça de um estuprador, ele continuava a insistir que havia sido vítima de um complô e que não tinha nada a ver com aqueles crimes terríveis. Por meia hora, ele me contou as histórias mais mirabolantes, e em nenhum momento se confessou culpado por nenhum dos crimes pelos quais foi condenado. Ele falou até mesmo que o criminoso deveria ser alguém parecido com ele, e que ele tinha sido preso injustamente apenas por ter um sósia à solta pela cidade. É muita cara de pau.

Esse homem, condenado por tantos crimes hediondos, recebe regularmente a visita da mulher e dos filhos. Ele continua: "A minha família acredita que sou inocente, mas eu sei que tem muita gente que não acredita. Até o juiz riu de mim no tribunal quando eu falei que era inocente". A pilha de processos contra ele, além dos detalhes dos casos, traz a informação de que o reconhecimento foi feito pela maioria das vítimas. Estou na turma dos que não acreditam.

Também estou na turma de quem não entende o que leva uma mulher a continuar casada e apoiando um estuprador. Muitas comparecem nas visitas ao longo de anos. Há as que não acreditam que o marido cometeu o crime — ou os crimes —, mas há aquelas que sabem e simplesmente passam por cima disso, nem sequer discutem o assunto. As poucas que consegui abordar se recusaram a conversar comigo. Pergunto à psiquiatra Silvia Alexim Nunes por que tantas escolhem continuar ao lado de um homem que cometeu um ato tão cruel contra uma mulher: "Há uma tendência a achar que a mulher tem que aceitar tudo, se sacrificar pela família, em nome do marido. Muitas vezes, aquele casamento dá um sentido para a vida delas. Às vezes, as mulheres também ficam nas relações mais abusivas e sem sentido por medo da solidão".

Em Porto Alegre, fui atrás de um condenado por três estupros. Elias estava preso na penitenciária de Charqueadas e ainda respondia a mais quatro processos pelo mesmo crime. Ficou conhecido na região como o Maníaco do Escort. Segundo as matérias publicadas nos jornais, ele circulava pela cidade em um carro desse modelo e rendia as vítimas. Durante a nossa conversa, foi agressivo em todos os momentos. Logo de início, ele me disse: "Se o juiz me condenar, se achar prova, que ele condene, entendeu? Mas eu jamais vou dizer que estuprei alguém. Por que a senhora tá me fazendo esse monte de perguntas?".

Eu expliquei mais uma vez sobre o projeto deste livro, disse que, como ele já havia sido condenado por três estupros, queria entender o ponto de vista dele. Novamente, disse que ele não precisava mentir, que nada do que me dissesse seria utilizado no julgamento dos demais casos nos quais era réu. Como a maior parte dos homens condenados por esse tipo de crime, ele insistiu em sua inocência. Segundo ele, sua condenação foi declarada sem a devida investigação, apenas porque as vítimas o reconheceram e a juíza achou que aquilo era motivo suficiente para condená-lo. Quando lhe pergunto como três vítimas que não tinham conexão entre si o haviam reconhecido e por que ele ainda esperava a sentença por mais quatro casos de estupro, ele mais uma vez culpou a juíza que não investigou aquela "coincidência" e culpou a mídia por ter inventado mais quatro casos para incriminá-lo. Quatro novos casos! Um total de sete.

As desculpas dele não fazem o menor sentido. Sem argumentos que o livrem do pagamento da pena por seus atos e com medo das retaliações que pode sofrer na cadeia, a coerência perde para o desespero. Essa atitude não é difícil de entender. O que eu realmente não compreendo é a reação da esposa e das filhas do preso. Como o meu entrevistado anterior, ele também é casado há dezessete anos com a mesma mulher e tem uma filha de dezesseis, e me conta que as duas nunca o julgaram, pois esse é o papel da justiça, e não o delas. Elas o visitam e não falam nem uma única palavra a respeito de seus crimes, pois em casa ele sempre foi um homem exemplar. Fico curiosa com o que essa família considera como um comportamento "exemplar".

Aos poucos, ele vai se soltando e confessa: "Teve só um caso com uma mulher que vivia dando em cima de mim, aí ela tomou um remédio tarja preta e bebeu, se atirou pra cima de mim e a gente acabou tendo relações. E aí ela me denunciou. Eu era um rapaz normal, trabalhador, só me envolvi com umas pessoas que não devia. Pediram para eu abrir uma firma-fantasma, mas então eu achei aquilo esquisito, pedi os meus documentos de volta, não queria mais, e eles sujaram o meu nome, me tomaram os documentos e ainda botaram essa denúncia contra mim". A história é mirabolante e, como todo o discurso dele desde que começamos a conversar, não faz muito sentido. A impressão que tenho ao ouvir suas palavras é que ele sempre tenta arranjar uma desculpa — para si mesmo e para o mundo — por seus crimes. Ele ainda me diz que considera o estupro um crime bárbaro: "Para a sociedade e para a massa carcerária, os estupradores são considerados a escória. Se atacarem a cadeia, os estupradores são os primeiros que eles pegam".

Encarcerado no setor da cadeia chamado de "seguro", onde ficam os estupradores, separados dos demais detentos, ele afirma não ter medo. "Eu sou quieto. Se tiver que matar, eu vou matar também. Também não tenho medo de ser morto, se for o caso."

Sobre a vida no "seguro", ele me conta que seus colegas de ala não costumam conversar muito: "Ninguém fala sobre o motivo que trouxe cada um até aqui. Cada um mantém o seu caso para si. Ninguém é obrigado a falar nada, né? Se me perguntarem alguma coisa, eu vou falar: 'Cuida da sua vida que eu cuido da minha'. Se tiver me *xaropeando* [perturbando] muito, eu vou ali no preso de plantão que toma conta da galeria e faço uma reclamação. Ninguém tem que me perguntar nada".

O preso de plantão é uma figura comum nos "seguros" das cadeias brasileiras. É sempre um detento condenado por qualquer outro crime que não precise ir para o "seguro", com bom comportamento, que ajuda na organização da prisão por ter bom trânsito entre os detentos de todas as alas. Ele é quem toma conta da galeria, ajuda a pôr ordem nas celas e a mediar conflitos entre os colegas.

Para finalizar aquela enervante conversa, capaz de revoltar até a alma mais fria, uma curiosidade de jornalista me leva a perguntar que fim levou o Escort que fez com que ele ganhasse seu apelido. Ele, então, tem um acesso de riso que o deixa sem ar e me diz: "Nunca tive carro, doutora. Será que a doutora não está me confundindo com alguém? Chamaram mesmo o cara certo para conversar com a doutora?". E, com isso, ele se levanta e, às gargalhadas, volta para sua cela. Um show de cinismo. A próxima entrevista irá comprovar isso.

A figura do preso de plantão me deixa intrigada, e peço à administração da penitenciária para conversar com o "plantão" que estava de serviço naquele dia. A história que ele conta do Maníaco do Escort é totalmente outra.

Marcelo já entra na sala com uma postura bem diferente daquela dos tantos acusados de estupro que entrevistei. Admite tranquilamente o assassinato que cometeu, como se estivesse contando sobre um acidente de percurso, mas condena com força os estupradores: "Fui condenado por homicídio, estou aqui cumprindo a pena, mas eu, particularmente, acho estupro uma covardia. Tenho uma esposa, tenho filhas, entende? Os outros presos, na maioria, pensam como eu. Apesar de cometerem crimes, de assaltarem, de matarem, eles não permitem estupro. Eles não toleram estupros, não toleram pedofilia, não toleram nada disso daí. Não interessa se o cara tem estudo, se tem problema na cabeça, mental, não importa".

A essa altura, depois de tantas entrevistas em penitenciárias e centros de correção juvenil, eu já compreendia como funcionava a questão dos estupradores dentro desses lugares, mas, de qualquer forma, me espantei com essa indignação toda vinda de um assassino. E Marcelo ainda se achava quase um benemérito por aceitar o trabalho de cuidar da galeria dos estupradores: "Eu sou representante de uma galeria de seguros, a galeria dos problemáticos. Até eu, que não sou do artigo, nunca estuprei, nunca cometi esse tipo de delito, não é o meu perfil, entendeu? Mas por ter aceitado esse posto, eu sou renegado também. Eu sou bastante criticado pelos outros detentos".

Marcelo trabalha há sete anos na galeria dos estupradores. É ele quem administra as visitas, controla os remédios dos presos que precisam de tratamento médico e, no dia a dia, conversa com eles. O homem me conta que muitos dos detentos do "seguro" acabam lhe contando em algum momento sobre o delito que cometeram, ainda que com muita vergonha. Vários já admitiram. Maníacos, estupradores, pedófilos. Ele sempre começa com a pergunta de praxe — "O que é que você fez?" —, que, na língua da cadeia, é uma das formas mais comuns de travar uma conversa, como quem pergunta como o outro se chama ou onde nasceu. "Eles começam a contar assim, devagarinho, meio com vergonha", Marcelo me diz, "e aí vão falando por partes. Para mim eles admitem meio constrangidos, mas admitem. Agora, para a reportagem..."

Ele me conta, então, sobre Elias, o detento com quem acabei de conversar, conhecido ali como o Maníaco do Escort. Marcelo infere que talvez Elias tenha dupla personalidade pela naturalidade com que contou não apenas para ele, mas para outros detentos, sobre os crimes que cometeu, inclusive os estupros. Ele chega a rir e a se divertir com algumas lembranças de seus atos. Segundo Marcelo, Elias sempre cai na gargalhada quando chega na parte de sua história em que está prestes a pegar suas vítimas. Ele ri de forma descontraída, como se estivesse contando alguma piada ou uma história engraçada. Porém, quando começa a falar do ato em si, fica sério e chega a permanecer calado por longos momentos. Ele só acha graça das partes em que a vítima está tentando fugir, a forma como as mulheres se debatem e tentam arrumar maneiras de chamar a atenção de alguma outra pessoa, o que, no caso dos crimes de Elias, era quase impossível, já que, como ele mesmo costuma contar para os colegas de cadeia, escolhia muito bem o cenário de seus delitos, sempre lugares desertos, como debaixo de pontes e viadutos, em horários de pouco movimento. E suas vítimas eram sempre mulheres desacompanhadas.

Com Marcelo, aprendo um pouco mais sobre a vida dos estupradores na cadeia. Segundo ele, esse grupo é sempre o mais bem-comportado: "Os estupradores, maníacos e os pedófilos são os presos mais exemplares, em todos os quesitos: quanto à disciplina, à higiene, ao comportamento, ao tratamento, tudo. Eles são os presos que não brigam. É por isso que eu acho que uma boa parte deles tem dupla personalidade, porque é uma coisa inexplicável. Aqui dentro, eles se comportam muito bem, como se fossem pessoas normais, cidadãos exemplares. Eles acordam, tomam banho, comem, conversam... entende? Parece que eles estão mesmo pagando por um crime e não estão se importando por estarem presos".

A diretora da cadeia corrobora o que diz Marcelo: "É estranho, mas quando a gente vai escolher presos para trabalhar nas áreas de limpeza e da cozinha, a gente dá preferência para trabalhar com esse perfil de detento, porque aqui na cadeia eles não são violentos".

A dupla personalidade, ou o transtorno dissociativo de identidade, já que às vezes são mais de duas *personas* que se apresentam, é um sério transtorno psiquiátrico em que o doente alterna personalidades com características completamente diferentes, como o jeito de falar, a idade e o gênero, e é comum até que uma delas nem se lembre da(s) outra(s). É algo bem diferente de alguém que assume posturas variadas, dependendo do que é mais conveniente para si no momento.

A impressão que tenho é de que os estupradores incorporam a postura da bandidagem em geral, e posam como se nem eles aceitassem o próprio crime. Veja o caso de Elias: ele ri e se vangloria de como dominou suas vítimas, mas, na hora de descrever o estupro em si, fica calado e sério. Deve ser uma categoria rara de bandido que de fato sente alguma vergonha. Não é arrependimento. Talvez sinta um pouco de culpa, mas é aquela que a pessoa sente quando percebe a recriminação que vem de todos os outros que a cercam. Eles sabem que são vistos como monstros, e, aceitando esse papel, mantêm-se cabisbaixos na cadeia e respeitam a ordem, como que para conseguir algum tipo de consideração.

As visitas para os estupradores acontecem em um clima de cautela reforçada. Crianças não entram nas salas onde acontecem as visitas íntimas, às quais os condenados por estupro também têm direito, nem podem ir ao banheiro com os pais, somente com as mães. Há uma preocupação com possíveis abusos que os próprios pais possam cometer contra as crianças. "Mesmo que a mãe esteja dormindo, a gente acorda", explica Marcelo, o assassino que também ajuda a regular as visitas do "seguro". O horário das visitas nas cadeias costuma ser das nove da manhã às cinco da tarde, e muitas das esposas de detentos passam todo esse período na penitenciária.

A visita íntima, especialmente para quem comete crimes hediondos, é polêmica, mas é um direito garantido aos presos pela Lei de Execução Penal de 1984 e explicitado em uma resolução de 1999 do Conselho Nacional de Política Criminal e Penitenciária (CNPCP). Antes disso, as visitas íntimas, na prática, já aconteciam, com a montagem de barracas improvisadas com lençóis no pátio dos presídios, para que fosse oferecido um mínimo de privacidade aos casais, e com as bênçãos da vista grossa dos carcereiros. Em 2001, o direito foi estendido para as mulheres aprisionadas. Nos dois casos, não é preciso que a visita tenha vínculo legal com o detento, não havendo a obrigatoriedade de que os dois sejam casados no papel, mas apenas uma pessoa pode ser cadastrada por preso como elegível para esse tipo de visitação.

Em 2012, o direito à visita íntima foi estendido para menores infratores a partir de dezesseis anos que sejam casados ou vivam em união estável, já que a lei brasileira permite que menores de idade se casem contanto que tenham mais de dezesseis anos completos e recebam a autorização dos pais. Entretanto, nos centros de detenção juvenil também não é exigido necessariamente um casamento legal. Os adolescentes de dezesseis e dezessete anos que possam comprovar que mantêm uma união estável usando como provas comprovantes de residência e o depoimento de testemunhas, por exemplo, também ganham o direito a esse tipo de visita. Há muitos casos, inclusive, de casais de adolescentes que já têm filhos, uma prova suficiente para liberar a visita íntima.

Os defensores da visita íntima acreditam que ela ajuda a manter a vida familiar e social, dando um propósito para a existência do preso e facilitando a posterior reintegração à sociedade. Esse grupo argumenta, ainda, que a pena de privação da liberdade a que foram condenados não inclui a castidade forçada, e que negar esse direito poderia desencadear reações de violência. Os críticos, por sua vez, entendem essas visitas como regalias a que criminosos não deveriam ter direito, e afirmam que muitos se aproveitam da privacidade do encontro para passar informações e ordens a seus comparsas fora da cadeia.

A existência de mulheres que fazem visitas, inclusive íntimas, a maridos condenados por estupro é algo que também choca Marcelo: "Vou colocar aqui de novo o exemplo do Elias, o Maníaco do Escort. Ele é um cara que praticou um monte de crimes, é reincidente, já saiu da cadeia e já voltou. E, em todas as vezes, a companheira acompanhou ele. É isso que é muito estranho, entende? E a maioria dos pedófilos que eu tenho aqui também recebe visitas. Quando não é a esposa, é a mãe, são os irmãos, é a avó... Eu posso chutar que 99% deles recebe visita. A gente tem uma regra aqui que é sempre respeitar muito a visita, não importa para quem seja. Então, nunca perguntei nada, mas sinto uma vontade louca de saber o que esse pessoal todo, inclusive um monte de mulheres, está fazendo aqui, visitando um cara que tem um monte de estupros nas costas. É complicado entender essa parte".

Além de também não entender como mulheres se mantêm ao lado de estupradores, tampouco compreendo as que seguem apoiando assassinos. Mas a realidade é que as mulheres, em geral, se mantêm fiéis aos seus companheiros, filhos ou irmãos, mesmo quando eles são presos, por qualquer motivo. Enquanto as filas de mulheres são comuns em dias de visita nas cadeias, o mesmo não se aplica às penitenciárias femininas, ainda mais quanto às visitas íntimas. O dr. Drauzio Varella fez a contabilidade: de um total de 2.200 mulheres na Penitenciária Feminina da capital paulista, no bairro do Carandiru, apenas 120 recebem visitas íntimas.

O discurso de Marcelo de condenar as visitas recebidas pelo Maníaco do Escort reforça a ojeriza que os presos sentem especificamente por quem pratica estupro. Os outros crimes, em geral, são admitidos sem maiores questionamentos. Alguns desses criminosos, inclusive, contam vantagem e são ainda mais respeitados e temidos pelos demais.

Do alto de sua tranquilidade a respeito do crime cometido, Marcelo conversou comigo o tempo todo olhando nos meus olhos, enquanto todos os estupradores que entrevistei olhavam para o chão, para o além, e raramente me encaravam. E estava tão à vontade que ainda se despediu puxando um papo amigável: "Desculpe a pergunta, a senhora está de férias?".

"Não, já trabalhei hoje. Volto à noite para o Rio de Janeiro."

"É que a gente acompanha a senhora no jornal da manhã."

"Ah... obrigada..." Foi tudo o que consegui dizer.

\*\*\*

Naquele dia, Marcelo recebeu um preso novo na galeria, de um caso que teve repercussão na imprensa local pelos requintes de crueldade com que o crime foi praticado. O acusado dessa vez nem teve como negar a autoria do crime: o estupro e a identidade dele foram comprovados por exame de DNA. Clóvis foi à casa da amante pedir mais dinheiro para comprar drogas. Ela sustentava o vício dele, e, nesse dia, se recusou a entregar a quantia que ele exigia. Clóvis disse que ficou tomado de raiva e, então, estuprou e matou a amante a facadas. E o pior, não exatamente nessa ordem: ele a esfaqueou enquanto a estuprava e não parou nem mesmo quando a mulher já estava morta.

Conversamos assim que Clóvis chegou ao presídio. Chocada com a confissão que ele me fez, de que havia continuado a estuprar a amante mesmo depois de morta, perguntei, perplexa, o motivo pelo qual ele não havia parado, ao que ele simplesmente respondeu: "Ela já estava ali, né?". Um outro grande desafio para mim neste livro foi prosseguir com algumas entrevistas de embrulhar o estômago.

Quando entrevistei esse estuprador e assassino, ele ainda estava com a camisa suja de sangue com a qual havia chegado à penitenciária. Não entendi como ele ainda poderia estar com a mesma roupa do dia do crime, mas logo me contaram que aquele sangue era do próprio homem, derramado após ele ter sido espancado pela população da cidade de Porto do Conde, no interior do Rio Grande do Sul. Os moradores souberam de todos os detalhes cruéis do crime e cercaram a casa de Clóvis com armas e facões. Ele só conseguiu escapar com vida porque a polícia chegou a tempo.

Como muitos estupradores com quem conversei, Clóvis jogou a culpa no excesso de drogas e álcool: "Eu tinha tomado *uma pá* de bebida e já tinha usado droga quando fui para a casa dela. Aí ela começou a gritar e aconteceu". *Aconteceu*, foi o termo exato que ele utilizou. Como se fosse uma mera obra do acaso, algo comum, sem maiores consequências.

\*\*\*

No Piauí, em mais um caso desses que fazem a gente explodir de revolta, um homem me contou como estuprou uma bebê da vizinhança. Ele pulou a janela e tirou do berço a menina de um ano e meio de idade. Se já é absurdo e difícil de entender o estupro de uma criança maior, que já fala e ainda pode, de alguma forma, conseguir pedir socorro — embora dificilmente consiga —, a situação é ainda mais delicada e revoltante quando se trata de um bebê completamente indefeso.

Para a lei, a punição para estupro de vulnerável, de acordo com o artigo 217-A do Código Penal, vale para todos os casos em que a vítima tem menos de catorze anos, independentemente de ter mais ou menos idade ou grau de discernimento. A pena, porém, varia de oito a quinze anos, ou seja, a diferença entre a pena mínima e a máxima é quase o dobro de tempo. Aí entra a decisão do juiz baseada em critérios mais subjetivos, como a possibilidade de o criminoso voltar a praticar o mesmo crime, a presença de alguma motivação fútil, o excesso de crueldade. Certamente, a maldade absurda de se atacar um bebê totalmente indefeso influencia qualquer juiz na hora de decidir a condenação. Quando perguntei ao homem diante de mim os motivos pelos quais ele tinha cometido uma crueldade tão chocante contra um ser totalmente indefeso, ele, como tantos outros estupradores com quem falei, colocou a culpa nos entorpecentes: "Eu tava muito bêbado. Fiquei bebendo por mais de dez horas. E usei maconha também".

O criminoso largou a menina bastante machucada em um matagal próximo e foi para casa dormir. Acordou com a notícia de que a bebezinha havia sido encontrada ainda viva, com evidências de que havia sofrido violência sexual. A cidade se revoltou e a investigação policial levou rapidamente ao culpado. Foi encontrado muito material genético dele na menina. Quando souberam que a polícia havia encontrado o criminoso, a família da menina e os vizinhos, enfurecidos, foram para a porta da delegacia esperar por sua chegada. A viatura teve que dar marcha à ré e esperar com o preso até que as coisas se acalmassem.

O uso de álcool e outras drogas é uma das desculpas mais recorrentes entre os estupradores. A impressão que se tem é que eles transferem toda a culpa por seus atos para os entorpecentes, tentando dar a entender que, em seu estado normal, jamais seriam capazes de cometer os crimes atrozes pelos quais foram condenados. Porém, segundo o psiquiatra Miguel Chalub, para que as drogas sejam a verdadeira força motriz por trás de um crime como esse, seria preciso que o limiar de controle do cérebro fosse afetado, ou seja, seria necessário baixar o controle. A maconha não é capaz de fazer isso, nem mesmo a cocaína. O álcool, por sua vez, até poderia fazer isso em certo grau. É uma droga lícita, e realmente abaixa o nível ético, diminui o controle, a moral da pessoa. Em alguns casos, pode acontecer de a consciência da pessoa que ingeriu doses consideráveis de bebida alcoólica ficar muito diminuída, mas isso não é algo comum. Na maior parte dos casos, a pessoa sabe muito bem o que está fazendo.

A bebida e o uso de outros entorpecentes também não aliviam nenhum estuprador na esfera criminal. Quando o indivíduo toma a decisão de beber ou de se drogar, torna-se responsável por tudo o que acontece a partir daí. E, de acordo com nosso Código Penal, se o estuprador decide usar drogas ou bebidas para então "criar coragem" e cometer o crime, o uso dessas substâncias é, inclusive, um agravante que pode aumentar a pena. A única possibilidade de o uso de álcool ou drogas atenuar a pena de um criminoso é se ele provar que foi drogado ou embebedado contra a vontade.


Com qualquer desculpa que seja, admitindo ou não o crime, quem é preso por estupro vira um pária na cadeia, em meio a tantos criminosos. E a revolta contra estupradores não vem só dos outros presos e menores internos.

Para Jarbas, o agente penitenciário que salvou estupradores na rebelião no Piauí, que descrevi no começo deste capítulo, não foi uma decisão fácil colocar a própria vida em risco para salvar a deles. No meio dos jovens, havia um rapaz que tinha sido o pivô de um caso que teve repercussão internacional, chegando até mesmo a receber cobertura do canal de notícias norte-americano CNN. Esse adolescente estuprou e matou a meia-irmã para se vingar da madrasta. Ele estava recolhido no centro de detenção do Piauí. Havia também dois menores de idade que estupraram crianças muito pequenas. Segundo Jarbas, se fosse seguir o desejo da maior parte das pessoas, ele simplesmente teria esquecido da existência daqueles menores e os deixado para trás para que sofressem o julgamento de seus colegas de cela, que, sem dúvida alguma, seriam muito mais impiedosos que a Justiça. Entretanto, ele tem consciência de que precisava cumprir seu dever.

"A gente também se revolta", ele me conta, "mas tem que ser profissional. E aqui, com os menores, não tem o mesmo distanciamento de uma penitenciária. A gente conversa, põe a mão no ombro, vê quando estão chorando, dá remédio, descobre os problemas. E, com o tempo, a gente vê que a maioria deles vem de famílias desestruturadas, muitos também foram vítimas de abuso sexual, e ninguém fez nada para ajudar. Não é ter pena, mas a gente sabe a criação que a gente dá para o nosso filho, você sabe do seu, e a gente sabe até onde eles vão, do que eles são capazes. Aí você vê a história desses meninos até aqui e aquela raiva do começo vai passando. O treinamento da gente é esse, de preparar a nossa cabeça para entender melhor o que acontece e não se deixar levar pela revolta."

## Capítulo 13

## Eu sei que não sou culpada, mas por que me sinto assim?

O SENSO COMUM NOS DIZ que todo crime tem que ser denunciado. Nosso sentido de justiça defende que estupradores têm que ir para a cadeia. Mas o maior obstáculo para isso nem sempre está na dificuldade de provar o crime, na inoperância da polícia ou na complacência do sistema judiciário — embora tudo isso aconteça. O impedimento maior para a punição dos estupradores está nas emoções das vítimas. Sufocadas pela vergonha, pela culpa e pelo nojo, a maioria decide nunca contar nada. Não é fraqueza, é autoproteção.

Infelizmente, a verdade é que encarar uma denúncia de estupro em uma delegacia é para poucas pessoas. Como já foi mencionado nos capítulos anteriores, a estimativa é de que apenas 10% dos casos cheguem ao conhecimento da polícia. Mas, na verdade, a questão vai além disso. Mesmo contar para parentes e amigos é no mínimo doloroso e constrangedor. Há o medo de ser rotulada para sempre como "aquela que foi estuprada". Tem gente que conta e depois se afasta das pessoas que sabem do ocorrido, para não se lembrar do assunto. É uma vida passada em meio a escolhas de para quem contar, até onde contar, e em que momento. Para muitas mulheres, isso é impossível, e todas elas têm que ser respeitadas em sua decisão.

Defendo que cada pessoa deve relatar o que quiser e se quiser. Ninguém tem que ser obrigado a se calar nem a falar. Claro que dá muita raiva saber que o silêncio beneficia o estuprador, que ele escapará ileso, que não irá para a cadeia ou nem mesmo sofrerá nenhum tipo de constrangimento social, ou que nem perderá o emprego, que seja. Mas falar nem sempre garante algum tipo de punição e ou conforto. É um mecanismo perverso: a mulher quer evitar se expor, e tem direito a isso, mas o silêncio é confortável para o bandido.

Meu instinto, e acredito que o da maioria, é insistir para que a vítima busque justiça ou alguma reparação. Afinal, quanto mais criminosos sexuais forem punidos, maior será a percepção de que o estupro tem consequências. Quanto mais falarmos no assunto, mais o desmistificaremos, porém, a verdade é que apenas cada vítima conhece seus próprios limites e até onde é capaz de se expor para que o agressor seja punido.

Quando o estuprador é conhecido, quando é alguém próximo ou, ainda, como já vimos ser tão comum, quando é um membro da própria família, a dificuldade de falar é ainda maior. E se não acreditarem? E se a família desmoronar, a culpa será de quem estuprou ou de quem botou tudo às claras, mesmo para quem não queria saber?

O estupro é o único crime em que a vítima é que sente vergonha. A psiquiatra forense Maria Krause levanta um raciocínio interessante: toda vez que alguém conta um fato, as pessoas imaginam aquela cena, e ninguém quer se colocar nesse filme na cabeça dos outros, em uma situação tão íntima, sendo humilhada e violentada.

A culpa também é enorme. Sabe aquele discurso revoltante, porém comum, de que a mulher "estava pedindo, facilitou, deve ter feito alguma coisa para ser estuprada"? Essas crenças também reverberam dentro das próprias vítimas, e elas ficam caçando em seu próprio comportamento os erros que podem ter cometido para terem sido violentadas. Acham que poderiam ter evitado, que foram ingênuas, que haveria a chance de terem percebido e fugido a tempo, que elas é que estavam erradas por terem bebido ou andado tarde da noite na rua, ou terem ido a uma festa, ou terem ficado sozinhas em casa, ou terem usado determinada roupa. É um autoflagelo.

Abuso de álcool e drogas, depressão, agressividade e insônia são alguns dos desdobramentos que prolongam o sofrimento causado pelo estupro — e que podem perdurar por tempo indeterminado. Entretanto, essas reações variam de pessoa para pessoa, e sobreviver a um estupro pode ser, literalmente, sair com vida, mas é também conseguir escapar do massacre dos próprios sentimentos.

Todas as vezes em que encontrei uma vítima desse crime que está com raiva ou revoltada pelo que sofreu, fiquei aliviada. Raiva é o único sentimento ruim que uma vítima de um crime hediondo deveria se permitir, e não a culpa e a vergonha por algo sobre o qual não tiveram controle, e de que foram vítimas.

Outra reação comum é a demora em tornar real o ocorrido, o famoso "cair a ficha". Há mulheres que demoram a dar o nome de estupro àquilo que sofreram, especialmente se o agressor foi o marido ou o namorado. Nas situações em que as vítimas haviam bebido, também é comum que elas se sintam culpadas e, por isso, não entendem o sexo forçado que sofreram como um estupro. Na verdade, estuprar uma mulher bêbada ou drogada só torna o crime ainda mais covarde.

O tratamento psicológico, muitas vezes, é dificultado por um mecanismo de defesa que entra em ação sempre que há um trauma muito forte, de qualquer tipo. O cérebro tenta esquecer, e aquela lembrança ruim é jogada para o inconsciente. Por isso, muitas vítimas confundem detalhes e só se lembram de flashes do que ocorreu.


Crianças que sofreram abuso também passam pela maioria desses processos mentais e dificilmente conseguem pedir ajuda. As menores não têm nem compreensão do que aconteceu. Além do medo, de uma culpa que não sabem de onde vem e da vergonha, costumam ficar extremamente agressivas. Várias mulheres que entrevistei se lembram de anos de sua infância e adolescência consumidos em problemas e dificuldades de relacionamento com todos em volta. Como é o caso de Mônica, que começou a ser abusada pelo padrasto aos quatro anos de idade.

"Eu não sabia o que estava acontecendo", ela contou. "E, por isso, eu fui me calando. Lembro bem de uma das vezes, em que ele falou para a minha mãe que ia me levar para passear de cavalo, só que eu já sabia o que ia acontecer. Eu não queria ir e chamei meu irmão para nos acompanhar. Só que, em um determinado ponto do passeio, ele mandou o meu irmão ficar esperando ali enquanto a gente ia dar uma volta em outro lugar. Lembro que eu queria falar, queria chamar o meu irmão para estar perto. Essa lembrança me faz pensar que a questão vai além do abuso. Não é só a violência em si, é a pressão que vem junto. Isso vai criando prisões na sua mente."

Mônica se lembra de que o padrasto era muito controlador e ameaçava matar a mãe dela se ela contasse sobre os abusos: "Quando você é criança, acredita em tantas coisas que te falam que as mentiras se tornam uma verdade. Você acaba achando que realmente não pode contar nada para ninguém e aquilo te prende". Ela desenvolveu uma agressividade direcionada a todos à sua volta que transformou a vida dela em um inferno ainda maior. Parecia que tudo em sua vida era contaminado pelo horror que sofria dentro de casa. Em vez de ter algum apoio, alguém que desse carinho, algum refresco para a rotina de abusos, ela mesma criava um círculo vicioso de violência. Ainda criança, ela se considerava uma pessoa má: "Eu batia em todo mundo, causei sofrimento para muitas outras crianças. Não tinha amigos, e, mesmo sendo magrinha, tinha muita força, batia em homens. Eu estava sempre muito irada".

Nesse caso havia, ainda, mais um elemento perverso: a mãe costumava ser espancada por seu primeiro marido, o pai de Mônica. Antes do seu nascimento, a mãe chegou a perder uma gravidez de tanto que apanhou do ex-companheiro. Depois de muitos anos de violência doméstica, com a filha ainda bebê, ela criou coragem e se separou. Tempos depois, casou-se de novo, em uma tentativa de ter uma vida diferente. Quando viu Mônica se transformar em uma criança problemática, não conseguiu imaginar que o novo marido pudesse estar por trás daquilo. Pelo contrário, achava que ainda era culpa do ex-marido que a havia espancado. Ao ver a fúria que tomava conta da menina, ela dizia para a filha: "Você é muito ruim, você é ruim como o seu pai". Essas palavras faziam com que a raiva de Mônica se tornasse ainda mais intensa e, dia após dia, ela ficava mais revoltada ainda, tudo só piorava, e ela não via como sair daquele ciclo.

Alguns anos depois, a mãe se separou e só assim ela se livrou do padrasto abusador, mas foram anos sendo estuprada e silenciada, e muitas sequelas ficaram com ela até a vida adulta: "O abuso não é só ali. As pessoas enfatizam muito o acontecimento em si, mas, se você parar para pensar, isso aconteceu comigo quando eu era criança. Eu me lembro, mas passou, foi lá atrás. O problema é o que fica depois, é o que você carrega. É difícil ter relacionamentos, porque você não confia mais em ninguém".

As dificuldades de relacionamento amoroso e sexual decorrentes de um estupro são muitas. O instinto sexual pode ser despertado precocemente em uma criança ou, ao contrário, totalmente reprimido até a vida adulta. A sexualidade existe desde sempre nas pessoas, e vai se desenvolvendo ao longo da vida, mas um estupro muda o curso desse desenvolvimento. Especialmente quando o abuso acontece dentro de casa, construir uma relação de confiança é difícil, e isso pode acontecer de duas formas bem distintas: nas mulheres que passam anos esperando por um príncipe encantado que nunca aparece, porque isso não existe, ou nas mulheres que entram em uma espiral de sexo sem compromisso, o que nada tem a ver com liberdade sexual. Ao contrário, é uma prisão. Mônica se enquadra no segundo grupo.

Aos dezoito anos, ela deixou a cidade em que vivia, no interior do estado, e se mudou para a capital da Paraíba. Lá, teve uma vida sexual intensa, mas que não deixou boas lembranças: "Eu saía com vários caras, muitos mesmo. Conhecia e, logo de cara, já saía para o motel. Mas eu não queria relacionamento sério com ninguém, não queria casar e nem ter filhos. A minha forma de pensar era que, se eu fosse daquele jeito, não estaria sendo usada, eu é que estaria usando a outra pessoa. Porque eu ficava com o cara hoje, mas eu não precisava estar com ele amanhã. Na minha cabeça, era isso, sendo que, na realidade, eu continuava sendo usada, de qualquer forma".

Esse discurso está longe de ser o de uma mulher moderna, bem resolvida, segura da própria sexualidade, que se relaciona com quem bem entender sem se ver obrigada a dar satisfações para quem quer que seja. Não dá para negar que, infelizmente, ainda nos dias de hoje, há um julgamento velado — ou mesmo explícito — sobre a mulher que tem muitos parceiros sexuais. Obviamente, o caso de Mônica não está relacionado a isso. Toda mulher e todo homem adultos deveriam ter o direito de viver sua sexualidade como preferissem, estando com quantos parceiros quisessem, desde que isso não interferisse na liberdade de ninguém. Um estupro, entretanto, nega a muitas vítimas esse direito, pois lhes tira o livre-arbítrio para decidir que tipo de comportamento sexual melhor se adéqua às suas vontades.

A mulher violentada é submetida a um ato sexual contra a própria vontade e passa a ser orientada pelo trauma. Conversei com muitas vítimas de estupro que passaram a encarar o sexo como uma forma de punir ainda mais a si próprias. Outras usam o sexo para punir os homens que se aproximam. No fim das contas, ficar sozinha esperando o homem perfeito ou se relacionar com todos os que aparecem, sem se permitir ter intimidade com ninguém, são duas faces da mesma moeda. Nas duas realidades, há uma mulher fechada em si mesma, que não dá abertura para que outra pessoa entre de verdade em sua vida. Escolher ficar sozinha é uma decisão como outra qualquer e não há nada de errado nisso. A questão aqui é, mais uma vez, exatamente a ausência desse direito de escolha. Estamos falando de mulheres que foram tão feridas que sufocaram seus próprios desejos para criar uma armadura em torno de si mesmas. Elas perderam a coragem básica para aproveitar a vida, para se arriscar, e acham que estão se protegendo; porém, estão apenas acumulando mais mágoas.

A psiquiatra Silvia Alexim Nunes já recebeu várias dessas mulheres em seu consultório. De acordo com ela, muitas vítimas de estupro não sentem nenhum tipo de gozo ou prazer. O abuso acaba com a vida sexual delas. Há as que evitam qualquer tipo de proximidade, que não se envolvem de forma alguma em relacionamentos amorosos ou sexuais, e há as que começam a ter uma sexualidade compulsiva para sair dessa postura passiva, como uma forma de mudar de posição, de sentir que estão dominando a relação. São tentativas de elaborar essa história, mas de uma forma um tanto equivocada, que causa ainda mais sacrifício pessoal. Sexualidade tem a ver com vida, com criatividade, e nenhum dos dois perfis tem isso. Muitas vítimas desenvolvem ansiedade, depressão, estresse pós-traumático, pânico, pesadelos e culpa por terem uma vida promíscua reativa. Não se trata de julgamento moral, nem daquelas que se trancam, evitam qualquer tipo de relação e parecem pudicas, fora de seu tempo; nem daquelas que têm sexualidade compulsiva. Trata-se de ser algo sofrido para as próprias mulheres. Elas passam a ter uma vida tensa e há as que chegam ao ponto de tentar o suicídio.

Enquanto saía com vários homens, Mônica, ao mesmo tempo, caiu em depressão. Chegou a passar semanas deitada em casa e parou de comer. Aos 27 anos, tentou se matar, tomando uma dose imensa de calmantes: "Eu não via mais sentido para a minha vida. Na época, pesava apenas 37 quilos e tomei uma cartela inteira de um remédio de tarja preta. Fiz isso em um sábado à noite e, como eu morava sozinha, só fui encontrada em um domingo, já quase uma hora da tarde. Não sei como sobrevivi. Os médicos disseram que foi um milagre, já que eu estava muito fraca e debilitada. Dali, fui encaminhada para o tratamento psiquiátrico, e foi quando comecei a me recuperar".

O caso de Mônica mostra alguém que chegou a um extremo, de entrar em depressão e tentar se matar. As sequelas de um estupro, claro, nem sempre chegam a essa gravidade, e variam muito, dependendo das circunstâncias do abuso, da estrutura psíquica de cada vítima, e da rede de proteção que ela tem, incluindo família e amigos. Mas um sintoma que encontrei em todas as pessoas com quem conversei foi a introversão. Em maior ou menor grau, todas sentiram a necessidade de se isolar, mesmo que por apenas um período, o que acaba afastando até a ajuda das pessoas mais próximas. A questão, nessas circunstâncias, vai muito além da coragem de contar ou não o que aconteceu. Mais que isso, a vítima sente uma vontade profunda de se esconder, uma sensação de que é preciso se proteger do mundo, seja em relações amorosas, familiares ou de amizade. É difícil encontrar forças para interagir com outras pessoas, independentemente de quem elas sejam.

"Uma das principais coisas que me aconteceu foi um desejo intenso de permanecer calada", Mônica se recorda. "A gente nasceu para se comunicar. A impressão que a gente tem é que, quando você não fala sobre algo, é como se essa coisa não tivesse acontecido, mas, para mim, não era bem assim. Nem eu me entendia. Fiquei com muita dificuldade para me abrir até mesmo sobre coisas banais, do cotidiano. Hoje, estou com 33 anos e já consigo conversar, contar a minha história sem chorar, mas durante um longo tempo da minha vida, a situação foi muito diferente. Eu não confiava nas pessoas, não tinha amigas, não sabia me relacionar com ninguém. E, quando eu tinha algum contato com as pessoas, era para brigar. Em todos os lugares que eu frequentava, sempre estava na defensiva. Achava que as pessoas só se aproximavam de mim porque queriam algo que eu poderia oferecer a elas."

Até hoje, ela ainda sente muita desconfiança. É um "pé atrás" que surge nos mais variados momentos do dia a dia: "Às vezes, eu estou em determinadas situações, olho para os homens e já me pergunto: 'Meu Deus, será que ele é um bom homem? Será que ele abusa de crianças? Será que ele é um estuprador?'. Eu tenho que ficar me policiando o tempo todo, porque uma coisa é você ter cuidado, outra coisa é você se deixar levar pela sua paranoia. Eu luto com isso até hoje, tenho muita dificuldade ainda em confiar".

Foi só depois de muita terapia e medicação que Mônica chegou a esse estágio de esclarecimento sobre o que aconteceu, sobre os próprios sentimentos e sobre como reduzir o impacto do que sofreu. Ajudou muito também o trabalho voluntário que começou há alguns anos no Recife, em uma ONG que presta assistência a crianças e mulheres vítimas de abuso sexual. Foi aí que se sentiu menos sozinha. Encontrou muitas histórias ainda mais traumáticas que a sua e se recusou a deixar que aquelas vítimas se entregassem. Contribuiu para tantas vidas em recuperação que conseguiu reconstruir a sua própria, mas sabe que nem sempre isso é fácil. Quando conversamos, ela estava às voltas com o atendimento a uma menina de dez anos de idade que era estuprada a mando dos próprios pais. Eles foram denunciados, fugiram, e a menina foi encaminhada para um abrigo: "Essa menina chegou até a ONG porque o pai e a mãe venderam a virgindade dela, e depois obrigavam a menina a beber para poder se prostituir. A minha vontade é de exercer a justiça com as minhas próprias mãos, tipo ir atrás desses bandidos e acabar com eles".

Não vejo nenhum resquício de trauma nesse discurso um tanto violento de Mônica. Diante de uma história escabrosa dessas, é de se esperar que a maioria das pessoas se sinta tomada pela raiva — inclusive eu. Nós aprendemos a controlar esses instintos, mas não podemos nunca deixar de nos indignar. Isso vale especialmente para as mulheres com que conversei. Estão todas elas atrás desse equilíbrio delicado entre seguir em frente e, ao mesmo tempo, não abafar o que ocorreu.

É preciso perdoar, mas não dá para aceitar. E perdoar não é esquecer, não é deixar para lá. Não é fingir que não existiu nem se reconciliar com seu algoz. Cada um tem sua ideia do que é o perdão. Para mim é, basicamente, não ficar remoendo e estar sempre alerta para não deixar o que aconteceu intoxicar toda uma vida que ainda há pela frente.

## Capítulo 14

## Mais amor, por favor

"Foi assustador." Essa foi a frase dita pela atriz Giselle Itié para descrever a reação das pessoas quando ela veio a público revelar o estupro que sofreu quando tinha dezessete anos. O criminoso foi o próprio namorado, que era quinze anos mais velho que ela.

Quando foi convidada a viajar pela primeira vez com ele, seus pais — que lhe deram uma educação conservadora —, só permitiram que ela o acompanhasse depois que a jovem insistiu muito, e também porque a família do namorado iria junto. Durante a viagem, certa noite, o casal foi a uma boate e a jovem pediu um suco de laranja. Enquanto o garçom buscava a bebida, ela foi ao banheiro e, quando voltou, tomou o suco que havia chegado. A partir daí, só se lembra de ter acordado no dia seguinte nua e com dor na região genital. Ficou confusa, até entender que havia sido drogada e violentada e, com isso, perdido a virgindade. O namorado, também sem roupa, nem mesmo tentou negar o que havia acontecido.

Na época, Giselle não contou para o pai por medo da reação dele. Só dividiu o trauma com a mãe e com um terapeuta. Anos depois, já famosa, bem-sucedida e engajada no movimento "Nem uma a menos", que denuncia a violência contra as mulheres, achou que seria útil compartilhar sua história.

O coletivo de feministas originalmente chamado *"Ni una a menos"* foi criado na Argentina e ganhou notoriedade ao promover, em 2016, uma marcha de protesto, que aconteceu em mais de cem cidades da Argentina, do Chile e do Uruguai, pelo estupro e assassinato bárbaros da adolescente Lucía Perez, de dezesseis anos, que chegou a ser empalada pelos criminosos, uma história das mais aterrorizantes. O movimento se espalhou, ganhou forte apoio nas redes sociais e chegou ao Brasil. A ONG organiza marchas, greves, encontros e palestras para lutar contra a violência sexual e os assassinatos de mulheres. Na Argentina, a pressão das ativistas levou à criação de um órgão oficial dedicado ao combate do feminicídio.

Nascida no México e criada no Brasil desde os quatro anos de idade, Giselle usou sua experiência na TV e no cinema para produzir vídeos para a ONG contra a violência sexual: "Eu dirigi alguns vídeos em que vítimas davam seu depoimento para apresentar o movimento tanto aqui no Brasil quanto na Argentina. Estava gravando em São Paulo e havia uma vítima de estupro que não estava com coragem de falar. E aí eu parei e pensei: 'Eu estou sendo muito hipócrita, por que eu mesma não falo?'. Falta uma vítima, então eu vou falar. E aí gravei um depoimento para o meu próprio vídeo".

Quando esse material foi divulgado, surgiram inúmeros pedidos de entrevistas para ela falar sobre o caso. A atriz topou contar mais sobre sua história para a revista *Glamour*, porque a publicação lhe ofereceu a possibilidade de fazer um relato em primeira pessoa, que ela mesma poderia escrever. Ela sentiu que estava cumprindo uma missão ao usar seu espaço de pessoa pública para encorajar mais mulheres a denunciar e fazê-las perceber que não precisavam ter vergonha, o que até conseguiu. Recebeu muitas mensagens de apoio e de vítimas agradecendo, mas, por outro lado, também uma avalanche de críticas que não esperava: "Eu nunca imaginei que as pessoas iam me julgar dessa forma. Homens e mulheres fazendo comentários do tipo 'Ah, mas com dezessete anos, o que ela estava fazendo?', 'Até parece que ela só tomou um suco de laranja', 'Como ela estava vestida?'. E atacaram até a minha mãe, falando que a culpa era dela por ter deixado uma menina de dezessete anos viajar com o namorado. Os ataques à minha mãe foram os que mais me doeram".

Com mais de meio milhão de seguidores no Instagram e outros milhares na sua página no Facebook, Giselle enfrentou uma guerra nas redes sociais. Algumas pessoas a atacavam e outras vinham agredir essas primeiras para defendê-la. A atriz, então, resolveu fazer um post para tentar apaziguar os ânimos. Ela escreveu: "Gente, vamos trabalhar com empatia. Vivemos em uma sociedade machista. Se eles não enxergaram até agora é porque é o tempo deles. Vamos ter paciência". O motivo que a fez postar isso foi perceber a extrema ignorância que faz com que muitas pessoas levantem uma bandeira contra alguém que foi vítima de um ato de violência.

Uma vítima é sempre uma vítima. Não interessa se Giselle bebeu mais que um suco de laranja ou se ela era adulta ou menor de idade, pois isso vale para qualquer crime. Se alguém sofre um assalto na rua, a culpa sempre será do assaltante. Sempre! Mesmo que a pessoa esteja ostentando joias ou um celular caro. Pode até ter havido certa falta de cuidado da parte da vítima, mas só quem é culpado por um crime é o criminoso em si. Nós deveríamos ter o direito de andar pelas ruas como quiséssemos, e isso não é nenhum crime.

Para quem acha que a vítima é culpada, sempre gosto de propor um exercício. Imagine a seguinte situação: você está em uma rua deserta e passa uma pessoa mais fraca que você, indefesa, contando um maço de dinheiro. Você vai assaltá-la? Você vai virar um criminoso instantaneamente, induzido pelo comportamento da "vítima"? Não conheço ninguém de bom caráter que faça algo assim. A culpa é sempre, inteira, única e exclusiva do criminoso. Entretanto, ainda é forte na nossa sociedade a tendência a relativizar a culpa. No caso de estupro, o machismo se encarrega de pesar mais a mão contra as vítimas, e as redes sociais, nas quais tanto ódio é destilado todos os dias, ampliam essa crueldade.

Desafio você a abrir e ler uma seção de comentários na internet sobre qualquer notícia referente a estupro. Qualquer uma. É desanimador. Para citar apenas um exemplo, uma reportagem publicada no site da revista *Marie Claire*, em junho de 2016, conta o caso de uma jovem de 24 anos que estava tomando uma cerveja em um bar. Ela foi dopada e estuprada por três homens no estacionamento de um supermercado, e o exame de corpo de delito realizado no Instituto Médico Legal comprovou a violência. Na seção de comentários, um usuário que se identifica como "Fred Santos" e não tem nem mesmo uma foto em seu perfil deixa sua contribuição:

*Agora isso viralizou mesmo, é* ESTUPRO *a todo momento. Essas capetas ficam cheias de cachaça, usam drogas lícitas e ilícitas, fazem orgia, e depois quando alguns caras ficam falando de um para outro, elas ficam com medo de cair nas redes, correm direto para a delegacia falando que foi* ESTUPRO.

Também sem foto, alguém que tem como nome de perfil "Marcos 01" achou que precisava compartilhar a seguinte opinião:

*A culpa é dela infelizmente. Mulheres têm que se policiar mais, mesmo com aumento de pena para estupradores eles sempre existirão. Ela deixou um amigo conhecido ir embora para ficar batendo papo com um desconhecido sem referência alguma, tanto que ela nem sabia o nome do cara. O alerta serve para que as mulheres parem de confiar em desconhecidos. Os conhecidos já são suspeitos, fica a dica.*

O internauta "Marcio Braga" completa, com uma deselegância ímpar:

*Aceitou ficar sozinha com um cara que acabou de conhecer? Pediu para levar vara, né? Conta outra. É a mesma coisa que receber o salário e atravessar uma favela a pé com o dinheiro na mão.*

Rolando a página, desolada, encontro finalmente o primeiro comentário de um perfil com foto. "Emily Santos", uma pré-adolescente, escreve o básico:

*Eu tenho apenas doze anos, mas já tenho mentalidade o suficiente pra saber que o estupro* NUNCA SERÁ CULPA DA VÍTIMA. *E ninguém pede pra ser estuprada, só se for louco.*

E quando a vítima é uma criança ou uma adolescente, será que há mais empatia? Em 2020, durante a pandemia de coronavírus, uma adolescente de treze anos estava na rua em Porto Velho, Rondônia, quando foi arrastada por um desconhecido que a ameaçou de morte, levou-a a um campo de futebol vazio e a violentou.

Na reportagem publicada no site do jornal local *Mais* RO,* o comentário mais recente até a data da consulta é o de uma mulher que assina "Tamarzinha Sá": "Pelo amor de Deus! Em plena pandemia, o que estava fazendo uma menina de catorze anos na rua uma hora dessa. Mole pro azar mesmo". Detalhe: a matéria só dizia que o crime tinha acontecido à noite. Podia ser às dezoito ou dezenove horas. A menina podia, inclusive, ter saído por necessidade, para ir à farmácia ou ao mercado, mas a preocupação imediata foi procurar falhas no comportamento da vítima.

Outra mulher, "Lucenilde Simões", escreveu: "REALMENTE NADA JUSTIFICA UMA BARBÁRIE DESSAS. Mas vocês moram onde, hein? Porque eu moro no Brasil, e infelizmente é assim mesmo, principalmente nós mulheres temos que ser mais precavidas (...). NÓS MULHERES TEMOS, SIM, QUE TER MAIS CUIDADO AO SAIR NA RUA, PRINCIPALMENTE À NOITE" (grifos da autora da postagem). Aqui é importante notar como o uso da conjunção "mas" quase sempre traz embutida uma condenação. Outros internautas, homens e mulheres, reagiram perguntando como elas podiam estar mais preocupadas com o horário em que a menina estava na rua do que com o estupro em si. O internauta "Thiago Cruz" tentou justificar: "O que as pessoas querem dizer é que não se deve vacilar nesse horário. Isso é um alerta pra outras meninas. Ninguém aqui está livrando o psicopata não". Alguém precisa é avisar a essas pessoas que estupros acontecem a qualquer hora do dia, nas mais variadas situações, e que a culpa nunca — nunca — é da vítima.

Em um caso mais antigo, o telejornal *Bom Dia Rio*, da TV Globo, noticiou em outubro de 2016 o estupro de uma adolescente de catorze anos durante uma festa em Jacarepaguá, na Zona Oeste da cidade. Ela foi levada por um rapaz de dezessete anos para um local mais afastado. Ele começou a acariciar o rosto dela, depois as partes íntimas, e então a estuprou.

Fico pensando como é difícil passar por isso e como muda a experiência da adolescência. A pessoa se sente culpada por tudo, por ter se animado e se enfeitado para uma festa, por ter paquerado, por ter se permitido, talvez,

---

*Disponível em: https://maisro.com.br/homem-arrasta-adolescente-e-a-estupra-no-campo-do-13-em-porto-velho. Acesso em: 10 jun. 2020.

pela curiosidade de adolescente, experimentar uma bebida, tudo o que um rapaz faz e lembra com carinho e risadas quando adulto. Mesmo assim, na página da Globoplay que exibe a reportagem, um internauta que assina "Sebastião Souza" achou que era de bom tom fazer o seguinte comentário, repleto de julgamentos, ainda que disfarçado de alerta: "Irresponsabilidade dos pais, certamente sabiam da fama dessas festinhas e praticamente colocaram a filha na boca do lobo".[*]

Se é para culpar os pais, seria mais razoável culpar os do rapaz de dezessete anos por terem criado um filho que não respeita as mulheres e que se tornou um criminoso. Como estamos falando de uma situação em que as mulheres é que compõem a esmagadora maioria das vítimas, inclusive se são crianças ou idosas, se estão dentro de casa ou indo para o trabalho ou a escola, me parece ser maior a responsabilidade dos pais em educar os filhos homens para que não achem que é aceitável forçar o ato sexual com mulher nenhuma, em nenhuma situação, mesmo quando houver qualquer "facilidade". Antes que fossem publicados absurdos ainda piores, o vídeo foi fechado para comentários.

Aliás, os grandes sites de notícia têm adotado esse procedimento. O diretor do G1, o portal de notícias da Globo, Renato Franzini, me explicou que as matérias do site são todas publicadas inicialmente com espaço para comentários. Porém, quando chegam textos ofensivos, a equipe apaga apenas essas postagens específicas e, quando a página começa a se encher de comentários abusivos, ofensivos, e até criminosos, a norma é deletar todos e encerrar a participação do público. Não é à toa que exatamente as reportagens sobre estupro aparecem, em sua maioria, sem a seção de comentários.

No entanto, os *haters*, termo derivado da palavra em inglês para "aqueles que odeiam", ou seja, pessoas que publicam conteúdos de ódio na internet, encontram um terreno muito mais livre nas redes sociais. O mesmo G1, que apaga os comentários absurdos do portal, não consegue fazer o mesmo na página que mantém no Facebook nem no Twitter. As duas redes não permitem desabilitar os comentários de nenhuma publicação, ao contrário do Instagram, por exemplo. Além disso, seria uma missão interminável escalar

[*]Disponível em: https://globoplay.globo.com/v/5381306/. Acesso em: 16 jun. 2020.

uma pessoa para analisar e apagar os comentários um por um, já que essas redes têm um alcance imenso. O Facebook e o Twitter, por sua vez, só chegam a apagar um comentário ofensivo quando é denunciado, muitas vezes pelos usuários, o que raramente acontece.

Entrei na página do portal G1 no Facebook e vi uma notícia de 2017 sobre o estupro coletivo sofrido por uma jovem de dezoito anos que ocorreu em Peruíbe, cidade do litoral de São Paulo. A reportagem contava que a estudante estava em uma praça da cidade bebendo com amigos quando se afastou para ir ao banheiro e foi abordada por três homens. Eles a violentaram no próprio local e ainda filmaram a cena. Para a polícia, a estudante contou que, em um dado momento, desmaiou e já acordou sendo atendida em uma Unidade de Pronto Atendimento.

Na seção de comentários do site, "Lu Lux" comenta: "Encheu o rabo de cachaça com os amiguinhos e três homens a levaram para um banheiro. Ué, cadê os amiguinhos que não ajudaram? História bem mau [sic] contada". "Rute da Silva dos Santos" também duvida da vítima: "Será que virou estupro porque foi filmado e ela sabia que iria cair na web? Quem vai para o banheiro com três homens? Tudo precisa ser *analizado* [sic]. Pode ser que sim, como pode ser que não". Outra mulher, "Maria Braz da Silva", foi ainda mais longe e quis cassar o direito de ir e vir da vítima: "Se estivesse em casa, nada disso teria acontecido e ainda consumindo bebida alcoólica, sabe lá mais o quê? Se liga [sic], meninas, não dá para confiar em ninguém né?".

Em abril de 2020, o humorista Marcelo Adnet deu uma entrevista à revista *Veja* para falar sobre política, os limites do humor, machismo e feminismo e, no fim, disse acreditar ser menos machista por causa dos traumas que sofreu. Quando a repórter perguntou que traumas eram aqueles, ele contou sobre os dois momentos em que foi abusado sexualmente, ainda criança, aos sete e aos onze anos de idade.

No primeiro episódio, o caseiro de um lugar onde passava férias com a família começou a se tornar próximo de Marcelo e a pedir favores sexuais, que ele não entendia muito bem ainda, mas que, nas palavras do caseiro, "ele não poderia contar a ninguém ou o cachorro dele morreria". Um dia, quando estavam só os dois em casa, o homem foi para cima de Marcelo e começou a penetrá-lo. Ele se lembra de ter sentido muita dor, mas acredita que tenha durado pouco, porque os pais voltaram para casa para buscar a carteira, e isso interrompeu o abuso. Mais tarde, aos onze anos, Adnet foi beijado e acariciado por um amigo da família bem mais velho que ele. Quando contou esses episódios na entrevista, sobre os quais nunca havia falado publicamente, lembra-se de ter visto o olhar espantado da repórter, seguido por um monte de outras perguntas sobre os abusos. Na hora, Marcelo entendeu que aquelas histórias, que ele havia levado anos para superar, teriam um impacto ainda maior do que imaginava. Chegou a ser aconselhado por amigos a pedir à jornalista que cortasse aquela parte da entrevista, pois era certo que seria atacado. E realmente foi.

Nas redes sociais, que muitos ainda acham que é terra de ninguém, vieram comentários como o do militar "Fabricio Diniz", que tem diploma superior em Educação Física: "Só assim mesmo pra esse bosta aparecer! Deve ter gostado de dar a bunda, daqui a pouco ele se assume", escreveu no Twitter. A Marinha chegou a emitir uma nota dizendo que repudiava qualquer atitude que ofendesse a dignidade humana e a ética, e que havia aberto um processo administrativo para apurar o caso.

Mas houve muito mais. Um empresário de Rondonópolis, no Mato Grosso do Sul, dono do perfil @roberto.teloes.evento, que se declara em sua biografia no Facebook como alguém "cansado da velha política na cidade", comenta no Instagram do humorista: "Gosta de dá [sic] a bunda e fala que foi abusado? Sem provas? Agora é vítima é?". Logo se vê que o empresário não é alguém que trará nada de novo nem para a política, nem para nenhum outro campo.

Mulheres também se juntaram ao coro das agressões virtuais, como "Adriana", do perfil @afquintas, que se declarava dentista e que retuitou a notícia envolvendo Adnet com o comentário: "Queima até hoje, né?". Teve ainda @gabriellage02, que destilou crueldade no Instagram ao comentar: "E o caseiro, tá ok?".

O advogado criminalista "Jonathan", da cidade de Santos, no estado de São Paulo, proprietário do perfil @jonpontes, postou, também no Twitter: "O caseiro pegou ele, né? Que arrombado!". E "Michael Faria", de Cabo Frio, no Rio de Janeiro, teve o requinte de querer parecer compreensivo no

Facebook: "Entendi o porquê da sua amargura, a sua frustração, o tanto que você necessita aparecer com seu humor que ataca seja quem for, né? Mais melhoras [sic] na sua mente, que Deus possa tirar todo ranço e frustração do seu coração e os fantasmas da sua mente e cure sua alma ferida". Já o perfil @igor_brito_ foi mais direto, via mensagem privada pelo Instagram para o próprio Marcelo: "Viadinho... gay FDP. Vai dar *cú* [*sic*]".

Ofensas não são algo que assusta o humorista. Adnet é um dos maiores nomes do humor da sua geração, o que significa estar acostumado a se expor fazendo piadas que nunca agradam a todos. Todos os dias, nas redes sociais, há quem o chame de gênio, brilhante, perfeito e também quem diga que ele é sem graça, falido, um péssimo profissional, opiniões às vezes acompanhadas dos xingamentos mais pesados. Mas, nesse episódio, ele se revoltou. Conversei com Marcelo na mesma semana em que a entrevista foi publicada. Ele havia passado o dia anterior tirando *prints* das agressões virtuais que sofreu e rebatendo comentários, até que acionou seus advogados para que tomassem as medidas legais cabíveis, e me explicou: "Isso me mobilizou mais porque não se pode ofender alguém fazendo apologia a um crime hediondo. É algo completamente diferente. Pesquisei os perfis e vi que os que me ofenderam eram normalmente homens casados, pessoas adultas, não é nenhum moleque fazendo uma ofensa infantil. Era meio que uma celebração do crime associada à homofobia, como se o abusado fosse necessariamente gay — o que não seria um problema. É uma grande ignorância. E as pessoas que agridem a vítima contribuem para um mecanismo que beneficia o estuprador. Se a vítima está sempre sendo agredida, tendo vergonha e nojo de si, o estuprador está nadando de braçada".

As consequências da entrevista foram além das agressões descabidas. Marcelo já havia falado sobre os abusos com amigos próximos e com alguns familiares, mas, em uma daquelas engrenagens de nossas mentes que não conseguimos entender, ele não havia conversado com o pai, só com a mãe e a irmã. Ele achou que seu pai sabia de tudo aquilo, mas a verdade é que ele não fazia a menor ideia de tudo o que o filho havia passado e lhe telefonou, atônito, depois de ler a entrevista.

Ele recebeu também muitas mensagens de carinho — foram a maioria, é bom dizer — e relatos de dois amigos e de vários desconhecidos contando que haviam passado por situações muito semelhantes e que estavam se sentindo menos sozinhos. Eram pessoas que nunca tinham contado o trauma que viveram, ou haviam contado só para uma única pessoa, ou, ainda, pessoas que não tinham conseguido contar porque o abusador era amigo dos pais, ou que haviam contado e não foram acolhidos pela família. Essas mensagens fizeram com que Adnet visse um sentido no sacrifício de ser virtualmente apedrejado em praça pública: "Estou dando a cara a tapa, mas não é mais sobre mim. É sobre um mar de gente que sofre e não consegue se expressar. A internet se tornou um lugar muito bom para abusar das vítimas, mas também é um bom lugar para fazer denúncias. Funciona para o bem e para o mal. Há muita gente se dedicando a fazer do ambiente virtual um lugar melhor, e eu me sinto hoje botando mais uma peça nesse marco civilizatório da internet".

O Marco Civil da Internet, sancionado em 2014, regula os deveres e direitos dos internautas. Com o Marco, foi criada uma lei específica para o ambiente virtual, que pune a invasão de computadores, o roubo de senhas e a divulgação de informações particulares, além de permitir aos sites a retirada de conteúdos que estejam em desacordo com a lei e com as diretrizes dadas aos usuários caso haja uma denúncia — como no caso dos comentários que citei acima. Instagram, Twitter e Facebook têm em suas normas a não tolerância a discursos de ódio, assédio, ameaças e perseguição. O Marco Civil também deixou claro que crimes como injúria, calúnia e difamação cometidos em sites e redes sociais serão julgados da mesma forma que crimes convencionais, cometidos "pessoalmente": as penas se baseiam no Código Penal e o caso vai para um Juizado Especial Criminal, órgão da justiça que atende os casos de menor potencial ofensivo, com pena máxima de até dois anos, que é o caso dos crimes contra a honra.

O crime de injúria, no qual se enquadram os xingamentos, os insultos e as humilhações, é punido com pena de um a seis meses de prisão e com o pagamento de uma multa a ser estabelecida pelo juiz. Essa mesma pena é dada para crimes de ameaça. Já a difamação, ou seja, quando se atribui à vítima algum fato que ofende sua reputação, ainda que verdadeiro, mas ainda assim ofensivo, tem pena de três meses até um ano de prisão e também determina o pagamento de uma multa. Por sua vez, para aqueles que propagam calúnias — quando se atribui falsamente um crime a alguém —, a pena é a detenção pelo período de seis meses a dois anos, além de uma multa. Os valores mínimo e máximo das multas, em todos esses casos, não estão estabelecidos na lei. O juiz arbitra levando em conta o valor do salário mínimo vigente, a gravidade do crime, as condições financeiras do réu e até mesmo se ele confessou o delito ou não. A vítima ainda pode pedir, na esfera cível, uma indenização, também a ser arbitrada pelo juiz levando em conta a renda do agressor e da vítima — a ideia é chegar a um equilíbrio entre o que significa de fato uma compensação para a vítima e também uma real punição para o réu.

Seja com multa ou com prisão, ou ambas, todos podem ser responsabilizados pelo que postam em sites e redes sociais, e os policiais especializados no combate ao crime virtual conseguem chegar à maioria dos computadores de onde partem as agressões verbais e mentiras. Em geral, os *haters* não têm habilidades profissionais nem conhecimento de estratégias sofisticadas para ocultar o seu endereço IP — do inglês *internet protocol*, que denomina a sequência numérica atribuída a cada dispositivo (computador, impressora, smartphone etc.) conectado a uma rede de computadores que utiliza o protocolo de internet para comunicação. Por meio do endereço IP, as autoridades conseguem identificar a localização e, muitas vezes, até mesmo a identidade dos autores de comentários odiosos publicados em sites e redes sociais. Assim como no mundo real, na internet, a liberdade de um cidadão acaba quando começa o direito do outro. A liberdade de expressão, tão preciosa para todos nós, não pode ser usada para violar os direitos de outras pessoas, incluindo aí o direito à dignidade e à integridade moral e psicológica.

Os homens que abusaram sexualmente de Marcelo Adnet nunca foram punidos por seus crimes. O tal amigo da família morreu e, sobre o caseiro, nunca mais se teve notícia. Há crianças abusadas que se tornam abusadores, e esse era um pavor do humorista. Ele tinha medo de um dia reproduzir a violência que sofreu. Na adolescência, via os meninos beijando meninas à força nas boates, puxando-as pelo braço, e achava um horror — devo dizer, ainda bem, pois isso é o que todos os meninos deveriam pensar mesmo. Marcelo se botou em um lugar introspectivo, mais solitário, e ficava estudando russo no quarto enquanto os amigos iam para as baladas. Só deu seu primeiro beijo aos dezessete anos, por iniciativa da menina. Sempre teve atração por mulheres, mas passou algum tempo imaginando se seria gay por ter sido abusado por homens. É óbvio que isso não seria nenhum problema, apenas cito essa questão para ilustrar mais um tipo de confusão que um abuso causa na sexualidade da vítima.

Uma violência jamais poderia ser capaz de definir a personalidade e muito menos a sexualidade de uma pessoa. Como diz Marcelo: "Isso tudo acaba guiando a gente de uma certa forma, claro, mas já foi. É traumático e sempre será. Mas já pensei tanto nisso, já fui tanto para esse lugar, que não me assusta mais. O evento que eu passei não posso mudar. Mas tem que deixar passar. Não é ignorar, mas nossa vida não é isso, não deve ser nunca".

É importante deixar claro que esses comentários em sites e redes sociais não são apenas agressões gratuitas vindas de pessoas que, na maioria das vezes, se protegem no anonimato que acreditam ter na internet. Nem são a expressão do pensamento de uma minoria. Eles são um reflexo dos pensamentos e crenças de grande parte da nossa sociedade, e especialmente quando as vítimas são mulheres, há uma tendência a apontar qual foi a culpa delas pela violência que sofreram.

Um estudo realizado pelo Instituto de Pesquisa Econômica Aplicada (Ipea), divulgado em 2014, apresentou um resultado revelador. Os pesquisadores foram às ruas perguntar às pessoas sobre a tolerância social à violência sexual e fizeram 3.810 entrevistas. Diante da afirmação de que "Mulheres que usam roupas que mostram o corpo merecem ser atacadas" — veja bem que o termo usado foi "merecem" —, 42,7% dos entrevistados disseram que concordavam totalmente. Já outros 22,4% concordavam parcialmente. Sobre a frase "Se as mulheres soubessem se comportar, haveria menos estupros", 35,3% concordaram totalmente e 23,2% parcialmente. Ou seja, para mais da metade dos entrevistados, o comportamento e/ou a aparência da mulher podem induzir um homem a se transformar em um estuprador.

Em 2016, em outro levantamento, o Datafolha realizou uma pesquisa encomendada pelo Fórum Brasileiro de Segurança Pública, em que foram ouvidas 3.625 pessoas em 217 cidades brasileiras. Nas entrevistas, 42% dos homens disseram acreditar que "mulheres que se dão ao respeito não são estupradas", e 32% das mulheres acharam a mesma coisa, o que é quase um terço do total. Porém, o que é mais difícil de entender é que, na mesma pesquisa, 85% das mulheres disseram ter medo de sofrer alguma agressão sexual. Ou seja, existem mulheres que, ao mesmo tempo que temem ser estupradas, acham que basta se dar ao respeito que isso não acontece. Esse pensamento não poderia ser mais desconexo; afinal, para que ter medo de um estupro se bastaria "se dar ao respeito" para evitar a ação dos estupradores?

Essa falta de empatia entre as mulheres é intrigante. Enquanto apenas uma minoria dos homens é de fato um estuprador em potencial, todas as mulheres, sem exceção, podem se tornar vítimas. Dessa forma, pelo menos sobre essa questão, era de se esperar que houvesse mais união entre o sexo feminino. Entretanto, na nossa sociedade, o machismo está entranhado nas mulheres também. A psiquiatra Silvia Alexim Nunes levanta, ainda, outro ponto que joga muitas mulheres contra outras: "Se a outra mulher, mesmo sendo vítima, for bonita, bem-sucedida, tiver uma liberdade que ela não tem, isso desperta inveja e aumenta a falta de empatia. Mas nem todas se sentem assim. Há muitas mulheres solidárias, e aí depende da qualidade da pessoa, de quem a pessoa é".

É isto: não precisamos ficar presas a uma triste competição entre mulheres, que só prejudica a todas nós. Quando alguém culpa uma vítima, quando uma mulher deixa que o desejo de derrubar a outra se sobreponha à noção de justiça e à solidariedade humana, o problema não está na vítima, mas na índole daqueles que lhe dirigem seus julgamentos. Todas temos que nos policiar e, felizmente, sinto que cada vez mais mulheres estão acordando para isso. É um alento ver mulheres que se solidarizam com outras, mesmo com quem não têm nenhuma afinidade.

A união das mulheres, quando acontece, se mostra poderosa. Em 2017, a figurinista da tv Globo, Susllem Tonani, conhecida como Su, publicou um texto no blog "#AgoraÉQueSãoElas", do jornal *Folha de S. Paulo*, acusando o ator José Mayer de assédio sexual. No texto, ela diz que "na presença de outras duas mulheres, esse ator, branco, rico, de 67 anos, que fez fama como garanhão, colocou a mão esquerda na minha genitália (...) e ainda disse que esse era seu desejo antigo". Su relatou ainda que ouviu do ator frases como:

"Fico olhando sua bundinha e imaginando seu peitinho" e "Você nunca vai dar pra mim?".*

A repercussão foi enorme. Em um primeiro momento, José Mayer negou as acusações e afirmou que Susllem estava misturando ficção com realidade e atribuindo a ele palavras e atitudes do personagem machista e misógino que interpretava à época na novela *A lei do amor*, que estava no ar no prestigiado horário das nove da noite. Poucos dias depois, entretanto, atrizes famosas, como Taís Araújo, Camila Pitanga, Bruna Marquezine e Leandra Leal, além de diretoras, figurinistas e outras muitas funcionárias dos Estúdios Globo, fizeram um ato de apoio a Su e compartilharam nas redes sociais fotos de si mesmas vestindo camisetas com a frase que virou símbolo do movimento: "Mexeu com uma, mexeu com todas". Outras personalidades, incluindo mulheres e homens, de Caetano Veloso a Tati Quebra-Barraco, também fizeram publicações com a *hashtag* #MexeuComUmaMexeuComTodas, que entrou para os assuntos mais comentados do Twitter.

O movimento viralizou rapidamente e com muita intensidade, e, pouco depois, a TV Globo afastou o ator da novela e Mayer divulgou uma carta endereçada, em suas próprias palavras, "aos meus colegas e a todos, mas principalmente aos que agem e pensam como eu agi e pensava". No texto, ele confessa que errou e pede desculpas. O ator completa, ainda, que, mesmo sem ter a intenção de agredir ou desrespeitar quem quer que fosse, ultrapassou os limites do respeito. Como o caso se tornou público, a polícia, mesmo sem ter havido uma queixa formal, convocou o ator e a figurinista a prestarem depoimento. Intimada três vezes, Susllem não compareceu e foi à Defensoria Pública pedir que a investigação não fosse adiante. Na época, ela foi acusada de ser oportunista, de querer chamar atenção e de não seguir com a apuração porque teria tido um caso com o ator no passado, o que, convenhamos, jamais justificaria a atitude dele. Imagine você encontrar com um(a) ex-namorado(a) e ele(a) se achar no direito de passar a mão nas suas partes íntimas, seja em um lugar público, na frente de outras pessoas,

---

*Disponível em: https://agoraequesaoelas.blogfolha.uol.com.br/2017/03/31/jose-mayer-me-assediou/. Acesso em: 16 jun. 2020.

ou em particular. Absolutamente ninguém tem o direito de fazer isso sem o consentimento da outra parte, e, no caso de Mayer, ainda há o agravante de esse ato ter acontecido em um ambiente de trabalho, onde ele tinha muito mais poder e prestígio que Susllem.

Algum tempo depois, a figurinista escreveu outro artigo no mesmo blog da *Folha de S. Paulo*, que já começa com a frase "Não, eu não fui amante de José Mayer".[*] Lá, ela discorre sobre o medo que teve ao denunciar o ator, de como nossa cultura machista põe na mulher a culpa pela violência sofrida, e de como se sentiu novamente vítima ao ser posta por muitos no papel clichê da mulher sedutora que se torna passional e vingativa. Se, por um lado, Susllem recebeu o apoio maciço de seus pares, ela também sofreu ataques cruéis e implacáveis ao decidir denunciar um ator famoso, com uma carreira consolidada há décadas e querido do público. Ela explica que não seguiu com a denúncia criminal porque sentia que sua história tinha tido um fim com o pedido de desculpas da TV Globo e a confissão do ator, ambos lidos no *Jornal Nacional*. Segundo o texto publicado no blog, a figurinista sentiu que teve a justiça que desejava e que não acreditava que a punição criminal destinada a casos como o dela teria um alcance maior que aquele que já havia acontecido. Susllem, por fim, confessou que a repercussão a deixou empoderada, mas também assustada, e que, embora incentive sempre a denúncia, queria sua vida normal de volta.


Voltando à pesquisa do Datafolha mencionada no início deste capítulo, o pensamento preconceituoso e absurdo de culpar as mulheres pela violência sexual sofrida foi registrado em índices maiores entre idosos(as) a partir de sessenta anos, pessoas sem ensino superior e moradores de cidades pequenas, mas apareceu também entre jovens portadores de diplomas universitários e moradores de metrópoles. Vale lembrar que nem sempre boas escolas e oportunidades significam boa educação.

[*] Disponível em: https://agoraequesaoelas.blogfolha.uol.com.br/2017/05/05/me-deixem-dei-xar-de-ser-vitima-me-deixem-voltar-a-se-eu/?utm_source=whatsapp&utm_medium=so-cial&utm_campaign=compwa. Acesso em: 18 jun. 2020.

Viralizaram na internet os cartazes produzidos por alunos de uma escola estadual em Vila Velha, na região metropolitana do Espírito Santo. Era para ser um projeto sobre a valorização da mulher. A impressão que se tem é de que os professores esperavam que os alunos saíssem em defesa da vida, do respeito ao ser humano, do fim do machismo e de todos os tipos de violência, porém, se depararam com cartazes repletos de erros de português, aqui excluídos, com os dizeres: "Com roupas vulgares, em ambientes inapropriados, elas estão dando uma grande liberdade para os homens falarem e pensarem o que eles quiserem". E mais: "Se fazer de vítima depois é fácil", "Aprenda a se vestir e se comportar e a dar limites" e "É falta de respeito da parte da mulher ao voltar da praia e continuar com biquíni na rua".

Imediatamente, penso na quantidade de homens quem andam só de sunga pelas ruas das cidades brasileiras localizadas à beira-mar sem que ninguém ache que eles teriam que ser atacados sexualmente por isso. Ainda houve um cartaz que usava a imagem e a história da violência sofrida pela vendedora Jane Cherubim. Aos 36 anos, ela foi estuprada, torturada e espancada. Em geral, quando há tortura e espancamento junto com o estupro, a solidariedade costuma ser maior, mas a conclusão dos estudantes nesse cartaz foi de que "as mulheres deveriam ser menos vulgares, respeitar o próprio corpo e ter mais consciência na hora de se envolver com alguns homens, pois muitas mulheres se envolvem com alguns homens sem ao menos conhecer e acabam sendo agredidas. E muitas vezes não denunciam o agressor por estarem sendo ameaçadas".

Esses cartazes foram confeccionados por adolescentes do ensino médio que reproduziam o que aprenderam em casa e em seus círculos sociais. E o que estão lhes ensinando é que os homens podem fazer o que quiserem e as mulheres que se cuidem. E mais: estão aprendendo a mensagem falsa e perversa de que, caso as mulheres se comportem de acordo com as regras impostas pela sociedade, nada de mau lhes acontecerá. Sabemos que não é assim.

Olhando para o cartaz com duas fotos de Jane, é possível ver que a primeira mostra uma morena linda, sorridente, e a segunda, tirada no hospital, traz o mesmo rosto deformado pelas agressões. Espero fortemente que ela não tenha tomado conhecimento do resultado desse trabalho escolar.

Em outra escola, no Rio Grande do Sul, uma estudante recebeu um sermão por causa do tamanho do short que usava. Foi condenada por quem deveria prezar pelo respeito e pela igualdade. Ela fez um relato em sua página no Facebook contando a história:

*Achei horrível ouvir de uma orientadora da minha escola que acima de tudo é uma mulher, dizendo que por conta do short que eu estava vestindo eu tinha que ser assediada ou até violentada e eu teria que aceitar, que por estar de short eu era uma vagabunda, que eu vendia meu corpo só porque eu estava de roupa curta. Ouvir de uma mulher que era para estar ali me apoiando que eu era uma puta e que merecia ser estuprada me magoou muito. Foi horrível ouvir que minhas roupas definem meu caráter, que eu sou imatura, que eu sou vadia, entre outras coisas por causa de uma roupa, e ter que ouvir ainda que eu não posso usar porque a "sociedade" não apoia, porque para a "sociedade" se estou de roupa curta, eu posso ser estuprada que não faz diferença.*

Essa não aceitação e essa revolta da estudante me dão esperança. Professores também deveriam fazer a diferença, assim como mães e pais. Nossas instituições, ou melhor, as pessoas que compõem nossas instituições, deveriam atuar pela liberdade, responsabilidade e segurança de todos, sejam homens ou mulheres. Infelizmente, não é o que acontece.

Em 2017, após a divulgação do caso de uma menina de onze anos que foi estuprada em Brasília, o então diretor de comunicação da Polícia Civil, Miguel Lucena, comentou em um grupo de WhatsApp: "Crianças estão pagando muito caro por esse rodízio de padrastos em casa". Ou seja, quando não apontam a vítima como culpada, joga-se a culpa na mãe, não por acaso uma mulher. Nunca vi ninguém querendo jogar culpa na falta de cuidado do pai. Ao ser questionado pelo óbvio — Por que não botar a culpa no próprio estuprador? —, o delegado se definiu como "politicamente incorreto" e reforçou que "é preciso ter cuidado com quem se leva para casa". Isso não é ser politicamente incorreto, mas, sim, ter um pensamento distorcido sobre quem é o criminoso e quem é a vítima. Vindo de um policial, esse pensamento se torna ainda mais assustador. Após a repercussão do caso, Miguel Lucena foi exonerado.

Lembro de ter noticiado essa história no telejornal que apresento, o *Bom Dia Brasil*. Após a reportagem, comentei no ar que "até onde eu sei, a culpa por um estupro é do estuprador e ponto". Teve gente que foi ao Twitter reclamar... de mim! "Absolutamente certo o delegado de Brasília. Vá conhecer a vida real, sua incompetente", disse um internauta chamado "Paulo Nascimento", se achando um grande especialista em vida real. Outro, que se identificava como "Jorge Dolbeth", mais educado e bem intencionado, achou que eu não tinha entendido: "Bom dia. Sobre a exoneração do delegado em Brasília, ele disse que a culpa é das mulheres que colocam qualquer um dentro de casa". Continuo defendendo o bom senso e o que diz a lei, inclusive, que o culpado pelo crime de estupro é o estuprador.

Nos meus quase trinta anos como repórter, conheci muitas realidades sociais e econômicas e arranjos familiares de todos os tipos. Mulheres que negligenciam os filhos, mulheres guerreiras que batalham por eles nas condições mais adversas, homens que abandonam e homens que exercem seu papel de pai com louvor. Em todas essas realidades, acontecem estupros, mesmo com mães e pais vigilantes, com meninas e mulheres que usam todos os tipos de roupa, e com ou sem "rodízio de padrastos". E, em todas essas realidades, a vítima continua sendo a vítima e o bandido sendo o bandido. E policiais, mais do que todos, deveriam se ater ao que diz a lei e evitar julgamentos morais.

Mas, infelizmente, esse discurso do delegado de Brasília não é um caso isolado dentro da polícia, que tem a missão de receber e investigar os casos de estupro. No estupro coletivo ocorrido no Rio de Janeiro em 2016, que ficou famoso em todo o Brasil, já citado em um capítulo anterior, o delegado Alessandro Thiers foi afastado após um interrogatório em que constrangeu a vítima. Ele perguntou se a jovem tinha o costume de fazer sexo grupal e demonstrou duvidar do crime, mesmo com a circulação de imagens em que a menina de dezesseis anos aparecia desacordada enquanto rapazes tocavam suas partes íntimas.

A delegada Cristiane Bento, que assumiu o caso, teve dois trabalhos: investigar o caso e lidar com o bombardeio de mensagens de amigos e colegas: "Esse caso foi emblemático", ela relembra, "porque a gente via a cultura do estupro, o machismo de todo mundo, tanto na polícia como fora da instituição. Eu recebi várias mensagens de WhatsApp com mensagens que diziam: 'Mas essa menina é isso, ela é aquilo...', como se isso absolvesse a conduta dos criminosos. Foi criado um grupo de WhatsApp para falar mal do meu trabalho, dizendo que eu estava querendo aparecer, que não houve estupro porque, segundo eles, a jovem queria, ela estava lá porque quis. Mas o problema é que ela estava desacordada. Até então, a gente só tinha um primeiro vídeo em que a jovem já aparecia desacordada com vários homens manipulando o seu corpo, tripudiando dela. Então ali já tinha violência, para mim já estava caracterizado. Não tinha o que discutir".

Durante a investigação, surgiu um segundo vídeo, que estava no celular de um dos estupradores, no qual o adolescente envolvido no crime introduz um batom na vagina da vítima enquanto ela, ainda meio grogue, pedia para que ele parasse. Era mais uma prova. Ao longo de várias outras investigações, a delegada testemunhou como as próprias mulheres trazem dentro de si o pensamento de que são culpadas pela violência que sofrem. Muitas crianças têm esse sentimento implantado pelas próprias mães. "As crianças se acham, efetivamente, culpadas de estarem sofrendo aquele abuso, até mesmo pela educação que recebem. Uma mãe sentou aqui na delegacia e me disse: 'Eu falei pra ela que ela não pode deixar ninguém mexer na perereca dela. Se ela deixar, eu vou bater nela'. Meu Deus! Imagina essa menina pensando: 'Se mexerem na minha perereca, a culpa é minha, eu deixei. Minha mãe falou que vai me bater, então eu não vou contar para a minha mãe'."

Um estupro pode ser uma barbaridade isolada cometida por um estranho, mas, quando vem de alguém próximo, machuca ainda mais por causa da quebra da confiança. E nada repara o sofrimento de ver seus iguais, seus parentes, mãe, pai, vizinhos, amigos, colegas, e a opinião pública achando que não foi tão grave assim ou que a vítima teve uma parcela de culpa. O mundo de hoje tem pouca empatia com o sofrimento alheio em geral. As vítimas de estupro, entretanto, convivem com esse descaso e com essa crueldade desde sempre.

# Capítulo 15

## Será que dá para entender?

Eraldo era um sargento da Aeronáutica que trabalhava como eletricista especialista em aeronaves. Tinha 34 anos, era casado, pai de uma menina de dois anos, estava construindo uma carreira bem-sucedida nas Forças Armadas e era muito dedicado à família, fazendo questão de deixar a esposa no trabalho dela todos os dias. Porém, Eraldo tinha uma vida paralela. Durante três meses, no ano de 2012, depois de levar a mulher até o emprego e antes de cumprir seu expediente na Base Aérea do Galeão, no Rio de Janeiro, ele estuprou pelo menos dez mulheres em diferentes bairros da Zona Norte da cidade.

O militar criminoso agia sempre da mesma forma e sempre à luz do dia. Chegava de moto, abordava a vítima, fingia estar armado, levava a mulher para algum canto mais escondido da rua, geralmente atrás de carros, e a obrigava a masturbá-lo e a fazer sexo oral nele.

A engenheira Patrícia, então com 23 anos, foi uma das primeiras a denunciá-lo. Na delegacia, contou que mal havia saído de casa, na rua tranquila onde foi criada e na qual conhecia todos os vizinhos, quando foi encurralada por um homem gordo, alto, branco, de cabelo cortado a máquina. Ela já se preparava para entregar a bolsa, quando ele informou que não estava ali para assaltá-la. Eraldo desceu da moto, a pegou pelo braço, declarou que estava armado e a mandou fingir que eles se conheciam. Levou então a engenheira para um vão entre dois carros, debaixo de uma árvore, e a violentou do mesmo jeito que sempre fazia. Depois, seguiu para a base militar normalmente. Por ironia, Patrícia é filha de um coronel do Exército.

Junto com o pai, foi à delegacia registrar queixa e indicou que as câmeras de segurança da rua poderiam ajudar a encontrar o bandido. A polícia requisitou as imagens do local do estupro e conseguiu registros em que a moto aparecia, mas havia um detalhe: um adesivo infantil de palhaço cobria parte da placa. O caso só começou a ser esclarecido quando outra vítima, que chegou a entrar em luta corporal com Eraldo, conseguiu fornecer as letras e um dos números da placa. Com esses dados e o modelo da moto, a polícia checou a base de dados do Detran até chegar a cerca de vinte prováveis motos que poderiam ter sido usadas pelo criminoso. A polícia reuniu, então, as fotos dos proprietários presentes nos registros para que as vítimas fizessem o reconhecimento. O estuprador foi imediatamente identificado, e os policiais ficaram boquiabertos ao se dar conta de que se tratava de um militar.

Com a autorização do comandante da Base Aérea do Galeão, a Polícia Civil foi até o local de trabalho do suspeito. A primeira parada foi o estacionamento, e lá deram de cara com a moto com o adesivo de palhacinho. O delegado Antenor Martins se lembra de ter estacionado em seguida na porta do enorme hangar onde ficam os aviões. Eraldo veio andando lá do fim do galpão e, ao ver a polícia, já sabia que era com ele. Antes mesmo que o delegado falasse qualquer coisa, o estuprador se aproximou e disse: "Eu preciso de ajuda".

E aqui chegamos a uma das partes mais complicadas deste livro: o que leva uma pessoa, em geral um homem, a estuprar outra pessoa, em geral uma mulher? Já entendemos que se trata de uma afirmação de poder, mas por que alguns homens sentem que carregam dentro de si uma necessidade de cometer esse tipo de atrocidade enquanto outros se enojam com a mesma ideia? Por que muitos, mesmo com problemas sexuais ou de relacionamento, nem sequer cogitam atacar alguém? De universitários que agem em festas a passageiros do transporte público, passando por líderes religiosos e professores, o que se passa na cabeça de quem resolve realizar um ato sexual à força e/ou sem o consentimento da outra pessoa?

Em seu primeiro depoimento à polícia, Eraldo confessou, com detalhes, dez estupros e outras cinco tentativas que cometeu. À medida que a investigação avançava, porém, ficou comprovado que esse número era bem maior. Ele disse que começou sentindo prazer ao se masturbar no meio da rua na frente de mulheres, e que depois decidiu obrigá-las a masturbá-lo e a praticar sexo oral. A polícia, então, lhe fez a mesma pergunta que existe na minha cabeça desde que surgiu a ideia de escrever este livro: por quê?

Eraldo declarou que não sabia o motivo de sua conduta e que chegava a se atrasar para o trabalho quando ia estuprar alguém. Ele afirmou, ainda, que não conseguia ficar mais que dois dias sem atacar uma mulher, porque passou a sentir uma vontade incontrolável de fazer isso.

Controlar nossas vontades, especialmente as que causam danos aos outros, é um princípio básico da vida em sociedade. Eraldo tentou alegar em sua defesa que era portador de algum distúrbio psiquiátrico. Quando sua esposa entrou na delegacia gritando em desespero, com a filha do casal no colo, e deu um tapa no rosto do marido assim que o viu, ele só conseguiu repetir: "Estou errado. Preciso de ajuda".

Depois que o caso do militar apelidado de "tarado do Méier" — o principal bairro da região onde ele atacava mulheres —, começou a ser divulgado pela imprensa, várias outras vítimas apareceram para prestar queixa contra ele. Uma mulher foi violentada por ele quando estava grávida de seis meses, e outra tinha acabado de ter seu primeiro filho e estava passeando com o bebê no carrinho quando foi atacada. A pergunta que fica é: se estava realmente sofrendo tanto com algum distúrbio e precisava de ajuda, por que não pediu auxílio antes de estuprar tantas mulheres? Por que só se mostrou arrependido quando foi preso pela polícia? Que doença é essa?

No Rio Grande do Sul, na cadeia de Charqueadas, em Porto Alegre, ouvi o mais franco depoimento de um estuprador. Leonardo confessou para mim, com todas as letras, os estupros que cometeu. A diretora da cadeia trouxe o preso para uma sala reservada em que eu estava e lhe explicou que não haveria nenhum tipo de filmagem, que seu nome não seria revelado e que ela e os demais funcionários da cadeia, inclusive, sairiam da sala para deixá-lo à vontade para conversar comigo. Ela completou, ainda, que minha única intenção era entender a história dele.

O homem que estava diante de mim foi fichado por oito casos de violência sexual. Não era o primeiro que eu entrevistava no presídio, naquele dia, mas minhas entrevistas anteriores, com estupradores condenados que sempre negavam sua culpa, tinham durado menos de cinco minutos. As explicações deles para estarem presos se repetiam: sexo consensual, alguma armação, tudo não passava de invenção da vítima. Leonardo, porém, simplesmente foi levado até mim e assumiu todos os seus crimes.

"É terrível, mas é a verdade, não adianta eu me esconder do que eu cometi, entendeu?" Ele contou que apenas a primeira acusação foi um mal-entendido ocorrido quando ele tinha dezenove anos. Frequentava muito a casa da namorada e foi acusado de estuprar a irmã dela, segundo ele, por causa de uma briga entre as irmãs. Chegou a ser preso por onze meses enquanto esperava pelo julgamento, mas acabou não sendo condenado por falta de provas. Quando saiu da prisão, arrumou um emprego de cozinheiro em um clube de Porto Alegre. Um dia, depois que a cozinha fechou, conseguiu aproveitar o fim de um baile e ficou com uma moça na pista de dança, e em seguida os dois foram para casa dela. "A gente tava se tocando, se beijando e se agarrando", ele conta."E, por um motivo ou outro, não sei o que deu na cabeça dela de não querer transar e deu na minha de querer. E foi assim."

E é assim que muitos casos acontecem. Homens que não entendem que o "não" de uma mulher pode vir a qualquer momento e que precisa ser respeitado. A moça prestou queixa na polícia, mas, como o estuprador tinha saído livre no primeiro caso, ainda era réu primário, e, de acordo com a lei, como tinha residência fixa e emprego de carteira assinada, pôde responder ao processo em liberdade.

Depois desse, seguiram-se outros três estupros. Ele acabou ficando preso por oito anos, foi solto, e aí cometeu mais quatro crimes sexuais, que começaram um mês depois de ele sair da cadeia. Acabou preso de novo logo depois. As vítimas desse estuprador sempre eram mulheres desconhecidas, que ele encontrava em festas ou simplesmente capturava no meio da rua. Ele atribui a culpa ao exagero de álcool e drogas: "Se for procurar a data dos meus casos e for olhar no calendário, é sempre em um domingo ou em uma terça-feira, porque eu começava a usar droga na sexta e cometia o crime no domingo, ou começava a tomar no domingo e o crime acontecia na terça. Ficava rodando por aí, ia buscar alguma bebida ou mais droga e, nesse percurso, acontecia".

No entanto, a tentativa de se justificar com as drogas se perde quando ele admite que, em um dos casos, no ano 2000, estava completamente sóbrio. Era um dia comum, em que ele estava no ponto de ônibus esperando a condução para ir até o restaurante onde trabalhava, quando uma mulher chegou à parada. Era de tarde e apenas os dois estavam ali. Leonardo a abraçou e cochichou em seu ouvido: "Olha, não fala nada, vem comigo". Ele fingiu que estava armado e, com medo, a mulher o acompanhou. Ele a levou para um matagal nas redondezas e a estuprou. Quando terminou, ordenou que ela se vestisse e a conduziu de volta para a rua.

Nos períodos em que cometeu os estupros, o criminoso sempre estava casado ou namorando. Leonardo tem uma filha e um filho e, segundo ele, sua compulsão por cometer esse tipo de crime não tem nenhuma relação com desejo por sexo em si: "A violência sexual não me traz prazer nenhum. Eu prefiro fazer amor com a minha companheira". Ele, por sua vez, também não consegue explicar de onde surge o ímpeto de violentar uma mulher: "Eu não sei de onde vem isso. Eu não tinha vontade de bater ou de humilhar, tanto que eu nunca bati nos meus filhos, eu nunca os humilhei, embora estupro por si só já seja uma agressão terrível, eu tenho consciência disso. Mas nunca bati em nenhuma mulher, nunca as agredi, porque não via essa necessidade de mais violência do que eu já estava cometendo. Eu sabia que era uma violência, mas era mais forte que eu e, na hora, não conseguia parar".

Leonardo ainda me contou que se lembrava de todas as vítimas. Quando voltava para casa, o remorso batia e ele se sentia um monstro. Mesmo assim, em pouco tempo, voltava a cometer o mesmo crime, embora afirme que até hoje se pergunta por que se comportava desse jeito: "Parece que depois que você comete o primeiro [estupro], alguma coisa te impulsiona a cometer o segundo, o terceiro. Eu queria entender por que eu agia dessa forma, já que eu sou uma pessoa que nunca teve necessidade de cometer um crime assim. Tanto que eu não quero isso para mim, para a minha família, para as minhas irmãs, para a minha filha. Hoje estou aqui nessa situação, mas, por incrível que pareça, eu era bonito, trabalhava, era forte, fazia academia, lutava capoeira. Eu podia escolher com quem queria ficar, eu fugia de tanta mulher dando em cima de mim. Então, não consigo entender".

Esse estuprador veio de uma família estruturada, com pai e mãe trabalhadores, casados há mais de quarenta anos, e irmãos com diploma universitário. Ele próprio chegou a terminar o ensino médio e fez curso de informática antes de abandonar os estudos. Nunca confessou para parentes ou amigos ser um estuprador, mas, depois dos oito casos pelos quais foi considerado culpado, a família se rendeu aos fatos. "Só admiti os estupros para a psicóloga. E, agora, para você", ele me confidenciou. "Para o juiz também nunca admiti. Para o juiz, a gente fala o que tem que ser falado, né?" Nessa segunda temporada na cadeia, que já durava outros oito anos, nem os pais nem os irmãos apareceram para visitá-lo. É um caso não muito comum de família que repudia crimes sexuais. Em geral, os estupradores sempre recebem visitas de parentes que, infelizmente, relativizam a violência contra o corpo alheio, inclusive muitas mulheres, como já mencionamos neste livro.

Leonardo também reconheceu o dano que causou às suas vítimas: "Ninguém tem o direito de fazer isso. Ninguém tem o direito de tocar em uma pessoa, de cometer uma humilhação dessas, que é uma humilhação mesmo, é uma ferida que fica aberta, a dor não sara. A vítima pode seguir em frente, mas eu acho que é uma coisa bárbara, que não se apaga da cabeça de uma pessoa".

Quando conversei com ele, Leonardo estava com 39 anos, dezesseis deles passados na cadeia. Ainda tinha mais onze para cumprir. Aos cinquenta, estará livre de novo. Quando perguntei se ele acreditava se iria cometer o mesmo crime quando fosse solto, ele me disse: "Acho que não. Eu estou livre da droga, mas quem diz que se eu voltar a usar, eu não cometeria de novo?" É chocante pensar que, mesmo depois de tudo pelo que passou, e com esse exame de consciência, Leonardo tenha afirmado não ter certeza de que não voltaria a estuprar uma mulher. E, como vários outros estupradores, ele utilizava o álcool e outras drogas como subterfúgio para a possibilidade de reincidir no crime, mesmo depois de ter contado que violentou uma de suas vítimas totalmente sóbrio.

***

Como já citado nos capítulos anteriores, as drogas não têm o poder de induzir ninguém a se tornar um estuprador. No caso do álcool, ainda que haja uma diminuição do nível de consciência da pessoa, isso não chega a ser um fator determinante para que um crime sexual seja cometido. A psiquiatra Silvia Alexim Nunes explica: "O álcool solta a pessoa que já tem o instinto agressivo. A substância traz esse instinto à tona, mas não é a responsável por sua produção. É a pessoa que já carrega dentro de si esse problema mal resolvido. E o álcool pode ser também uma boa desculpa para si mesmo, né? Tem gente que, ao contrário, quando bebe, se vê em uma situação dessa, de estar sozinho com uma mulher, por exemplo, e não faz nada".

Tirando da equação, portanto, a influência do álcool e das drogas, o que leva, então, um homem a manter relações sexuais forçadas com uma mulher? Sou contra achar que estupradores são todos monstros e pronto, pois isso facilita muito o lado deles. Embora o que eles fazem seja monstruoso, estupradores são, em praticamente 100% dos casos, pessoas com total consciência de seus atos e de suas consequências, e devem ser responsabilizados por eles. Eles trabalham, têm família, circulam pela sociedade, convivem com a gente, não são doentes fora de controle. A esmagadora maioria não tem nenhum distúrbio psiquiátrico grave, como explica o psiquiatra Miguel Chalub: "Uma das consequências mais comuns das doenças psiquiátricas é uma diminuição drástica da libido. Por que um esquizofrênico não é um estuprador? Por que um maníaco não é um estuprador? Porque ele não tem libido, não tem interesse nisso. Ele está recolhido à sua própria doença, com as fantasias da sua patologia. Pode até assassinar alguém por um delírio, como em um delírio de perseguição, por exemplo, mas não há a parte da sexualidade porque uma das coisas que a doença mental faz é cortar a libido. É muito, muito raro, conhecermos um estuprador que tenha uma doença mental".

Mas e um psicopata, que, por definição, é alguém incapaz de sentir empatia por outra pessoa, que não segue regras e não sente remorso? Poderia esse ser um tipo de distúrbio comum entre estupradores? Em 2005, psiquiatras da USP foram a uma penitenciária de segurança máxima em São Paulo realizar uma pesquisa sobre a relação entre crime e psicopatia. O estudo *Distúrbios de personalidade em estupradores e assassinos de uma prisão de segurança máxima no Brasil* analisou 1.245 assassinos e 120 estupradores seguindo critérios médicos internacionais para definir a psicopatia, que levam em conta fatores como a dificuldade do indivíduo de seguir normas sociais, um alto grau de impulsividade, a incapacidade de planejar o futuro, a irritabilidade e a agressividade — apesar de os psicopatas agirem de forma comportada na maioria das vezes —, o desrespeito pela sua segurança ou pela alheia, a irresponsabilidade, a baixa tolerância à frustração, a ausência de remorso, a indiferença ao sofrimento das outras pessoas, o comportamento sexual exacerbado e sem ligação afetiva, os atos de violência contra animais domésticos e o desprezo por ambientes familiares. Esses fatores não necessariamente são demonstrados todos juntos, porém diversos deles são muito comuns em pessoas que apresentam psicopatia.

A conclusão foi que a maioria dos criminosos pesquisados tinha algum grau de psicopatia: 96% dos assassinos e 84% dos estupradores. Mas há um grande porém nessas conclusões. No universo dos 120 estupradores analisados, mais da metade (54,73%) cometeram seus crimes contra pessoas desconhecidas. Outros 35,83% até já haviam visto a vítima, mas apenas 9,42% violentaram pessoas da família ou de seu círculo social próximo. Esses dados mostram o oposto daquilo que é apresentado pelas estatísticas de estupro, que indicam que a maioria dos casos acontece dentro de casa e contra pessoas próximas dos criminosos. É algo comum não apenas nessa cadeia específica, mas em todas as outras, que a maioria dos estupradores ali encarcerados sejam de fato psicopatas, ou seja, sejam o tipo de agressor que ataca pessoas desconhecidas, às vezes de forma compulsiva, em locais públicos. É também o tipo de caso que mais costuma ser denunciado, e, por isso, gera mais presos. Quando o estupro acontece dentro da família ou do círculo social, o silêncio ainda é a regra.

A grande questão é que o psicopata fica em uma categoria entre a sanidade e a loucura. São pessoas sem nenhuma alteração em seu intelecto, e que, portanto, sabem perfeitamente o que fazem. Não são desorientadas, não sofrem alucinações nem perderam o contato com a realidade, mas têm transstornos na afetividade, no temperamento e no caráter. A lei brasileira, inclusive, tem dificuldade em decidir se os psicopatas podem ser totalmente responsabilizados por seus atos ou apenas parcialmente — o que levaria a uma redução de um a dois terços na pena. A decisão varia de juiz para juiz.

Em seu livro *Mentes perigosas*,* a psiquiatra Ana Beatriz Barbosa explica que os psicopatas estão entre nós. Eles trabalham, constituem família e, em sua maioria, não cometem crimes violentos e costumam se envolver mais em casos de corrupção e fraudes, mentindo e manipulando as pessoas para conseguir o que querem. Há, entretanto, uma minoria, que ela chama de psicopatas severos ou perigosos demais, que são aqueles com um nível tão alto de insensibilidade que podem atingir níveis de crueldade atrozes. A dra. Ana Beatriz acrescenta que, ao que tudo indica, a maior parte dos estupradores em série se enquadra nessa última categoria. Homens que cometem estupros dentro de casa também podem ser psicopatas e, geralmente, perseguem e torturam psicologicamente suas vítimas por um longo período de tempo. Estão incluídos aqui aqueles casos pavorosos de pais que trancam as filhas por anos em porões e quartos escuros e as estupram sistematicamente. Esses não têm qualquer arrependimento e provavelmente vão repetir seus atos bárbaros sempre que tiverem oportunidade.

Mas e os demais? E os estupradores "de ocasião", que se aproveitam de uma garota bêbada ou da criança desprotegida dentro de casa ou na escola, achando que ninguém vai ficar sabendo? E nos estupros coletivos, será que todos os envolvidos sofrem do mesmo mal? E os pais que abusam das filhas porque acham que é direito deles? A título de informação, a prevalência da psicopatia na população como um todo é estimada em 1% a 2% e, entre esse percentual, apenas uma minoria se enquadra no perfil de quem comete crimes bárbaros.

Um estudo realizado na Universidade de Kent, na Inglaterra, pela psicóloga e doutora em psicologia forense brasileira Arielle Sagrillo, a partir da teoria do professor Albert Bandura, chama atenção para as estratégias mentais que os criminosos usam para não se sentirem culpados pelo crime hediondo que cometeram ou estão para cometer. Segundo a dra. Arielle,

* BARBOSA, Ana Beatriz. Mentes perigosas. Rio de Janeiro: Principium, 2014.

ninguém executa um ato imoral sem antes justificar a imoralidade do ato para si mesmo. É o chamado desengajamento moral, um mecanismo de defesa utilizado por criminosos para se isentar de culpa e que abre espaço para a violência. Para isso, há alguns caminhos. O mais usado deles é quando o criminoso joga a responsabilidade nos ombros das vítimas, quando entram em cena os famosos argumentos do tipo "ela me provocou", "ela pediu", "ela que se insinuou", frases que ouvi aos montes nas conversas que tive com estupradores, inclusive quando eles se referem a crianças. Com isso, eles, mais uma vez, culpam a vítima. Agressores se justificam, ainda, afirmando que a pessoa agredida havia bebido, que não tinha se manifestado em nenhum momento para que ele parasse ou que a própria mulher o havia convidado para ir à casa dela, dando a entender, assim, que ele tinha seu consentimento. Estupradores também podem se convencer de que a vítima exagerou, que, no fundo, ela queria dizer "sim" quando disse "não", e que o que aconteceu não foi nada tão grave. Eles usam eufemismos como "flerte" no lugar de assédio, "diversão" no lugar de sexo forçado, e todos esses mecanismos ajudam o indivíduo a se justificar e a escapar da própria censura e da censura da sociedade. E a sociedade em si, por sua vez, trata de validar esses argumentos.

A outra estratégia psicológica muito comum entre os estupradores é se comparar com agressores piores. Fico pensando nos estupradores que entrevistei e, realmente, o sujeito que "encoxa" uma mulher no transporte público se acha melhor que aquele que chega a ejacular nela, que, por sua vez, se considera mais inocente que aquele que ataca uma mulher na rua com penetração. Já este se acha menos culpado que o pai que estupra a filha em casa, enquanto o pai abusador se considera menos perigoso que o estuprador que espanca ou mata a vítima. Mais ainda, todos esses criminosos se julgam pessoas decentes simplesmente pelo fato de sempre haver alguma agressão considerada mais grave do que aquela que cometeram. Nos casos de estupro coletivo, sempre o pior foi o outro: o que teve a ideia, o que participou mais, o que foi mais violento, o que filmou, e por aí vai. Aqui entra também um outro mecanismo de defesa, que é jogar a culpa no grupo. O criminoso desenvolve a convicção de que só se envolveu em um estupro porque foi induzido a isso pelas "más companhias", e esse artifício faz com que eu me recorde do abusador do metrô de São Paulo, que disse que só se esfregou na vítima porque um amigo lhe disse que era aceitável fazer isso.

Estupradores também buscam ter bom comportamento em outras esferas de suas vidas. Em geral, são o homem que leva a esposa para o trabalho todos os dias, o pai que não deixa faltar nada em casa, o universitário engajado em projetos sociais — e já vimos todos esses personagens aqui. Essa é mais uma forma de cometer um crime e, ainda assim, manter uma boa imagem de si mesmo. Afinal, esses homens pensam que, se fossem de fato criminosos, não conseguiriam ser bons profissionais, bons amigos ou bons pais. Na mente desses estupradores, o bom desempenho e o comportamento exemplar em outras áreas sustentam a ideia de que eles não estão fazendo nada de errado.

A dra. Arielle destaca como esses mecanismos dificultam o tratamento dos abusadores, já que esse tipo de terapia está longe de ser uma simples reeducação, ou seja, não adianta simplesmente ensiná-los que os atos que cometeram são errados. Eles sabem disso, têm uma noção clara do que é certo e do que é errado, mas a questão é que não se enxergam nesse lugar, e não conseguem se dar conta da gravidade e das consequências danosas e traumáticas do ato que cometeram. Eles não conseguem se ver como estupradores.

O pior é constatar que muitas vítimas também internalizam esses pensamentos distorcidos, se sentem culpadas e, às vezes, ficam até em dúvida sobre se houve ou não uma agressão, e assim se constrói uma cultura de tolerância. Não se trata de falta de autocontrole, de princípios morais duvidosos e muito menos de doença. Estupradores agem assim ao sentir que podem, por considerar que não há nada de errado em seus atos. A percepção da aceitação dos outros, da própria aceitação e de que se pode escapar da culpa com esses pensamentos encoraja os abusos.

O estudo da dra. Arielle também ouviu de vários homens brasileiros que eles não aceitam a crescente independência das mulheres e usam a violência sexual como uma forma de voltar à antiga ordem social, de fazer com que a mulher se curve às vontades do homem. Utilizam esse argumento como mais uma maneira de "explicar" o próprio crime.

\*\*\*

Vimos até aqui como o estuprador consegue organizar a própria mente para aceitar e justificar seu crime, mas ainda falta entender qual é sua motivação.

Nas dezenas de entrevistas que fiz com estupradores, fiquei me debatendo no mesmo ponto, perguntando a todos: por quê? Não encontrei ninguém que conseguisse ter o mínimo de clareza sobre as próprias motivações. A psiquiatria, entretanto, nos ajuda a entender melhor algumas questões relacionadas ao estupro. De acordo com a psiquiatra Silvia Alexim Nunes, esse é basicamente um crime de dominação. É importante separar o erotismo que há em uma relação amorosa do prazer sentido pelo estuprador, que é motivado não pelo apelo erótico, mas sim pela raiva ou pela dominação. O estuprador se excita com a violência de seus atos e com a capacidade de subjugar a vítima. É dominar o outro que produz a excitação. Em última instância, o ato acaba trazendo satisfação sexual para o criminoso, mas esse prazer é causado muito mais em função da agressividade. Na mente do estuprador, a sexualidade e a violência caminham juntas, e uma não existe sem a outra. Para cometer um estupro, é preciso mostrar um alto grau de brutalidade e também considerar a mulher como um objeto que é seu por direito, e que pode ser possuído da forma como desejar. Além disso, o estuprador quer romper a barreira da individualidade do outro. Chegar a estuprar alguém é considerar que o outro está ali para que você o domine, é ver o outro como um objeto que existe para o seu prazer. O estuprador rompe uma barreira muito fundamental.

Fico pensando nas diversas formas como as mulheres são submetidas aos homens ao longo da vida: na maior parte das vezes, recebem salários menores; suas opiniões são desqualificadas; são interrompidas ou impedidas de se expressar; sofrem preconceito; sofrem assédio; são reduzidas a objetos ou têm suas qualificações desmerecidas por causa de sua aparência (qualquer que seja ela); são os maiores alvos da violência doméstica, sem contar os números alarmantes de feminicídios em todo o mundo. Entre violências menores e maiores, o estupro faz parte do mesmo caldo de desvalorização da mulher, um triste retrato de uma sociedade que, desde os seus primórdios, trata a mulher como inferior. No estupro, também prevalece a lógica de que a vontade do homem é a única que importa. No fim das contas, motivações e distúrbios à parte, o homem estupra porque existe uma cultura que o autoriza a isso.

Há uma naturalização dessa dominação do homem sobre a mulher, que existe no mundo todo, mas é muito profundamente arraigada no Brasil. Há uma separação do que é a sexualidade masculina e a feminina, como se fosse algo natural, biológico, e não um conceito construído ao longo dos milênios, o que faz com que atitudes absurdas — como a ideia de que importunar as mulheres faz parte da sexualidade do homem —, sejam consideradas comuns em nossa sociedade.

Segundo o dr. Miguel Chalub, a insegurança sexual é outro fator que pode ajudar a explicar as motivações que levam alguém a abusar sexualmente de outra pessoa: "O estuprador quer provar a si mesmo que ele tem capacidade sexual, porque, na verdade, ele tem dúvidas sobre a sua potência. Por isso, muitas vítimas são crianças, porque elas proporcionam uma situação em que o estuprador está numa posição de superioridade, e não de igualdade. O que ele precisa é demonstrar para si mesmo que tem potência sexual, que ele é capaz. Mas se o parceiro for uma pessoa simétrica, ou seja, que está no mesmo nível, pode ser que ele apresente dificuldade para se provar nisso. Então, o estuprador se impõe pela força ou por estar com uma pessoa subordinada a ele, como acontece, por exemplo, quando um tio abusa de uma sobrinha, o professor, de uma aluna, um chefe, de uma funcionária. A subordinação facilita que o criminoso prove para si mesmo que é capaz de levar a cabo uma relação sexual, porque o objeto do sexo não consegue resistir por uma série de razões. Não é preciso que haja violência, é preciso que haja uma ideia de subordinação, de inferioridade, de que ele pode dominar a outra pessoa".

Como já vimos aqui, ao contrário do que muita gente pensa, o estuprador não está apenas em lugares ermos, escondido atrás de um matagal, pronto para atacar mulheres incautas. Isso até acontece, mas não é o comum. Na maioria dos casos, os estupros acontecem dentro de casa e os criminosos são familiares, vizinhos mais velhos que a vítima, religiosos de todas as denominações, professores, chefes. Há sempre essa relação de subordinação e dominação. Raramente vítima e estuprador estão em uma posição de igualdade de idade ou de hierarquia, seja ela qual for. E, mesmo nos parcos casos em que ambos estão no mesmo patamar, a dominação se dá por meio da violência, quando a força física é superior.

É claro que todos nós temos um certo grau de insegurança sexual. Isso faz parte da nossa natureza como seres humanos. Entretanto — e felizmente —, apenas uma minoria comete crimes sexuais. Então, como explicar por que alguns homens viram estupradores e outros não? O dr. Miguel esclarece que isso depende da formação moral da pessoa. Todos nós estamos ligados aos valores de caráter que nossos pais ou cuidadores nos transmitem nos primeiros estágios da vida, até os sete anos de idade. As raízes estão aí. Depois que passamos dessa fase, dificilmente conseguimos construir uma moral. Mas, se recebermos uma estrutura moral forte na infância, iremos mantê-la por toda a vida, e os pontos mais importantes dessa estrutura são o respeito e a empatia pelo outro.

A escritora Chimamanda Ngozi Adichie, no livro *Para educar crianças feministas*, pontua exemplos de como, no dia a dia, criamos meninos como superiores, e de como as famílias podem se policiar para não recriar nos filhos e filhas todos os estereótipos de gênero que existem na nossa sociedade. A autora reforça que é importante ensinar desde cedo, por exemplo, que todos os esportes e todos os tipos de brinquedos são para meninos e meninas e que ambos devem ajudar nos trabalhos domésticos. O homem que tem uma formação moral sólida pautada pelo respeito ao próximo e pelo respeito às mulheres como iguais poderá estar com uma mulher com roupas curtas e decotadas, ou até mesmo nua, ou bêbada, que nada acontecerá.

O instinto sexual é muito forte, mas ele não é soberano, e nossa vontade predomina sobre ele. Sendo assim, não é válida a desculpa dada por muitos estupradores de que simplesmente "não resistiram" ao ver a vítima. Apenas a visão de uma mulher não é suficiente para que um crime sexual ocorra. Instintos, todos nós temos, entretanto temos total capacidade de controlá-los. Aliás, todos nós controlamos os nossos instintos, a todo momento, em todas as áreas da vida, para conseguir viver em sociedade. Alegar que apenas o instinto sexual masculino não pode ser controlado chega a ser uma ofensa aos homens e uma desculpa das mais esfarrapadas para a violência sexual.

Desconfio muito, também, de homens que condenam o estupro alegando que têm mulher, mãe, filhas, irmãs, amigas... Todos, inclusive os homens, têm que ser contra o estupro porque ele é errado e ponto. Ou o sujeito que não tem mulheres na família não pode se indignar com a violência sexual? E mulheres que não têm família? Elas podem ser estupradas? É uma falsa moral. A empatia tem que ser pelo ser humano. Ou alguém precisa imaginar o irmão ou o filho no lugar de um homem vítima de violência para ter empatia com ele?

Explicações plausíveis à parte, é normal que nos indignemos diante de um crime tão hediondo e covarde. É comum que associemos o estupro a um nível de maldade que é difícil de ser dissociado da loucura. É uma tarefa árdua se convencer de que uma pessoa considerada normal do ponto de vista psiquiátrico seja capaz de cometer tamanha crueldade com outro ser humano.

O dr. Miguel, entretanto, adverte: "Não podemos confundir as coisas. Maldade não é loucura. Os loucos mesmo, os doentes que sofrem de distúrbios mentais, em geral não fazem maldades, ou o fazem muito eventualmente e, na maior parte das vezes, de forma inconsciente".

Em nossa conversa, insisti com o dr. Miguel, tentando entender a origem dessa maldade. Quais podem ser os motivos para que uma pessoa seja tão ruim? A resposta que ele me deu não saiu da minha cabeça desde então: "Ah, esse é um dos mistérios da alma humana. Os psiquiatras, psicólogos, antropólogos, sociólogos e filósofos estão há séculos em busca das respostas para essa pergunta. De onde vem a maldade humana? Por quê? Há momentos em que a gente não consegue explicar isso".

## Capítulo 16

## O que diz a lei

Desde que o Brasil existe, há leis contra o crime de estupro. Porém, segundo a legislação nacional, o que seria um estupro? As respostas são controversas. No século XVI, logo após o Descobrimento, quando ainda seguíamos as leis portuguesas, e depois, nos Códigos Penais Brasileiros de 1830, 1890 e 1940, o estupro era considerado um crime relativo aos costumes, ou seja, que atentava contra os valores da sociedade, e não contra a pessoa. A vítima em si era tão julgada quanto o delito.

No século XVI, uma pessoa só poderia pretender alguma punição contra o estuprador se reagisse imediatamente e saísse gritando o nome do culpado pelas ruas. Ou seja, não bastava ser vítima, era necessário reagir, e, para a lei, só havia uma única reação possível. O estupro de crianças, as ameaças com armas, a maior força física, tudo isso era solenemente ignorado — que dirá nuances como o terror psicológico e a paralisia das vítimas.

Em 1890, a pena para estupro de uma prostituta era menor que a que havia para o estupro da chamada "mulher honesta", e se o estuprador se casasse com a vítima, estava tudo certo. Caso contrário, a pena podia se restringir ao pagamento de um dote e/ou à expulsão do agressor da vizinhança da vítima. Em 1940, o Código Penal Brasileiro foi modernizado, mas ainda restringia o crime de estupro à penetração peniana forçada contra uma mulher. Ainda é esse o Código Penal que está em vigor atualmente no Brasil, mas foi diversas vezes atualizado ao longo dos anos. No caso de violência sexual, foram 69 anos até que a lei fosse revista, ampliada e o ato ganhasse o título de crime contra a liberdade sexual.

Foi em 2009 que o Brasil ganhou uma lei mais clara e mais abrangente para reger o crime de estupro. O artigo 213 do Código Penal Brasileiro define atualmente o crime de estupro como "constranger alguém, mediante violência ou grave ameaça, a ter conjunção carnal ou a praticar ou permitir que com ele se pratique outro ato libidinoso", com pena de seis a dez anos de prisão. Explicando melhor os termos utilizados no texto jurídico, "conjunção carnal" é a penetração vaginal em si, por um homem usando o pênis. Já o "ato libidinoso" engloba outros tipos de abuso, desde a penetração com objetos até o sexo anal forçado. Nada disso era enquadrado como estupro pela lei antiga, que considerava esses atos apenas como "atentado violento ao pudor", o hoje extinto artigo 214.

Havia também uma divisão por gênero. Como a lei antiga só considerava como estupro a conjunção carnal, ou seja, a penetração forçada do pênis na vagina, os homens eram os únicos agressores possíveis, e as vítimas só poderiam ser mulheres. Nem mesmo quando era uma criança, um menino não poderia ser considerado legalmente uma vítima de estupro. Hoje em dia, entretanto, com as mudanças na legislação, as mulheres também podem ser denunciadas como estupradoras e homens podem ser considerados legalmente vítimas de estupro, como vimos em diversos casos narrados nos capítulos anteriores.

Outra mudança importante na lei foi a retirada do texto da famigerada figura da "mulher honesta". Até 2005, o Código Penal Brasileiro ainda caracterizava o estupro como "ter conjunção carnal com mulher honesta". Isso significava que, se a vítima trabalhasse como prostituta ou se tivesse a reputação de ter tido vários parceiros sexuais, a pena para o agressor era menor.

Mas vamos voltar mais no tempo. Em 1830, o Brasil ganhou o primeiro Código Penal independente de Portugal, o Código Criminal do Império do Brazil (assim mesmo, com z). No trecho que versava a respeito de crimes sexuais, o estupro era previsto, e a pena era de prisão de três a doze anos e o pagamento de um dote à família da vítima. A lei não estipulava valor, nem se deveria ser pago em dinheiro ou em propriedades, mas se a vítima trabalhasse como prostituta, a pena podia ser de apenas um mês, ou, no máximo, dois anos — um terço a menos que a menor pena para o estuprador da "mulher honesta". De acordo com esse raciocínio, a punição não se restringia ao crime e ao criminoso, como deveria ser, mas tudo era relativizado pelo juízo de valor que se fazia da vítima. Enfim, nada muito diferente do que vemos hoje no tribunal informal da sociedade.

Segundo esse Código Criminal do Império, um estuprador ainda poderia se livrar da pena caso se casasse com a vítima. Ou seja, a mulher solteira violentada ainda corria o risco de ter que se casar com o criminoso se ele desejasse evitar a cadeia. A Justiça considerava o matrimônio como uma reparação, uma vez que a mulher já não era mais considerada "pura" e, de acordo com as convenções sociais do século XIX, dificilmente conseguiria se casar com outro homem. Essa aberração só saiu definitivamente do nosso Código Penal em 2005.

Já no Código Penal Brasileiro de 1890, a lei passou a deixar claro que o estuprador poderia ser enquadrado mesmo que a vítima não fosse mais virgem, com pena de um a seis anos de cadeia. Para "prostitutas ou mulheres públicas", a pena de encarceramento caía para um período de seis meses a dois anos. O termo "mulher pública" era muito comum na época em que a lei foi outorgada. Na verdade, a expressão basicamente não passa de um eufemismo para as profissionais do sexo, apenas com a diferença de abranger também as cafetinas, que não se prostituem, mas ganham dinheiro agenciando a prostituição.

Chegamos ao Código Penal de 1940, que foi totalmente reformulado e que considerava o crime de estupro como "constranger mulher à conjunção carnal, mediante violência ou grave ameaça". A pena voltou a subir para seis a dez anos de prisão, e, em alguns casos, a ação não dependia de que a vítima fosse registrar ocorrência na delegacia. Se o crime chegasse ao conhecimento das autoridades e tivesse sido cometido com violência real, ou seja, com uso da força física, ou fosse contra menores de dezoito anos, portadores de enfermidade ou doença mental, considerados sem condições de reagir ou de ter discernimento, a ação era automaticamente instaurada.

Com a última mudança na lei, em 2009, os abusos sexuais podem ser todos enquadrados como estupro. A mudança veio após anos de discussão e décadas de pressão dos movimentos feministas, e um marco nessa luta veio com a Constituição de 1988. Ao definir que homens e mulheres são iguais perante a lei, a Carta Magna chamou atenção para uma legislação antiquada, que não contemplava essa nova realidade, e abriu espaço para a discussão das mudanças necessárias. No caso específico do estupro, como vimos aqui, o crime era tratado como um delito contra os costumes, a moralidade pública e a honra conjugal, e não havia, até então, o princípio jurídico de defesa da dignidade sexual e da liberdade sexual. A partir daí, os avanços foram chegando aos poucos, e não sem muita luta das mulheres.

Em 2001, a lei passou a enquadrar o assédio sexual no trabalho como crime. Em 2005, foi eliminado do texto da legislação o conceito de "mulher honesta", e, em 2009, em uma discussão que envolveu representantes do Ministério da Justiça, da Secretaria de Direitos Humanos, do Ministério Público Federal e da Defensoria Pública da União, entre outros órgãos, foi elaborada a nova legislação. A pena se manteve entre seis e dez anos de prisão, mas a partir disso o crime de estupro passou a abranger também os casos que antes eram considerados como atentados violentos ao pudor. E havia os agravantes, com as penas subindo para um período de oito a doze anos de detenção se a vítima tivesse entre catorze e dezoito anos de idade incompletos e se o estupro resultasse em lesão corporal grave, ou seja, lesão que tornasse a pessoa incapaz de realizar suas atividades por mais de um mês, que gerasse risco de morte ou dano permanente a alguma parte do corpo ou, ainda, lesão que antecipasse o parto de uma grávida ou levasse ao aborto. Se as lesões resultassem em morte, a pena subiria para um período de doze a trinta anos.

A alteração de 2009 também trouxe mudanças importantes no capítulo que trata dos crimes sexuais contra vulneráveis. De forma impressionante, até 2009, existia o crime de sedução, descrito como "seduzir mulher virgem, menor de dezoito anos e maior de catorze, e ter com ela conjunção carnal aproveitando-se de sua inexperiência ou justificável confiança". A pena era de dois a quatro anos de prisão. Já o crime de corrupção de menores consistia em "corromper ou facilitar a corrupção de pessoa maior de catorze anos e menor de dezoito, com ela praticando ato de libidinagem ou induzindo-a a praticá-lo ou presenciá-lo". A pena era de um a quatro anos de encarceramento.

Até então, os crimes sexuais contra menores de catorze anos não tinham uma legislação própria e eram enquadrados na lei de estupro em geral, que definia o delito simplesmente como "conjunção carnal mediante violência ou grave ameaça". Ou seja, apenas meninas poderiam ser vítimas e só se houvesse violência ou ameaça grave. Os casos contra meninos com menos de catorze anos vítimas de violência sexual eram enquadrados como atentado violento ao pudor. Nos dois casos, a punição previa apenas um leve acréscimo de dois anos na pena máxima quando a vítima fosse menor de catorze anos. Só em 2009, o Código Penal mudou essa lógica e passou a enquadrar os crimes contra adolescentes entre catorze e dezoito anos na lei geral de estupro, no artigo 213, sendo que, quando a vítima tem essa idade, isso é considerado um agravante, elevando a pena de oito para doze anos de prisão.

Além disso, o artigo 217-A, sobre estupro de vulnerável, mudou seu texto para "ter conjunção carnal ou praticar outro ato libidinoso com menor de catorze anos", mesmo que não haja violência ou grave ameaça. A pena subiu para no mínimo oito anos de cadeia, podendo chegar a quinze. Se resultar em lesão corporal grave, a pena é de dez a vinte anos, e, em caso de morte, de doze a trinta anos de prisão. A lei passou a punir também, com pena de dois a quatro anos de cadeia, quem fizer a criança presenciar qualquer ato libidinoso, mesmo sem encostar um dedo na vítima.

O estupro de vulnerável se aplica, além disso, aos casos em que a vítima, "por enfermidade ou deficiência mental, não tem o necessário discernimento para a prática do ato, ou que, por qualquer outra causa, não pode oferecer resistência". Aqui, quando se diz "qualquer outra causa", abre-se a brecha para os casos em que a pessoa está impossibilitada de reagir por estar sob efeito de álcool ou drogas. Portanto, embora esse tipo de vulnerabilidade da vítima não esteja explícito na lei, aproveitar que uma mulher está bêbada para forçar sexo com ela pode ser visto, sim, como estupro de vulnerável, desde que o estado de alcoolemia a tenha tornado incapaz de oferecer resistência. Ainda não há um consenso quanto a isso, e a decisão fica a cargo do juiz, mas é uma possibilidade real. A Justiça analisa caso a caso, e, se o juiz concluir que a embriaguez tornou a vítima incapaz de oferecer resistência, o caso vira estupro de vulnerável.

Em 2018, foram acrescentados mais alguns itens ao capítulo que trata dos crimes sexuais. Muitos agentes da lei (delegados, juízes e promotores) começaram a achar exagerada a aplicação da pena de estupro para casos como os de homens que se esfregam em mulheres no transporte público. Além disso, a lei enquadra como estupro os casos ocorridos "mediante violência ou grave ameaça", o que geralmente não acontece em ônibus e vagões de metrô, criando, assim, uma dificuldade para a aplicação da punição. Muitos desses episódios, por isso, acabavam sendo enquadrados como uma contravenção penal, que prevê apenas pagamento de multa e prisão simples, que é aquela em regime aberto ou semiaberto, sem que o réu vá para um presídio em regime integral. Por isso, foi criada a Lei da Importunação Sexual, artigo 215-A, que costuma enquadrar agressões sexuais menos graves, cujos crimes são descritos como "praticar contra alguém e sem a sua anuência ato libidinoso com o objetivo de satisfazer a própria lascívia ou de terceiro", e a pena para isso é de um a cinco anos de prisão. Entram nessa categoria os abusos no transporte público e o exibicionismo sexual.

Também em 2018 foram estabelecidas mais possibilidades de aumento de pena para os casos de estupro. Se a violência sexual for praticada por quem tem ou tenha mantido relação íntima de afeto com a vítima ou com o fim de vingança ou humilhação, a pena pode ser aumentada em um a dois terços. Se o agressor for pai ou mãe, padrasto, madrasta, tio, irmão, cônjuge, companheiro, empregador ou qualquer pessoa que tenha alguma autoridade sobre a vítima, é acrescentada metade da pena definida inicialmente, ou seja, se for de dez anos, passará para quinze, por exemplo. A pena também sobe de metade a dois terços se a vítima engravidar, e de um a dois terços se ela for contaminada com uma infecção sexualmente transmissível ou for idosa ou portadora de deficiência. A lei também passou a punir com mais um a dois terços da pena os casos de estupro coletivo, que antes não eram contemplados por um artigo específico. Portanto, agora, se o estupro for praticado por dois criminosos ou mais, a punição passa a ser mais severa.

Outro acréscimo importante feito em 2018 foi a criação de um capítulo que trata do registro não autorizado da intimidade sexual. O artigo 216-B define o crime de "produzir, fotografar, filmar ou registrar, por qualquer meio, conteúdo com cena de nudez ou ato sexual ou libidinoso, de caráter íntimo e privado, sem autorização dos participantes". A pena é de seis meses a um ano de encarceramento, mais o pagamento de uma multa cujo valor é definido pelo juiz. Diz ainda que "na mesma pena incorre quem realiza montagem em fotografia, vídeo, áudio ou qualquer outro registro com o fim de incluir a pessoa em cena de nudez ou ato sexual ou libidinoso de caráter íntimo". Também em 2018, a lei de crimes sexuais contra vulneráveis ganhou um artigo que pune com pena de um a cinco anos de prisão a produção ou troca de imagens de sexo, nudez ou pornografia que envolva vulneráveis, mesmo que haja consentimento da vítima. Foi incluído, ainda, um parágrafo que deixa claro que as penas de estupro se aplicam independentemente do consentimento da vítima ou de ela ter mantido relações sexuais anteriores com o culpado.

Sobre a demora de muitas vítimas em registrar a ocorrência, os crimes no Brasil que têm penas maiores de doze anos prescrevem, em geral, em vinte anos. Para aqueles que preveem pena entre oito e doze anos, são dezesseis anos para prescrever. Mas há uma lei específica que diz que, nos crimes contra a dignidade sexual de crianças e adolescentes, o prazo de prescrição passa a ser contado a partir da data em que a vítima completar dezoito anos, se nenhum processo tiver sido instaurado até então. E está ainda em discussão no Congresso uma lei que quer tornar imprescritível o crime de estupro, levando em consideração as mil barreiras psicológicas e familiares, o medo, a insegurança e a vergonha que se colocam entre a vítima e sua busca por justiça.

Não deveria ser preciso dizer, mas não há na lei nenhum atenuante para o crime baseado no comportamento da mulher, no que diz respeito a que roupa ela estava vestindo ou a que horas da noite ela estava sozinha na rua. Nada disso é — ou deveria ser — levado em consideração.

O crime de estupro e o de estupro de vulnerável também figuram na lista de crimes hediondos pela lei brasileira. Mesmo com a maior abrangência da definição de estupro, manteve-se o entendimento de que esse é um tipo de delito inafiançável, e a progressão de regime só acontece depois do cumprimento de 40% da pena para réus primários e de 60% para reincidentes, regras de execuções penais mais severas que as previstas para os crimes em geral. A lei estabelece, por exemplo, que réus primários que tenham cometido crimes sem violência podem ir para um regime menos rigoroso após o cumprimento de apenas 16% da pena. Mesmo presos reincidentes em crimes não hediondos, mas cometidos com violência ou grave ameaça, já podem tentar a progressão de regime a partir do cumprimento de 30% da pena. Em todos os casos, a progressão do regime não é automática, depende da avaliação do juiz sobre o comportamento do preso na cadeia e do risco que ele pode trazer se voltar a circular na sociedade.

Há muita evolução no papel, mas muito a caminhar ainda na prática, em especial no que diz respeito às notificações. Em 2017, foram registrados 60.018 estupros no Brasil, ou seja, 164 por dia, ou um a cada dez minutos. É um número absurdamente alto e ainda está longe da dimensão real do problema. Entre o medo, a vergonha e a falta de confiança em uma punição, a esmagadora maioria das mulheres não denuncia o que sofreu, como já dito anteriormente. A estimativa é de que, no Brasil, apenas 10% dos casos cheguem até a polícia, e, ao ir até a delegacia, o atendimento quase sempre constrange a vítima. Há de tudo: deboche, pouco caso, policiais que tentam sugestionar que a mulher pode estar mentindo ou que ela favoreceu o próprio estupro, insinuando-se para o criminoso.

Nas delegacias da mulher, o atendimento costuma ser mais acolhedor. A norma técnica editada pelo governo federal para padronizar as Delegacias Especiais de Atendimento à Mulher (Deams) pelo país prevê acolhimento da vítima, escuta ativa, a ser feita de preferência por delegadas, e profissionais qualificados com compreensão do fenômeno da violência de gênero. A norma ainda diz que as delegacias devem ter instalações amplas e bem sinalizadas, com espaços separados para receber vítimas e agressores, cartório, área para advogados, outra para o trabalho de investigação dos policiais e uma sala para reconhecimentos com espelho que permita à pessoa ver os suspeitos sem ser vista por eles. O documento sugere, ainda, que cidades com até 300 mil habitantes tenham duas Deams, cada uma com 21 agentes além da(o) delegada(o), mas essa é uma realidade para poucas brasileiras.

A Pesquisa de Informações Básicas Municipais e Estaduais (Munic), feita pelo IBGE, mostra que, em 2018, 33 anos após a instalação da primeira Delegacia da Mulher, em São Paulo, apenas 8,3% dos municípios brasileiros tinham uma Deam. E, mesmo entre esse grupo, há vários lugares onde a delegacia, longe de ter as instalações ideais, é apenas uma salinha dentro de outra delegacia comum. São poucos os lugares onde a polícia tem o mínimo de estrutura para prestar o atendimento adequado, que, quando existe, faz toda a diferença para quem sofreu violência.

Outra questão é que muitos policiais têm resistência em registrar como estupro as denúncias de abuso que não incluam penetração vaginal. Dez anos após a mudança da lei, eu, como jornalista, ainda vejo casos com repercussão na imprensa serem registrados como "atentado violento ao pudor", crime que, como já foi mencionado, nem existe mais. São casos que, quando chegam à Justiça, são redefinidos como estupro. A questão é que, como veremos a seguir, eles nem sempre chegam aos tribunais, ficando retidos em vários possíveis gargalos.

Como ocorre com quase todos os crimes cometidos no Brasil, a investigação dos casos de estupro é precária. Na teoria, os boletins de ocorrência deveriam se transformar em inquéritos, com a abertura de investigação policial para colher provas, atestar se houve de fato um crime e chegar ao possível autor. Muitas vezes, isso nem sequer acontece, e o registro acaba engavetado nas delegacias. Quando é feita a investigação e a polícia acredita ter provas da prática do crime e do autor, o inquérito, então, segue para o Ministério Público, a quem cabe avaliar as provas e decidir se há ali material suficiente para iniciar um processo. Porém, a maioria dos inquéritos que chegam ao MP, já é arquivada logo na primeira etapa.

Um levantamento realizado pelo Instituto Sou da Paz, ONG que realiza pesquisas independentes sobre segurança pública e justiça criminal, mostrou que, de 2009 a 2016, dois terços das ocorrências de homicídios em São Paulo não foram investigadas. E isso no estado mais rico do Brasil e em casos de homicídio, um crime de morte que, salvo quando o corpo não é encontrado ou quando há suspeita de suicídio, não deixa espaço para dúvidas sobre se foi cometido ou não. Imagine, então, o descaso em relação aos estupros, crimes cometidos, na maioria das vezes, sem testemunhas, nos quais a apresentação de provas físicas nem sempre é possível e que acontecem frequentemente dentro da própria casa da vítima e contra crianças.

O processo pode se afunilar ainda mais. Recapitulando: da minoria que chega às delegacias, tiramos outra minoria que resulta em inquérito, que são aqueles concluídos com provas que a polícia ache fortes o suficiente para ir para o Ministério Público. Então, se o MP acatar como aceitáveis, oferece a denúncia contra o acusado. Aí chegamos à peneira final, na qual os casos vão para a decisão do juiz, para o julgamento propriamente dito, que é sempre uma incógnita em qualquer caso, e ainda mais em se tratando de estupro, por ser um crime com poucas provas ou nenhuma.

Mesmo quando há um empenho na investigação, é difícil achar evidências. Os médicos legistas até conseguem encontrar escoriações perto dos genitais que apontam para a violência sexual, mas, como a maioria das vítimas demora a procurar atendimento, essas marcas podem desaparecer e os exames ficam prejudicados. Podem ser encontrados também sinais de luta pelo corpo, mas aí, além da demora, que apaga os ferimentos ou escoriações, há vítimas que simplesmente congelam de pavor no momento e não conseguem reagir, o que faz com que nem sempre haja feridas ou hematomas.

De acordo com a lei brasileira, o depoimento de qualquer pessoa, a respeito de qualquer tipo de crime, tem peso de prova. No caso de crimes sexuais, essa é basicamente a única evidência disponível e os juízes costumam levar o depoimento das vítimas ainda mais em conta do que em outros tipos de crime. Fica, de qualquer forma, a palavra da vítima contra a do agressor. Não há nenhuma estatística minimamente confiável sobre comunicação falsa desse tipo de delito. Para crimes em geral, as estimativas são de 2% nos Estados Unidos e de 5% a 8% na Europa, mas, mesmo assim, os números são muito vagos, até porque, dependendo do método utilizado, denúncias não comprovadas são contabilizadas como falsas. Nesses casos, não significa necessariamente má-fé de quem denunciou, apenas falta de consistência. Imagina-se que para o estupro não seja diferente, e o índice de falsas comunicações seja também pequeno. Ainda assim, o primeiro pensamento diante de uma denúncia dessa natureza é de que a mulher pode estar mentindo. É uma desconfiança machista, quase uma fantasia, de que ela está denunciando um falso estupro apenas para prejudicar o homem.

No caso específico do registro, esse é um processo doloroso e de resultado incerto, vide as dificuldades para provar o crime. Chega a ser ridículo pensar na proporção de homens que possam ter tido suas vidas arruinadas por uma denúncia falsa em comparação com a multidão de mulheres que sofrem as consequências reais, físicas, sociais e emocionais provocadas pela violência sexual. Ainda assim, quando uma mulher chega a registrar ocorrência, é comum ouvir na delegacia a intimidação disfarçada de alerta: "Mas você tem certeza? Sabe que isso pode acabar com a vida do suspeito, não é?", como se a vida dela não importasse. É claro que há as falsas comunicações de crime, mas representam um índice insignificante, e a desconfiança diante de denúncias de estupro é desproporcional. E injusta, até pelo calvário a que uma mulher se submete quando tem forças suficientes para denunciar.

As pessoas que buscam a lei passam por uma prova de resistência na qual se sentem humilhadas, obrigadas a repetir o triste relato em muitas instâncias, e ainda podem sair, no fim, sem nenhuma resposta ao crime do qual foram vítimas. Não há estimativa de quantas denúncias de estupro resultam em punição dos culpados, mas, após todos esses filtros, não é difícil concluir que a condenação de estupradores chega a um universo ínfimo.

Outro caminho para as vítimas é buscar apenas o atendimento de saúde. Por lei, mesmo sem boletim de ocorrência, basta chegar a uma unidade de saúde e informar que sofreu estupro para receber a medicação e o acompanhamento necessários. O hospital só é obrigado a avisar à polícia ou ao Ministério Público quando a vítima é menor de idade. Nos demais casos, até por ética médica, a comunicação não pode ser feita sem autorização do paciente.

O Ministério da Saúde estabelece um protocolo com fornecimento de pílula do dia seguinte para evitar uma gravidez, coquetel anti-HIV e uma injeção de antibióticos contra outras infecções sexualmente transmissíveis, como sífilis, gonorreia e clamídia. Também pode ser administrada vacina contra hepatite B se a pessoa não for vacinada ou caso não se lembre se já foi imunizada. Depois disso, é recomendado o encaminhamento para atendimento psicológico.

Mesmo quando tudo funciona, é um processo longo e que nem sempre resolve os problemas relacionados ao trauma pelo qual a vítima passou. O ideal é que a pílula do dia seguinte, por exemplo, seja administrada em até doze horas após o ato sexual. Quanto maior a demora, menor a eficácia, e depois de um prazo de 72 horas, é uma loteria. Se a vítima demorar mais de três dias para procurar atendimento, o risco de gravidez é maior. O coquetel anti-HIV também precisa ser iniciado em 72 horas, e depois são ainda mais 28 dias de medicação, que pode ser tomada em casa. Se for necessária a vacina contra a hepatite B, são necessárias mais duas doses em um prazo de seis meses.

Esse é o atendimento padrão estabelecido para todas as unidades de saúde, mas que, na prática, só funciona em alguns hospitais de referência nas principais capitais. Neles, os médicos podem, inclusive, colher material e depoimentos e, se for a vontade da paciente, já encaminhar a denúncia para a polícia. É a chance de um primeiro atendimento mais acolhedor, decisivo até para que a mulher opte por seguir com um processo criminal. Mas, pelo país afora, o que se vê são unidades sem a medicação necessária, profissionais falhos e desinformados, que não sabem como agir ou orientar, e a inexistência de acompanhamento psicológico.

A juíza Tereza Cabral, que atua na área criminal, especificamente nos casos de violência contra a mulher, lembrou-se de ter ouvido o depoimento de uma jovem que foi brutalmente estuprada, chegou a um hospital em São Paulo muito machucada e o médico simplesmente não queria examiná-la. A mãe da menina, já dilacerada pela situação, teve que insistir para que ele verificasse a vagina da filha, para constatar se havia sinais físicos ou lesões, já que tinha sido uma situação de muita violência. A mãe também teve que insistir muito para que ele lhe desse a medicação necessária. O médico não queria dar as pílulas e injeções porque, de início, a mãe não queria fazer o boletim de ocorrência. Ou seja, para pressionar a mãe a fazer o registro, o médico estava se negando a cumprir seu dever, e a última coisa que uma família precisa em uma situação dessas é sofrer mais pressão. Ainda que seja com a melhor das intenções, é preciso ter mais sensibilidade e cuidado na abordagem. Tereza completou dizendo que os profissionais de saúde precisam de treinamento adequado para cuidar desse tipo de ocorrência, precisam de mais conhecimento técnico, aprender mais sobre estresse pós-traumático e como acolher essas vítimas. Às vezes, a pessoa não consegue contar o que sofreu em ordem cronológica, quer esquecer, o medo também pode afetar a memória. Há quem congele durante o abuso, fique sem reação, e isso não é consentimento! São muitos os fatores que precisam ser conhecidos e avaliados.

Como já mencionado nos capítulos anteriores, a lei também autoriza o aborto para a mulher que engravidar em decorrência de violência sexual, mesmo que não haja registro policial. Mais uma vez, caímos aqui na ciranda de desinformação dos profissionais, na falta de recursos e até em convicções pessoais que acabam interferindo no direito das vítimas. Não são raros os médicos que se recusam a fazer um aborto porque são pessoalmente contra o procedimento, mesmo no caso de uma vítima de estupro e com uma garantia legal.

Hospitais, delegacias e tribunais deveriam ser o ponto onde a violência é interrompida, mas nossa sociedade é machista, e isso inclui muitos médicos, enfermeiros, policiais, promotores e juízes com os quais uma mulher que sofre um abuso precisa lidar. Tereza lembra que não existe uma formação específica em Direitos Humanos na maioria das faculdades de Direito, pois essa é uma área de estudos ainda muito restrita. Há universidades que de fato realizam um trabalho pioneiro nesse campo, que têm se preocupado com a formação, mas, infelizmente, ainda são exceções. Ainda que exista todo um movimento nesse sentido, ele não chega a ser forte. Os formandos de Direito que prestam concurso para a magistratura já chegam com essa falha no currículo.

"Sociedade machista" é um termo que anda desgastado. Penso que há um lado positivo nisso, sinal de que o debate já veio à tona com força, mas é péssimo quando vira um clichê, porque assim perde significado e a capacidade de provocar indignação e questionamentos na população. Talvez seja preciso repensar ou encontrar outro termo que defina a evidente dominação masculina e a inaceitável submissão das mulheres, um termo que condene a desigualdade, o preconceito, a diminuição de alguém apenas por ser mulher, o que estimula não só o estupro, mas também os relacionamentos abusivos, a desigualdade salarial, a sobrecarga nas tarefas do cotidiano, a exploração psicológica, a violência doméstica, o feminicídio. E que esses sejam temas caros a todos nós e em benefício de todos nós, homens e mulheres. Lembro aqui um trecho das muitas conversas que tive com a diretora do Fórum Brasileiro de Segurança Pública, Samira Bueno, que me disse:

*Falar de gênero, falar de feminismo, virou um palavrão no Brasil, e isso tem impedido ainda mais que a gente construa essas pontes entre homens e mulheres. Mas se os homens não se mobilizarem também, dificilmente vamos mudar essa cultura do estupro, porque isso passa por mudança de cultura, de padrões de comportamento. Até hoje, existem cidadezinhas no norte do país em que a primeira relação sexual da filha é com o pai, porque é ele que "inaugura" a menina. Para eles, isso não é violência. E, pela minha experiência, não adianta em geral quando é uma mulher que diz que aquilo é violência. Quando é um homem dizendo, funciona melhor. Então, é um trabalho enorme que tem que ser feito por homens e mulheres, porque a gente tem que trabalhar com as vítimas, mas também com os autores da violência, e com uma formação educacional das nossas crianças, especialmente na primeira infância. Por exemplo, quando a gente vê casos como o estupro coletivo daquela garota no Rio de Janeiro, com adolescentes envolvidos, será que nenhum desses estupradores, naquele momento, pensou que aquilo que eles estavam fazendo era errado?*

É possível dizer que a certeza da punição desestimula a prática de crimes, mas, no caso do estupro, apenas a aplicação da lei não resolve. Mais eficiente que punir é criar uma mentalidade na sociedade, uma cultura, em que esse tipo de crime não aconteça. Os potenciais agressores precisam saber, e sentir, que naquele transporte público, que naquela universidade, que naquela família, que naquela comunidade, o abuso sexual não é tolerado.

# Palavras finais

Obrigada a você que chegou até aqui. Sei que não foi fácil. As histórias aqui narradas são de deixar qualquer um passando mal, casos que fazem chorar, perder a esperança na humanidade e se revoltar, reações que eu também tive ao longo de todo o processo de quase quatro anos, desde as primeiras ideias até a conclusão deste livro.

Lembro meu primeiro dia entrevistando vítimas de estupro. Foi no Recife, na ONG Casa de Betânia, que faz um trabalho incrível de acolhimento a quem sofreu violência sexual. Por causa do meu trabalho na TV, as viagens para pesquisa e entrevista eram realizadas nos fins de semana e feriados, o que significava ter que aproveitar ao máximo o tempo e realizar várias conversas seguidas. Cheguei ao Recife em uma sexta-feira e conversei das três horas da tarde até a noite com mulheres que foram estupradas. Cada história que eu ouvia era mais sofrida que a outra. Fui para o hotel lá pelas dez da noite e só conseguia chorar. No sábado, mais um dia inteiro de entrevistas, e ainda conheci algumas crianças atendidas pela ONG, meninas com a mesma idade da minha filha, que já enfrentavam os desafios enormes da pobreza e da desestrutura familiar e ainda tinham que lidar com as sequelas da violência sexual. Que difícil, que injusto.

No domingo, ao chegar em casa, eu só queria ficar abraçada à minha menina, em um misto de alívio e preocupação. Alívio por até então ter conseguido protegê-la de tanta maldade, e preocupação com o futuro dela neste mundo de tanta violência em que vivemos. Aliás, o que me confortava nas conversas com as vítimas era o abraço que nos dávamos sempre ao fim dos encontros. Muitas estavam contando pela primeira vez o que haviam vivido. Ao fim, sempre saíam mais leves, acho que por terem sido ouvidas e acolhidas, sem julgamento, reconhecidas como vítimas que são. Eu também ficava feliz ao perceber que algumas começavam a falar com muita tristeza, mas, ao terminarem o relato, já mencionavam lembranças alegres, os filhos e planos para o futuro. Parecia que, conforme me contavam os traumas pelos quais tinham passado, iam largando — ou dividindo — boa parte do peso que vinham carregando até aquele momento.

Ao longo da minha vida como jornalista, me acostumei a ouvir histórias, algumas muito tristes, mas confesso que sempre pensei mais na importância da informação ali contida e não tinha refletido muito sobre o efeito que isso causa em quem está sendo entrevistado. A experiência do livro me mostrou como ouvir, enxergar e sentir as pessoas pode ser transformador. Para os dois lados.

Ouvir as vítimas também reforçou para mim a importância deste trabalho. Muitas delas contam como foram julgadas, vistas com desconfiança e consideradas culpadas pelo estupro que sofreram. É inacreditável que, nos dias de hoje, ainda seja preciso frisar que a vítima nunca é culpada, que não importa o que ela estava vestindo, se bebeu, a que horas estava na rua. O estuprador não ataca por causa disso, inclusive porque há crianças ou idosas que são atacadas, crimes que acontecem em plena luz do dia e dentro de casa. O comportamento do criminoso não é responsabilidade da vítima.

Entrevistar estupradores foi a parte mais difícil. Agentes penitenciários e socioeducativos e os diretores dos presídios foram todos muito solícitos e me deixaram à vontade o máximo que podiam. Mas convenhamos que esses ambientes não são exatamente acolhedores, o que me levava a cada dia, durante esse trabalho, a questionar o que eu estava fazendo ali. A cada conversa com um estuprador que admitia seus crimes, eu sentia um aperto na garganta e uma mistura de raiva e medo, e saía derrotada, sem esperança na humanidade.

Em um desses dias, no Piauí, ao falar com o mentor do estupro coletivo contra uma mulher grávida, um menor de idade que ainda degolou o marido da vítima, saí sem palavras. Literalmente. O pesquisador deste livro, Marcos di Genova, e eu nos sentamos em um restaurante e lá ficamos mudos, olhando para o nada, por um enorme período de tempo. Levou um grande intervalo para sairmos do transe, como já contei. Naquele dia, pedi para remarcarmos para mais tarde a outra entrevista que estava agendada, porque precisei antes ir para o hotel e dormir. Ficar cara a cara com tanta crueldade cansa demais, inclusive fisicamente.

Ao reler as entrevistas de vítimas e criminosos, até hoje, mesmo depois de todo o tempo decorrido, a sensação de revolta e indignação ainda é a mesma, mas essas histórias não estão aqui simplesmente para chocar. Estão para nos fazer pensar. O que todos nós, homens e mulheres, podemos fazer para que coisas assim não aconteçam mais?

O termo cultura do estupro começou a ser usado nos anos 1970 e define um conjunto de comportamentos e ideias que desvalorizam a mulher e, em última instância, levam a sociedade a naturalizar a violência sexual. Começa quando ensinamos às crianças que os meninos precisam ser fortes, até mesmo agressivos, enquanto as meninas precisam ser delicadas. Toda atitude considerada como fraqueza é chamada de "coisa de mulherzinha", e o feminino vira ofensa.

Meninos e meninas crescem achando que homens são superiores, inclusive por serem mais fortes fisicamente, e essa ideia equivocada vai se estendendo pela vida afora. O desrespeito está no dia a dia de todas nós, e se traduz em piadas machistas, salários menores, "mãos-bobas" no metrô, e meninas agarradas à força nas boates ou dentro de casa. É essa ideia de que a mulher é inferior e pode ser tratada como objeto que está por trás dos crimes contra a mulher, principalmente o abuso, e isso mostra que o combate à violência sexual é um trabalho para todos nós — mulheres e homens. Esse conceito de superioridade e a desqualificação do outro, que passa a ser visto como objeto, também constroem pensamentos que levam ao estupro de crianças.

Homens e mulheres também precisam se questionar até abandonar por completo os mitos em torno da violência sexual. O hoje consagrado estudo "Teoria de mitos de estupro", de autoria da pesquisadora norte-americana Martha Burt, foi divulgado pela primeira vez em 1980 e continua tristemente atual. Esses mitos são um conjunto de crenças equivocadas que buscam culpar a vítima, absolver o agressor e minimizar ou justificar o ataque. Entram aqui as ideias de que a vítima pediu por aquilo, quando, por exemplo, bebeu ou usou roupas curtas; de que, se não houve violência extrema, não foi estupro; de que a mulher, no fundo, queria, ou de que o homem foi possuído por um desejo incontrolável. Os estupradores — e muitos homens que jamais cometeram esse tipo de crime — se agarram a esses mitos para justificar seus próprios atos ou os dos outros. Muitos, por exemplo, ainda não têm clareza sobre a ideia de consentimento, desconhecem que "não é não" e que o "não" tem que ser respeitado a qualquer momento, em qualquer condição, mesmo que alguma intimidade consensual já tenha começado. As mulheres, por sua vez, se apegam aos mitos do estupro para negar a própria vulnerabilidade. Se uma mulher acredita que a conduta da vítima pode induzir a um estupro, bastaria cuidar do próprio comportamento para reduzir as chances de ser violentada. É esse pensamento que leva muitas mulheres a culparem as vítimas, até como uma forma de dizer: "Comigo não vai acontecer porque eu me cuido". Sabemos que não é assim.

Em meio a esse cenário desolador, vejo, também, alguns sinais positivos de mudança. É ótimo o Brasil ter hoje uma legislação muito mais abrangente para crimes sexuais. Leis não resolvem tudo; na verdade, em grande parte dos casos que envolvem abuso sexual, solucionam bem pouco, mas nos dão um norte, funcionam como um guia sobre o que é certo e errado e servem de ferramenta para aqueles que querem e têm a oportunidade de punir a prática dos crimes.

As mulheres estão denunciando mais, e isso também não resolve o problema em sua totalidade, mas ajuda a trazer o assunto para a discussão, além de confortar muitas vítimas por saberem que não estão sozinhas. Vale, aqui, abrir um parêntese para lembrar que a decisão de vir a público fazer uma denúncia é extremamente pessoal. É fundamental que uma mulher encontre apoio para delatar um crime como esse, mas ela nunca pode ser obrigada a fazer isso. Uma vítima de estupro já é alguém que foi forçado a coisas demais.

Mudar toda uma cultura tão arraigada é difícil, mas todos nós podemos começar a fazer a nossa parte tendo simplesmente mais empatia. Um passo importante é que aprendamos a acolher melhor quem sofreu abuso sexual. Ao longo deste livro, foi mencionado, em diversas ocasiões, todo o sofrimento causado pelas instituições a essas mulheres — da polícia, quando tenta culpar quem foi estuprada, da Justiça, quando desacredita o depoimento da vítima, de parte da sociedade, que acha que "ela pediu". E todas essas instituições são feitas de pessoas.

Homens e mulheres sensíveis ao sofrimento alheio podem fazer muito, e podem fazer em qualquer área em que estejam. Vimos muitos desses heróis do dia a dia aqui: a freira que se arrisca no combate à exploração sexual de crianças, a delegada que entra em favelas para prender estupradores, os médicos que cumprem seu papel e atendem com respeito as vítimas de estupro apesar de todas as dificuldades, os artistas que emprestam sua imagem para estimular o debate, os familiares e amigos que estão perto para apoiar.

E, para você, que sofreu algum tipo de violência sexual, só queria dizer que desejo muito que consiga encontrar paz. O que mais me angustiou ao escrever este livro foi ver como esse tipo de sofrimento pode se arrastar por anos e influenciar os relacionamentos e a saúde física e, principalmente, a mental, de quem passou por isso. O estupro define a vida de muitas mulheres, mesmo entre as que superaram a violência pela qual passaram. Afinal, o trauma pode ser superado, mas não apagado, e é difícil saber como teria sido a existência sem isso.

Mas não se deixe definir pelo que você não tem culpa. A vida de todos nós é moldada pelo pacote das nossas experiências, e a pior de todas elas não deve nunca ser a mais importante.

# Onde posso encontrar ajuda?

Como vimos ao longo deste livro, a rede de apoio às vítimas de violência sexual apresenta muitas falhas. Entretanto, o poder público tem a obrigação de prestar essa assistência e deve ser cobrado. É possível também recorrer a ONGs espalhadas pelo país que fazem atendimento, encaminhamento e acompanhamento a essas vítimas.

Comecemos pelos canais oficiais:

– **Ligue 180**, a Central de Atendimento à Mulher, mantida pelo governo federal: de qualquer parte do país, basta discar gratuitamente 180 e fazer sua denúncia, que pode ser anônima. As atendentes dão orientações e encaminham para atendimento médico e/ou policial, de acordo com a vontade da vítima. Funciona todos os dias, 24 horas.

– **Disque 100:** também mantido pelo governo federal e igualmente gratuito, recebe um leque mais amplo de denúncias de violação dos direitos humanos em geral, e pode ser acionado especialmente para casos de violência sexual contra crianças, idosos e população LGBTQI+. Como o serviço anterior, basta discar 100 de qualquer parte do país e não é preciso se identificar. Disponível também no aplicativo Direitos Humanos Brasil, para iOS ou Android, que pode ser baixado de graça, e, ainda, pelos sites https://ouvidoria.mdh.gov.br/portal/servicos e www.humanizaredes.gov.br/ouvidoria-online.

– **Casa da Mulher Brasileira:** mantida pelo governo federal em seis capitais e no Distrito Federal, presta um atendimento integrado, que tem, no mesmo lugar, os serviços de acolhimento, apoio psicológico e social, delegacia, promotoria, defensoria e juizado especializados em atendimento à mulher, e, quando for o caso, oferece ajuda para promover a autonomia econômica da vítima e auxilia nos cuidados com os filhos. Atende mulheres a partir de dezoito anos que sofreram todo tipo de violência de gênero e meninas a partir de doze anos vítimas de violência nas relações íntimas de afeto, além de pessoas que assumam a identidade de gênero feminina. A unidade-modelo fica em Campo Grande – MS. As outras estão em Curitiba – PR, São Luís – MA, São Paulo – SP, Fortaleza – CE, Boa Vista – RR e em Brasília – DF.

– **Polícia Militar:** é o órgão mais indicado para ser acionado em casos de emergência que exijam um atendimento imediato — por exemplo, se você acabou de sofrer uma violência sexual ou se está presenciando algum crime. A polícia pode ser chamada pelo número gratuito 190 em todo o Brasil.

– **Polícia Civil:** as Delegacias Especializadas em Atendimento à Mulher (Deams) são as ideais para receber as denúncias, mas não estão presentes por todo o país. Se não houver uma em sua cidade, qualquer delegacia comum pode ser procurada e tem a obrigação de prestar atendimento. A Polícia Civil também pode ser acionada pelo telefone 197 em todo o país. Diferente da Polícia Militar, que é o órgão mais indicado a acionar no momento em que um crime é cometido, a Polícia Civil cuida da investigação dos casos, ouve depoimentos e recolhe provas.

– **Polícia Rodoviária Federal:** por meio do telefone gratuito 191, recebe denúncias de violência e exploração sexual nas estradas.

– **Ministério Público:** é órgão que fiscaliza o cumprimento das leis e pode receber diretamente as denúncias de violência sexual, assim como a polícia. Para encontrar o MP do seu estado, basta digitar no navegador da internet as letras "mp" acompanhadas da sigla do seu estado e a terminação "mp.br". Por exemplo: a página do MP do Rio de Janeiro está disponível em mprj.mp.br; a do Rio Grande do Sul, em mprs.mp.br; a do Mato Grosso, em mpmt.mp.br, e assim por diante. Alguns Ministérios Públicos têm promotorias especializadas no atendimento à mulher. O MP recebe, ainda, denúncias de mau atendimento nos demais serviços públicos.

**– Centros Especializados de Atendimento à Mulher (CEAMS) e Centros de Referência de Assistência Social (CREAS):** ambos prestam atendimento psicológico e de assistência social às vítimas de violência sexual. O site mds.gov.br lista todas as unidades disponíveis no território nacional.

**– Conselho Tutelar:** órgão autônomo mantido pelos municípios que atende crianças e adolescentes ameaçados ou vítimas de todos os tipos de violência, inclusive sexual. O último levantamento do Cadastro Nacional de Conselhos Tutelares, realizado em 2019, aponta que existem 5.956 Conselhos Tutelares pelo Brasil. Você pode achar o mais próximo entrando em contato com o Disque 100 e seus canais virtuais.

**– Sistema Único de Saúde (SUS):** a Lei do Minuto Seguinte estabelece que as vítimas de qualquer forma de atividade sexual não consentida recebam atendimento médico imediato na rede pública de saúde, em hospitais ou postos, mesmo sem registrar queixa na polícia. Os profissionais do SUS são obrigados a fornecer a pílula do dia seguinte, os medicamentos contra Aids e outras infecções sexualmente transmissíveis, além de realizar o aborto no caso de gravidez decorrente de estupro, caso seja essa a vontade da gestante. Para que tudo isso seja feito, basta a palavra da vítima. Se a unidade procurada não tiver estrutura ou não fizer o atendimento por qualquer outro motivo, ainda assim se torna responsável pela vítima e pelo encaminhamento dela para outro hospital ou posto que preste a devida assistência. A lei também estabelece a obrigatoriedade da disponibilidade de assistência psicológica e social, o chamado atendimento multidisciplinar, pela rede pública.

**– Hospital Estadual Pérola Byington:** localizado em São Paulo, é referência em atendimento a vítimas de violência sexual e no respeito aos direitos das mulheres no caso dos abortos previstos em lei. Atende vítimas de todo o país e pode ser contatado pelo site hospitalperola.com.br.

A sociedade civil também mantém serviços que podem ser úteis:

**– Safernet:** organização não governamental que recebe e encaminha denúncias de crimes contra direitos humanos na internet, inclusive pornografia infantil. Pode ser acessada em https://new.safernet.org.br/denuncie.

**– Mapa do Acolhimento:** plataforma que conecta mulheres vítimas de violência de gênero a uma rede de terapeutas e advogadas voluntárias que prestam atendimento gratuito. Ao acessar www.mapadoacolhimento.org, é possível encontrar logo na página de abertura a opção "Quero ser acolhida". Há também a opção "Quero ser voluntária", para quem se dispuser a ajudar.

**– Tamo Juntas:** ONG com voluntárias pelo Brasil que oferecem, de graça, assistência jurídica, psicológica e social, inclusive com atendimento remoto, para mulheres vítimas de violência de gênero. O site é o www.tamojuntas.org.br.

**– deFEMde:** a página chamada Rede Feminista de Juristas, no Facebook, reúne mulheres profissionais de Direito que prestam assistência jurídica, além de profissionais de outras áreas, como Psicologia e Assistência Social, que podem ser acionadas quando necessário. O atendimento também é gratuito. Pode ser encontrada, ainda, no Instagram e no Twitter, com o nome @deFEMde.

Lembre-se: a escolha de buscar ajuda ou não é sua, mas você não precisa passar por isso sozinha.

# AGRADECIMENTOS

ESCREVER UM LIVRO NUNCA É FÁCIL. Escrever um livro com um tema tão pesado chega a ser difícil a ponto de causar dor no peito. Por isso, preciso agradecer, com todo meu amor, às pessoas mais próximas a mim e que me ajudaram a superar os bloqueios e as crises de tristeza e ansiedade.

Minha filha Melissa faz isso tudo desde que nasceu. É só ela estar por perto que meu coração se acalma. Obrigada, filha, pelos beijos e abraços, por me incentivar tanto a escrever, por ter orgulho deste livro desde o começo, e por entender o tempo que tive que dedicar a ele.

Meu namorado Pedro é meu grande parceiro. Foi o primeiro leitor do livro, ajudou com opiniões, reflexões e até algumas pesquisas. Obrigada, meu amor, pelo interesse, por me ouvir, pelo carinho, por ter cuidado de mim. Ter você na minha vida me ajuda a seguir em frente.

Achei que iria chocar a família com a ideia de escrever um livro sobre estupro, mas minha mãe Vanda achou o tema excelente e necessário. Minha avó Maria também. Acho que elas nem sabem a diferença que o apoio delas fez. Obrigada por isso e por tudo. Agradeço também à minha irmã Marcinha, que nos deixou há catorze anos, mas que está sempre no meu coração como referência de sensibilidade, bondade, seriedade e excelência no que fazia. Sempre penso no que ela faria em várias situações da vida, em qual conselho me daria, e com este livro não foi diferente.

Marcus Montenegro foi quem botou na minha cabeça a ideia de escrever. Insistiu durante um ano. Obrigada, meu amigo querido, você enxergou antes de mim que eu poderia fazer mais por mais gente.

Meu agradecimento mais que especial à minha editora Amanda Orlando. Uma vez, no começo deste projeto, conversando com o superescritor Laurentino Gomes, descobrimos que temos a mesma editora (me achei chique), e ele me disse: "A Amanda me impediu de passar vergonha". Faço minhas essas palavras. Com seus questionamentos, observações e ideias, a Amanda tornou este livro melhor e mais completo. Obrigada, Amanda! A vontade de me matar a cada pedido seu já passou (risos).

O trabalho de pesquisa não foi fácil, e preciso agradecer a tantas pessoas que dedicaram seu tempo a me ajudar, simplesmente por se importarem com a causa. Samira Bueno, do Fórum de Segurança Pública, me forneceu dezenas e dezenas de pesquisas, planilhas, informações preciosas e contatos. Não sei o que faria sem ela. Dedicada, firme, inteligente e sensível, Samira luta pelas boas causas e é alguém que deveria ser replicada em massa Brasil afora.

O psiquiatra Ivan Figueira era a quem eu recorria (a toda hora) atrás de estudos confiáveis, que só ele sabia como encontrar, ainda mais em uma área especialmente carente de estudos mais aprofundados. Obrigada, dr. Ivan, pela paciência em atender aos meus pedidos. Sei que alguns foram bem complicados!

Logo no começo do livro, tive a assessoria dos advogados Ricardo Caiado Lima e Natasha Jagle Xavier Caiado para os esclarecimentos jurídicos, que não foram poucos. Obrigada pela ajuda e pelo tempo de vocês. Essa tarefa foi depois assumida pela advogada e amiga Fernanda Tórtima, que esclareceu um sem-número de dúvidas e também revisou o capítulo que trata de leis e, assim, também me impediu de passar vergonha.

Meus agradecimentos também aos médicos e amigos Maria Cecilia Erthal e Luis Fernando Correa, que me ajudaram com explicações na área de saúde e me permitiram registrar as informações com precisão.

Jornalista que é amiga de jornalista acaba sendo intimada a participar. A querida Andréia Sadi franqueou sua agenda de contatos valiosa que me deu acesso a informações mais seguras e recentes dos ministérios e órgãos federais que atuam no combate à violência sexual. Priscilla Monteiro e Sofia Cerqueira ajudaram com informações, apurações e contatos. Que bom ter vocês como colegas e amigas!

Meu amigo Dodô Azevedo, obrigada pelas longas conversas, que me ajudaram a elaborar e repensar tantas questões, e também pelas dicas de referências. Que bom ter você sempre ao meu lado.

Ao longo do caminho, encontrei pessoas incríveis. A irmã Henriqueta arrisca a própria vida no enfrentamento da violência sexual no Pará. Mana, você é uma heroína da vida real e eu a admiro demais. Delegado Rodrigo Amorim, obrigada pela retaguarda nas longas viagens pela Ilha de Marajó e por ser um homem sensível ao sofrimento das vítimas.

No Recife, a ONG Casa de Betânia faz um trabalho maravilhoso de ajuda a vítimas de estupro. Obrigada pela acolhida.

Tentente-Coronel Cláudia Moraes, da Polícia Militar do Rio de Janeiro, responsável pelo "Dossiê mulher", obrigada pelos esclarecimentos e por sua seriedade e dedicação. Seu trabalho faz a diferença na vida de muitas mulheres.

Entrevistar estupradores nas cadeias e centros de internação de menores infratores foi menos penoso graças ao apoio de administradores e funcionários que me receberam com generosidade no Centro Educacional Masculino do Piauí, na Penitenciária Estadual de Charqueadas, no Rio Grande do Sul, e no Complexo de Presídios de Bangu, no Rio de Janeiro.

Mauro Palermo e Alessandra Ruiz, ter o apoio de vocês, que sabem tudo e mais um pouco sobre livros, foi fundamental.

O pesquisador deste livro, Marcos di Genova, comprou a ideia, me acompanhou nas entrevistas mais inusitadas e dividiu muitos sofrimentos comigo. Virou um amigo.

Conciliar a dedicação à escrita com meu emprego não foi fácil. Sorte minha que tive a compreensão e o incentivo de toda a equipe do *Bom Dia Brasil*. Valeu, turma.

Por fim, quero agradecer às minhas amigas, que não desistiram de mim, mesmo sendo trocadas sistematicamente por estas páginas ao longo de quatro anos. Thalita Rebouças, Roberta Senna, Samantha Mendes, Ana Paula Rocha, Aninha Petrik, Alessandra Amaral e Luciana Trinkel, agora sim a gente pode se encontrar. Amo vocês! Este livro é por todas nós.